# 复杂突变地层地铁工程施工技术

李增良　宋鹏杰　张利军　主编

中国铁道出版社有限公司

2022年·北京

## 内容简介

本书以青岛地铁1号线、3号线、4号线工程为背景，全面总结了复杂突变地层地铁车站、区间、车辆段等的施工技术与科技创新成果，主要内容包括复杂突变地层地铁发展方向、特殊地质施工特点，盾构施工常用设备选型、施工测量、风险控制，施工管理，大数据、BIM、互联网等信息技术在盾构隧道施工中的应用等。

本书力求通俗易懂、简明实用，可用作盾构施工专业工程技术及管理人员的参考书。

**图书在版编目(CIP)数据**

复杂突变地层地铁工程施工技术/李增良，宋鹏杰，张利军主编．—北京：中国铁道出版社有限公司，2022.12

ISBN 978-7-113-29743-5

Ⅰ.①复… Ⅱ.①李…②宋…③张… Ⅲ.①复杂地层-地下铁道-工程施工-技术 Ⅳ.①U231

中国版本图书馆CIP数据核字(2022)第193791号

**书　　名：复杂突变地层地铁工程施工技术**

**作　　者：**李增良　宋鹏杰　张利军

---

**策　　划：**时　博

**责任编辑：**时　博　　**编辑部电话：**(010)51873162　　电子邮箱：crph@163.com

**封面设计：**高博越

**责任校对：**苗　丹

**责任印制：**樊启鹏

---

**出版发行：**中国铁道出版社有限公司(100054，北京市西城区右安门西街8号)

**网　　址：**http://www.tdpress.com

**印　　刷：**河北京平诚乾印刷有限公司

**版　　次：**2022年12月第1版　2022年12月第1次印刷

**开　　本：**787 mm×1 092 mm 1/16　**印张：**14.25　**字数：**318千

**书　　号：**ISBN 978-7-113-29743-5

**定　　价：**88.00元

---

# 编 委 会

# 前　言

近年来，我国隧道和地下工程规模不断扩大，数量增长较快，为了满足国家整体建设和各地区城市发展建设需求，工程的修建任务依然需要快速且高质量地完成。我国地形多种多样，面对复杂的地形结构，必须要不断发展隧道和地下工程建设技术，使技术水平得到持续提升，以保证我国隧道和地下工程事业更加稳健地发展。

全书共分为6章，第1章概述地铁工程特点和地铁施工方法分类；第2章介绍地铁车站分类、车站施工总体顺序、地铁车站明挖法施工、地铁车站盖挖施工、地铁车站浅埋暗挖法施工、地铁车站钻爆法施工；第3章介绍盾构隧道发展概况、盾构/TBM设备及其分类、盾构/TBM选型原则及依据、近海富水复合地层施工、特殊地层复杂环境下地铁复合式盾构长区间单向掘进关键技术、长距离大曲线半径矿山段空推拼管片施工、盾构施工辅助工法等；第4章介绍喷锚暗挖法施工；第5章介绍地铁车辆段施工；第6章介绍大数据监控和BIM在地铁建设工程管理中的应用，书中还介绍了复杂突变地层地铁工程施工案例，使读者对地铁施工有直观感触，以针对不同地质进行量体裁衣式设计，选择合适的施工方法，来应对复杂多变的地质状况。

本书由李增良、宋鹏杰、张利军主编，参与编写工作的有何小文、于祥涛、刘晓勇、刘少华、叶凯阳、马万里、赵康、张韶彬、岳琳辉、张天波、徐寿刚、徐磊、武家丞、南珂晨、刘军、张军、王长波、罗小龙、胡立正、李君政、张杰。

全书内容深入浅出，资料翔实，图文并茂，可供地下与隧道工程设计、施工、工程管理、科研等相关专业技术人员学习参考。

由于时间仓促，水平有限，书中疏漏在所难免，欢迎专家和读者批评指正。

编　者

2022年9月于广州

# 前言

# 目　录

# 第1章 概　　述

## 1.1 地铁工程特点

与一般建筑工程相比，地铁工程具有规模大、风险高、专业复杂、涉及主体多、与工程周边环境相互影响大的特点。

1. 工程地质复杂

上海、广州、深圳、青岛等沿海城市或南方城市的工程地质、水文地质条件复杂多变，地铁线路经过海积、海冲积、冲积平原和台地等多种地貌单元，常位于“软硬交错”地层（上部为人工填土、黏性土、淤泥质土、砂类土及残积土，下部为花岗岩、微风化岩等坚硬岩石层或者孤石），还常遇到断裂破碎带和溶洞等特殊地质构造，穿越或邻近江河湖海，地下水丰富、水位高。

2. 工程周边环境复杂

由于地铁长距离穿行于城市交通要道和人员密集区域，建（构）筑物、轨道交通设施、桥梁、隧道、道路、管线、地表水体等周边工程环境复杂，不可预见因素较多。

3. 工程建设规模大

地铁工程造价一般在5亿～7亿元/km，有的高达8亿～9亿元/km，一条线路投资动辄在100亿元以上；合理工期一般为5～6年，目前合同工期为3～4年。

4. 工程技术复杂

地铁是土建及机电设备复杂的综合性系统工程，随着地铁线路的建设，土建工程不断向“深、大、险”发展。例如，车站基坑深度一般在20 m甚至30 m以上，长度在200 m甚至600 m以上。

5. 工程协调量大

地铁参建单位包括建设、勘察设计、施工、监理、监测、检测和材料设备供应等单位，专业多、项目多、环节多、接口多，作业时空交叉，组织协调量大。同时，工程与周边社区居民、与工程周边环境的权属及管理单位沟通协调难度大。

6. 控制标准严格

为确保隧道、深基坑施工（含降水）过程中，建（构）筑物、轨道交通设施、桥梁、隧道、道路、管线、地表水体等工程周边环境不发生过量沉降和坍塌，确保其安全，要求严格控制沉降（包括绝对值和速率等）。例如，暗挖法施工的标准断面隧道地面累计沉降量一般要求控制在30 mm以内。

7. 安全风险大

上述工程特点决定了地铁工程施工安全风险（包括工程本身的风险和对工程周边环境的风险）大。例如，如果水文工程地质条件不明，工程周边环境不清，措施准备不充分，很容易出现安全质量险情。

## 1.2 地铁施工方法分类

目前，国内外修建地铁的施工方法有明挖法、盖挖法、暗挖法等。经过近40年的发展，我国地铁修建方法已由最初单一的明挖法发展到现在的明挖、暗挖、浅埋暗挖、盾构等多种方法并存，施工技术不断发展提高，已初步形成了专门的学科体系。地铁施工受到地面建筑物、道路、城市交通、水文地质、环境保护、施工机具以及资金条件等因素的影响较大，因此各自所采用的施工方法也不尽相同。施工方法的选择应根据工程的性质、规模、地质和水文条件，以及地面和地下障碍物、施工设备、环保和工期要求等因素，全面比选确定。

### 1.2.1 明挖法

明挖法是指挖开地面，由上向下开挖土石方至设计高程后，自基底由下向上顺序施工，完成隧道主体结构，最后回填基坑或恢复地面的施工方法。明挖法是各国地铁施工的首选方法，在地面交通和环境允许的地方通常采用明挖法施工。浅埋地铁车站和区间隧道经常采用明挖法，明挖法施工属于深基坑工程技术。由于地铁工程一般位于建筑物密集的城区，因此深基坑工程的主要技术难点在于对基坑周围原状土的保护，防止地表沉降，减少对既有建筑物的影响。明挖法的优点是施工技术简单、快速、经济，常被作为首选方案，但其缺点也是明显的，如阻断交通时间较长，噪声与震动等对环境的影响较大。通常在地面条件允许的情况下，地铁区间隧道宜采用明挖法，但对社会环境影响很大，仅适合在无人、无交通、管线较少之地应用。明挖法施工程序一般可以分为四步：围护结构施工→内部土方开挖→工程结构施工→管线恢复及覆土。

### 1.2.2 盖挖法

盖挖法是由地面向下开挖至一定深度后，将顶部封闭，其余的下部工程在封闭的顶盖下进行施工。主体结构可以顺作，也可以逆作。在城市繁忙地带修建地铁车站时，往往占用道路，影响交通。当地铁车站设在主干道上，交通不能中断且需要确保一定交通流量要求时，可选用盖挖法。

1. 盖挖顺作法

盖挖顺作法是在地表作业完成挡土结构后，以定型的预制标准覆盖结构(包括纵、横梁和路面板)置于挡土结构上维持交通，向下反复进行开挖和加设横撑，直至设计高程，依序由下而上施工主体结构和防水措施，回填土并恢复管线路或埋设新的管线路。最后，视需要拆除挡土结构外露部分并恢复道路。在道路交通不能长期中断的情况下修建车站主体时，可考虑采用盖挖顺作法。

2. 盖挖逆作法

盖挖逆作法是先在地表面向下做基坑围护结构和中间桩柱，与盖挖顺作法一样，基坑围护结构多采用地下连续墙或帷幕桩，中间支撑多利用主体结构本身的中间立柱以降低工程造价，随后即可开挖表层土体至主体结构顶板底面高程，利用未开挖的土体作为土模浇筑顶板。顶板可以作为一道强有力的横撑，以防止围护结构向基坑内变形，待回填土后将道路复原,恢复交通。以后的工作都是在顶板覆盖下进行,即自上而下逐层开挖并建造主体结构直至底板。

如果开挖面积较大、覆土较浅、周围沿线建筑物过于靠近,为尽量防止因开挖基坑而引起邻近建筑物的沉陷,或须及早恢复路面交通,但又缺乏定型覆盖结构,常采用盖挖逆作法施工。

3. 盖挖半逆作法

盖挖半逆作法与逆作法的区别仅在于顶板完成及恢复路面后,向下挖土至设计高程后先浇筑底板,再依次向上逐层浇筑侧墙、楼板。在半逆作法施工中,一般都必须设置横撑并施加预应力。

### 1.2.3 暗挖法

暗挖法是在特定条件下,不挖开地面,全部在地下进行开挖和修筑衬砌结构的隧道施工方法。暗挖法主要包括钻爆法、盾构法、掘进机法、浅埋暗挖法、顶管法、沉管法等。浅埋暗挖法和盾构法应用较为广泛。

1. 浅埋暗挖法(浅埋矿山法)

浅埋暗挖法即松散地层的新奥法施工。新奥法是充分利用围岩的自承能力和开挖面的空间约束作用,采用锚杆和喷射混凝土为主要支护手段,对围岩进行加固,约束围岩的松弛和变形,并通过对围岩和支护的量测、监控,指导地下工程的设计施工。浅埋暗挖法是针对埋置深度较浅、松散不稳定的上层和软弱破碎岩层施工而提出来的,如深圳地铁区间隧道大部分采用了浅埋暗挖法施工。浅埋暗挖法的施工技术特点包括:围岩变形波及地表;要求刚性支护或地层改良;通过试验段来指导设计和施工。浅埋暗挖法施工隧道时,应根据工程特点、围岩情况、环境要求以及施工单位的自身条件等,选择适宜的开挖方法及掘进方式。施工中,区间隧道常用的开挖方法是台阶法、CRD 工法等,城市地铁车站、地下停车场等多跨隧道多采用柱洞法、中洞法等工法施工。地铁是在城市区域内施工,对地表沉降的控制要求比较严格,所以更要强调地层的预支护和预加固,所采用的施工方法有超前小导管预注浆、开挖面深孔注浆、管棚超前支护。浅埋暗挖法的施工工艺可以概括为“管超前、严注浆、短开挖、强支护、快封闭、勤量测”18 个字。

2. 盾构法

盾构法施工是以盾构这种施工机械在地面以下暗挖隧道的一种施工方法。盾构是一个既可以支承地层压力又可以在地层中推进的活动钢筒结构。钢筒的前端设置有支撑和开挖土体的装置,钢筒的中段安装有顶进所需的千斤顶,钢筒的尾部可以拼装预制或现浇隧道衬砌环。盾构每推进一环距离,就在盾尾支护下拼装(或现浇)一环衬砌,并向衬砌环外围的空隙中压注水泥砂浆,以防止隧道及地面下沉。盾构施工前应先修建一竖井,在竖井内安装盾构,盾构开挖出的土体由竖井通道送至地面。

(1)盾构法分类

①按盾构断面形状不同可将其分为圆形、拱形、矩形、马蹄形四种。圆形盾构抵抗地层中的土压力和水压力较好,衬砌拼装简便,可采用通用构件,易于更换,因而应用较为广泛。

②按开挖方式不同可将盾构分为手工挖掘式、半机械挖掘式和机械挖掘式三种。

③按盾构前部构造不同可将盾构分为敞胸式和闭胸式两种。

④按排除地下水与稳定开挖面的方式不同可将盾构分为人工井点降水、泥水加压、土压平衡式、局部气压盾构、全气压盾构等。

(2)盾构法的主要优点

①除竖井施工外,施工作业均在地下进行,既不影响地面交通,又可减少对附近居民的噪声和振动影响;

②盾构推进、出土、拼装衬砌等主要工序循环进行,施工易于管理,施工人员也比较少;

③土方量少;

④穿越河道时不影响航运;

⑤施工不受风雨等天气条件的影响;

⑥在地质条件差、地下水位高的地方建设埋深较大的隧道,盾构法有较高的技术经济优越性。

(3)盾构法的特点

盾构法可实现地层掘进、出土运输、衬砌拼装、接缝防水和注浆充填盾尾间隙,并随时排除地下水和控制地面沉降。盾构法可用于在各类软土地层和软岩地层中掘进隧道,穿越地面建筑群和地下管线地集中的区域时,对周围密集环境影响较小,尤其适用于市区地铁和水底隧道的掘进。

3. 沉管法

沉管法是将隧道管段分段预制,分段两端设临时止水头部,然后浮运至隧道轴线处,沉放在预先挖好的地槽内,完成管段间的水下连接,移去临时止水头部,回填基槽保护沉管,铺设隧道内部设施,从而形成一个完整的水下通道。沉管隧道对地基要求较低,特别适用于软土地基、河床或海岸较浅、易于水上疏浚设施进行基槽开挖的工程。由于其埋深小,包括连接段在内的隧道线路总长较短,采用暗挖法和盾构法修建的隧道明显缩短。沉管断面形状可圆可方,选择灵活。基槽开挖、管段预制、浮运沉放和内部铺装等各工序可平行作业,彼此干扰相对较少,并且管段预制质量容易控制。基于上述的优点,在大江、大河等宽阔水域下构筑隧道,沉管法被称为最经济的水下穿越方案。

按照管身材料,沉管隧道可分为钢壳沉管隧道和钢筋馄凝土沉管隧道两类。钢壳沉管隧道可分为单层钢壳隧道和双层钢壳隧道,在北美采用的较多,而钢筋混凝土沉管隧道则在欧亚采用较多。

沉管隧道施工主要工序:管节预制→基槽开挖→管段浮运和沉放→对接作业→内部装饰。

4. 全断面隧道掘进机(TBM)法

TBM为Tunnel Boring Machine的缩写,由机械控制进行掘进,全称为全断面隧道掘进机。通常定义中的TBM为:在以岩石层为掘进对象时,在全断面隧道掘进机中,不具备土压、水压等维护掌子面的功能,装备接触壁面固定器,靠推进时的反作用力推进的盾构机。由于全断面隧道掘进机具有施工速度快、隧道成型好、机械化程度高以及对周边环境影响小等优点,已成为国内外隧道开挖普遍采用的方法。

## 1.3 青岛地铁工程特点

青岛市具有典型的土岩二元复合地层结构，总体来说，是在强、中、微风化程度的花岗岩岩基上覆盖有不同厚度的第四系土层。青岛地铁 3 号线沿线第四系覆盖土层厚度从 0～20 m 不等，车站及区间穿越各种风化岩及土层，纵向很不均匀，整体呈“上软下硬”的特点。因此，青岛地铁明挖车站基坑、暗挖车站工法以及区间隧道都有相应的独特之处。

### 1.3.1 拱盖法车站隧道的设计应用

浅埋暗挖车站拱顶埋深 8～15 m，主要穿越强、中风化分界面，因此如何设计出合理的施工工法，处理好软硬岩分界面上下两部分的关系至关重要。中山公园站施工采用了目前比较新颖的拱盖法，断面整体分为上下两部分进行开挖。上半断面整体处于软弱地层之中，基本不需要爆破施工，采用双侧壁导坑工法，分为左、中、右三部开挖。在上部三个导洞开挖支护完毕后，并不立即开挖下半断面，而是施作上部断面的拱部衬砌，衬砌的大拱脚落在事先做好的底纵梁基础上，再由底纵梁基础将竖向力传至稳定的基岩，然后在拱部二次衬砌的保护下再进行下半断面的开挖。由于下半断面已经位于岩层之中，地质条件好，因此可以采用类似于明挖岩石基坑的工法开挖支护，即分层爆破开挖，侧壁及时喷锚支护直至开挖完毕，最后做完剩余二次衬砌和站内结构。

这种工法的优点是以最快的时间做好拱盖，在拱盖的保护下开挖剩余断面，避免了传统工法会最终暴露出整个无衬砌的大断面隧道的工况，并充分利用了下部稳定围岩的承载力，可以最大限度地控制地面沉降和保证施工安全。

### 1.3.2 “吊脚桩”及复合土钉墙基坑支护形式

青岛大部分地区为典型的“上土下岩”或“上软岩下硬岩”地层，地铁明挖车站基坑深约 16 m，往往穿越上下两种不同性质的地层，常采用俗称的“吊脚桩”组合支护形式。基坑上部土层范围采用桩锚（撑）支护结构，桩体下端嵌入中风化或微风化岩体中一定深度，基坑下部岩层范围采用垂直开挖的岩质边坡锚喷支护。为控制桩底变形，预留一定宽度的岩肩，并在桩底和下层岩坡顶设预应力锁脚锚索。计算时上部排桩支护按“零嵌固”的桩锚（撑）支护结构进行计算，下部岩层部分按锚杆挡墙进行计算，上部土体作为超载考虑。

复合土钉墙是将土钉墙与深层搅拌桩、旋喷桩、各种微型桩、钢管土钉及预应力锚杆等相结合，根据具体工程条件多种组合，形成复合基坑支护的一种技术。对于地铁车站附属结构深度 10～12 m 的基坑，若周围有锚杆施作条件且对变形控制要求不高，其围护结构方案常采用复合土钉墙。在强风化岩层中，可采用钢管桩＋预应力锚杆（索）的支护方式。在较厚砂土层中，可采用旋喷桩帷幕止水＋预应力锚杆（索）的支护方式，上部浅层土体放坡卸载。为防止锚杆施工时出现涌水涌砂，锚固段位于砂层的锚杆均采用自进式锚杆。

# 第2章　地铁车站施工

## 2.1　地铁车站分类

地铁车站根据所处位置、埋深、运营性质、结构横断面形式、站台形式、换乘方式的不同进行分类。

1. 按车站与地面相对位置分类

地下车站：车站结构位于地面以下。

地面车站：车站结构位于地面。

高架车站：车站结构位于地面高架桥上。

2. 按车站顶板覆土埋深分类

浅埋车站：车站结构顶板位于地面以下的深度较浅。

深埋车站：车站结构顶板位于地面以下的深度较深。深埋车站一般设在地面以下稳定地层或坚固地层内。

3. 按运营性质分类

中间站：即一般站，仅供乘客上、下车之用，功能单一，是地铁最常用的车站。

区域站：即折返站，设在两种不同行车密度交界处的车站。站内设有折返线和设备，根据客流量大小合理组织列车运行，在两个区域站之间的区域段上增加或减少行车密度。区域站兼有中间站的功能。

枢纽站：由此站分出另一条线路的车站，该站可接、送两条及以上线路的乘客。

联运站：指车站内设有两种不同性质的列车线路进行联运及客流换乘。联运站具有中间站、换乘站的双重功能。

终点站：设在线路两端的车站。就列车上、下行而言，终点站也是起点站（或称起始站），终点站设有可供列车全部折返的折返线和设备，也可供列车临时停留检修。

4. 按车站结构横断面形式分类

车站结构横断面形式主要根据车站埋深、工程地质、水文地质条件、施工方法、建筑艺术效果等因素决定。在选定结构横断面形式时，应考虑结构的合理性、经济性、施工技术和设备条件。

（1）矩形断面：车站中最常用的结构形式，一般用于浅埋车站。车站可设计成单层、双层或多层，跨度可选用单跨、双跨、三跨及多跨的形式。

（2）拱形断面：多用于深埋车站，有单拱和多跨连拱等形式，单拱断面由于中部起拱，高度较高，两侧拱角处相对较低，中间无柱，因此建筑空间显得高大宽阔，如建筑处理得当，就会得到理想的建筑艺术效果。

（3）圆形断面：用于深埋或盾构法施工的车站。

（4）其他类型断面：有马蹄形、椭圆形等。

# 2.2　地铁车站施工方法

## 2.2.1　地铁车站施工总体顺序

1. 明挖法施工

明挖法车站施工分两期进行，一期施工车站主体，二期施工车站附属结构。

车站施工总体顺序为：道路管线改迁→交通导改→场地围挡→测量放线→围护结构施工前条件验收→围护结构施工（其中穿插进行降水井、盾构端头加固施工）→冠梁及第一道混凝土支撑施工（穿插进行龙门吊安装）→基坑开挖前条件验收→基坑开挖（开挖与支撑体系交替施工）→基底验槽→基底接地极施工→底板垫层→底板防水层→底板防水保护层→底板钢筋、混凝土施工→支撑拆除→侧墙、立柱施工→中板支架搭设及钢筋、混凝土施工→拆支撑→侧墙、立柱施工→顶板支架及钢筋、混凝土施工→冠梁及第一道混凝土支撑拆除→抗浮压顶梁及顶板防水施工→顶板回填→预留洞口封堵。

2. 暗挖法施工

暗挖法车站施工主要分为四大部分：开挖和初期支护、二次衬砌、防水、附属结构。

施工顺序：先施工附属工程中的竖井开挖和初期支护、二次衬砌；竖井达到预定深度后进行正洞或辅助洞的开挖和初期支护施工，初期支护施工完成后挂防水板、接着绑扎钢筋施工仰拱，再用末班台车施工拱腰和拱顶二次衬砌，正洞开挖初期支护施工过程中插入联络通道、废水泵房集水井等附属工程施工，最后是附属工程的竖井回填。

## 2.2.2　地铁车站明挖法施工

1. 概述

明挖法又称明挖顺作法，这是一种地面开挖的施工方法，其基本施工步骤是从地面向下开挖至基底设计高程，然后从下向上施作地铁结构，结构施作完成后进行回填及恢复路面。由于这种施工方式类似于房屋建筑物在敞口基坑内修建基础的施工方法，故又称之为基坑法。

明挖法具有施工工序简单、施工管理方便、作业面宽敞、便于使用高效率的挖土机械和运输工具等优点，所以施工进度快。此法的施工质量可以得到充分保证。排除征地、拆迁等因素，就土建工程造价而言，在适合明挖的地层中，明挖法是所有施工方法中造价最低的开挖方法，但由于明挖法是沿城市道路进行开挖，必然会影响城市正常交通，还会给居民生活带来很多不便，而且对环境的污染也最大，所以只有在各方面条件都许可的前提下才能采用。

明挖法施工中的基坑分为敞口放坡基坑和有围护结构的基坑。围护结构主要有排桩围护结构（钢板桩、挖孔桩、钻孔桩、水泥土搅拌桩等）、地下连续墙围护结构、土钉墙围护结构等。在选择基坑类型时，应根据隧道埋深、工程地质和水文地质条件，因地制宜地确定。若基坑所处地面空旷，周围无建筑物或建筑物间距很大，地面有足够空地能满足施工需要，又不影响周围环境时，宜采用敞口放坡基坑施工。如果基坑较深，地质条件差，地下水位高，特别是处于城市繁华地区，无足够的空地满足施工需要时，则可采用有围护结构的基坑。

地铁车站明挖法施工步骤如图 2-1 所示。

步骤一：设置围挡，破除绿地和部分路面，开挖桩顶部分土体，按一定工序施作钻孔桩和桩顶冠梁、旋喷桩及降水井。

步骤二：开挖基坑，随挖随设置混凝土支撑与钢支撑，至基坑底设计高程，注意第一道混凝土支撑须及时架设，不得超挖。架设每道钢支撑时的超挖深度不超过 0.5 m。

步骤三：施作底板垫层，铺设防水层，施作底板、底纵梁及部分侧墙结构。

步骤四：待混凝土达到设计强度的 90%后，拆除第四道支撑，铺设侧墙防水层，施作侧墙、站台层中柱及设备层楼板结构。

步骤五：待设备层楼板达到设计强度的 90%后，拆除第三道支撑，铺侧墙防水层，施作侧墙、设备层中柱及站厅层楼板结构。

步骤六：待设备层楼板达到设计强度的 90%后，拆除第二道支撑，铺侧墙防水层，施作侧墙、站厅层中柱及顶板结构。

步骤七：待混凝土达到设计强度的 100%后，拆除第一道混凝土支撑，施作防水层和混凝土保护层，回填覆土，拆除围挡结构，恢复地面，施作车站内剩余结构。

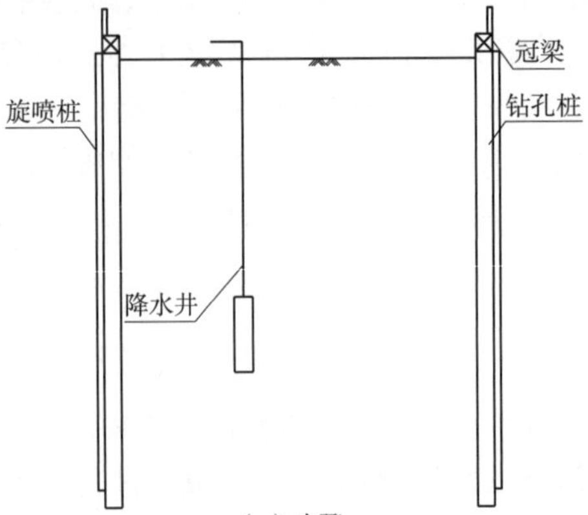


（a）步骤一

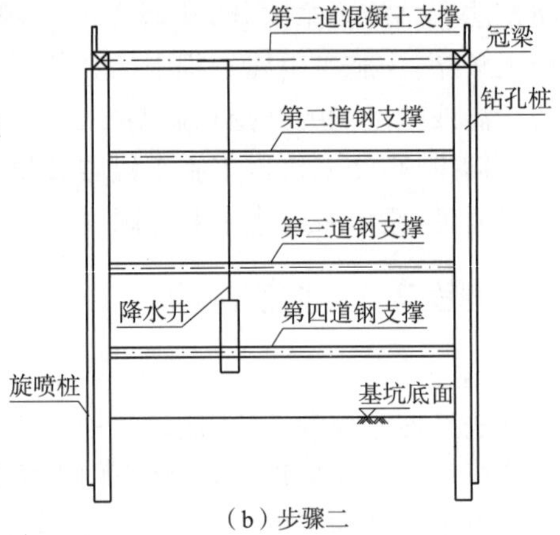


（b）步骤二

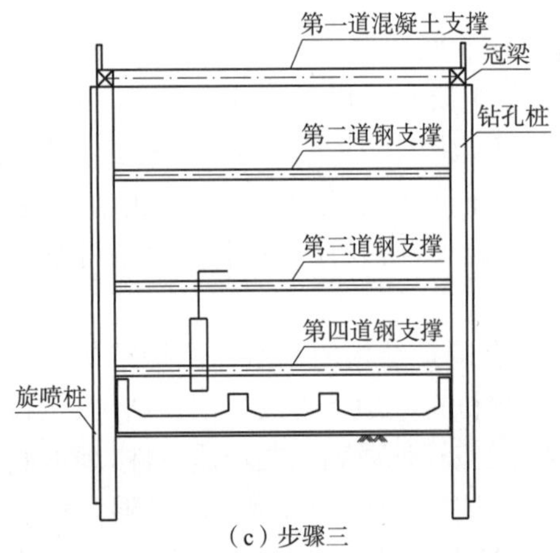


（c）步骤三

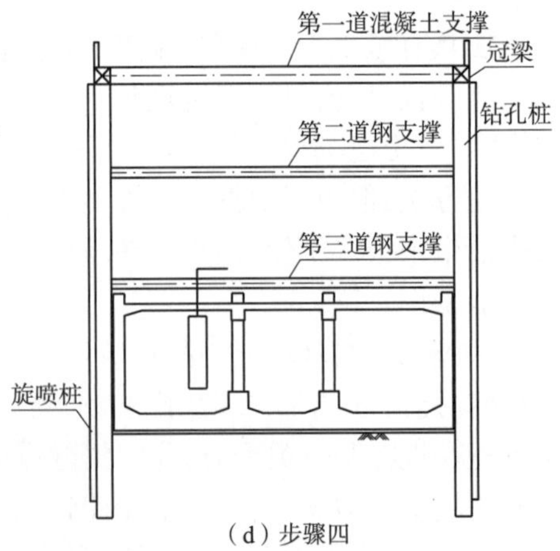


（d）步骤四

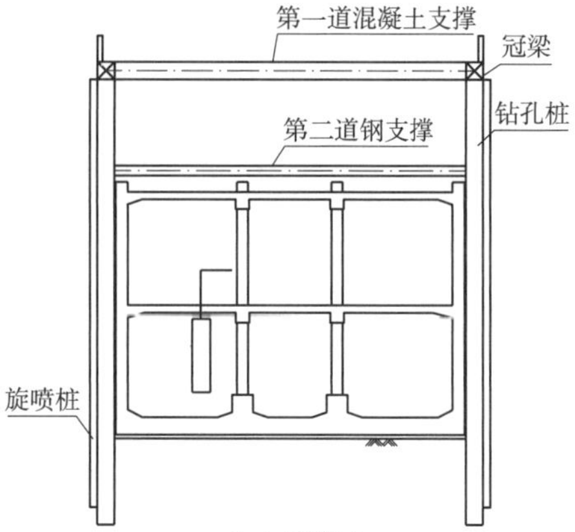


（e）步骤五

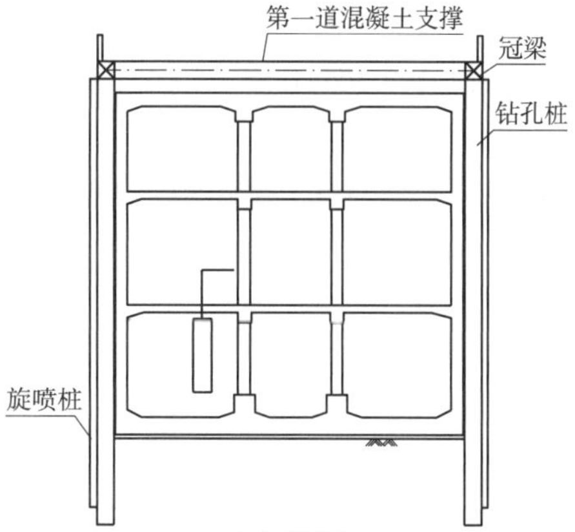


（f）步骤六

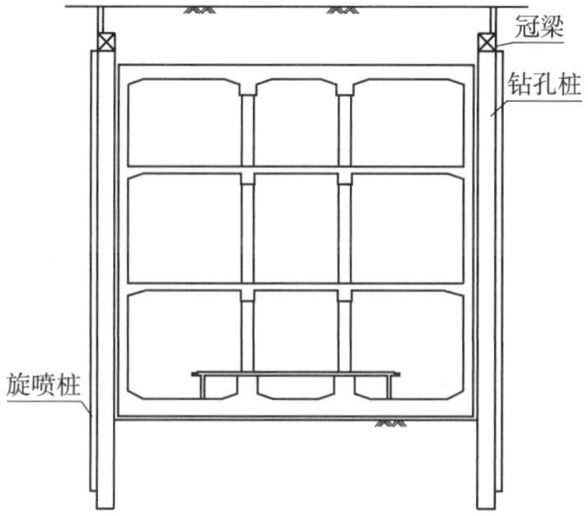


（g）步骤七

图 2-1 地铁车站明挖法施工步骤

2. 敞口放坡基坑开挖

对于基坑深度较浅、施工场地空旷、周围建筑物和地下管线及其他市政设施距离基坑较远的情况，一般采用敞口放坡开挖法。敞口放坡开挖具有施工简单、施工速度快、工程造价低等优点，并且能为地下结构的施工创造最大限度的工作面，因此，在场地允许的条件下，宜优先采用。

放坡开挖断面分为全放坡与半放坡两种。全放坡开挖断面是指边坡不设支撑结构，而采用放坡的方法保持土坡稳定。其优点是不需设置支撑结构，缺点是土方开挖量大，占用场地大。半放坡开挖与全放坡开挖的区别是在基坑的底部可设置一定高度的直槽，如土质较差时可打设悬臂式钢桩加强土壁稳定，其优点是可以减少土方开挖量。

基坑开挖过程中，由于开挖等施工活动导致土体原始应力场的平衡状态遭到破坏，严重时会出现土体位移，发生边坡失稳。因此，采用敞口放坡基坑修建地铁时，保证基坑边坡稳定是整个施工过程的关键。否则，一旦边坡坍塌，不但地基受到震动，影响承载力，而且也会影响周围地下管线以及地面建筑物和交通的安全。

(1)基坑边坡防护措施

为了保持基坑边坡的稳定，在敞口放坡基坑施工中，应注意采取以下防护措施：

①根据土层的物理力学性质合理确定边坡坡度，并在不同土层变化处设置折线边坡

或台阶。

②做好降排水和防洪工作，保持基底和边坡的干燥。

③严禁在基坑边坡坡顶 1～2 m 范围内堆放材料、土方或其他重物。

④基坑开挖过程中，随挖随刷边坡，并进行支护。

⑤当基坑边坡坡度受到限制而采用围护结构又不经济时，可采用坡面土钉、挂金属网喷射混凝土或抹水泥砂浆护面技术等，确保基坑边坡的稳定。

⑥暴露时间在一年以上的基坑，应设置坡面防护措施。

(2)基坑边坡破坏形式

大量计算和实际观测表明，基坑边坡破坏形式与土层的岩性、地面荷载以及边坡的形状等因素有密切关系。基坑边坡主要的破坏形式有以下两种：

①沿近似圆弧的滑动面转动，这种破坏常常发生在较为均质的黏性土层中；

②沿近乎平面的滑动面滑移，这种破坏常常发生在无黏性土层中。

(3)边坡失稳的施工因素

基坑边坡坡度是直接影响基坑稳定的重要因素，当基坑边坡土体中的剪应力大于土体的抗剪强度时，边坡就会失稳坍塌。施工不当也会造成边坡失稳，主要表现在以下方面：

①没有按设计坡度进行边坡开挖。

②基坑边坡坡顶堆放材料、土方以及运输机械车辆等增加了附加荷载。

③基抗降排水措施不到位。地下水未降至基底以下，而地面雨水、基坑周围地下给排水管线漏水渗流至边坡的土层中，使土体湿化，自重加大，增加土体中的剪应力，且改变土体的抗剪强度指标 $c$、$\varphi$ 值，降低其抗剪强度。

④基抗开挖后暴露时间过长，经风化而使土体变松散。

⑤基坑开挖过程中未及时刷坡，甚至挖了反坡，使土体失去稳定。基坑边坡的坡度可以通过计算、图解、查表等方法确定。

3. 围护结构

目前地铁施工中所采用的围护结构种类很多，其施工方法、工艺和所用的施工机械各不相同，施工中应根据基坑深度、工程地质和水文地质条件、地面环境等因素，结合城市施工的特点，综合比选。当基坑开挖深度较大或边坡土质软弱时，为了确保围护结构的稳定，也可在围护结构内设置支撑以抵抗侧压力。支撑的形式主要有水平支撑、斜支撑及土层锚杆等。

### 2.2.3 地铁车站盖挖法施工

盖挖法是一种由明挖法派生出来，既非完全明挖，也非完全暗挖的施工方法，一般使用在城市交通繁忙的地段。盖挖法的主要目的是尽可能地减少对城市交通的干扰，因此在开挖到一定深度时，先以临时路面或结构顶板恢复地面畅通，然后才可继续向下开挖。

盖挖法既可用于区间，也可用于车站，但用于车站的情况居多。地铁车站的宽度和高度都较大，层数多在两层或两层以上，因而施工周期长，对地面交通的影响大，为了尽量减少对地面的干扰，故常采用盖挖法施工。

1. 盖挖顺作法

早期的盖挖法是在基坑围护结构的钢桩上架设梁板，以形成临时路面维持地面交通，然后开挖到基坑底，再从下至上施作底板、边墙，最后完成顶板，故称为盖挖顺作法，其主要施工步骤如图 2-2 所示。由于主体结构是顺作，施工方便，质量易于保证，故仍然是盖挖法中的常用方法。

步骤一：交通和管线向道路南侧导改，场地三通一平，施作北侧和中部围护桩、冠梁、止水墙，施作主体钢管柱及其桩基础，开挖北半幅基坑至顶板（梁）底部，施作北半幅顶板（梁）、顶板防水及挡土墙。

步骤二：回填北半幅覆土，交通和管线向道路北侧导改，施作南侧围护桩、冠梁、止水墙，开挖基坑至顶板（梁）底部。

步骤三：开挖基坑及主体基坑底，施作接地、垫层、防水。

步骤四：施作底板（梁），施作站台层侧墙防水层、侧墙、柱。

步骤五：施作中板（梁），施作站厅层侧墙防水层、侧墙、柱。

步骤六：施作南半幅顶板（梁）、顶板防水，回填南半幅覆土，恢复道路交通及管线。施作站台板、楼梯等内部结构。

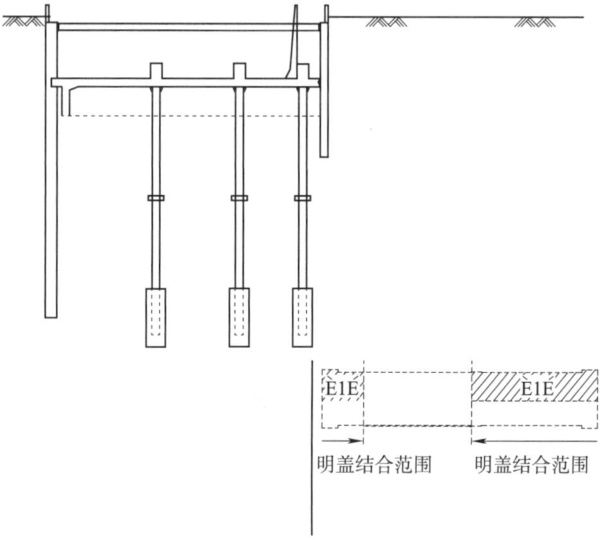


（a）步骤一

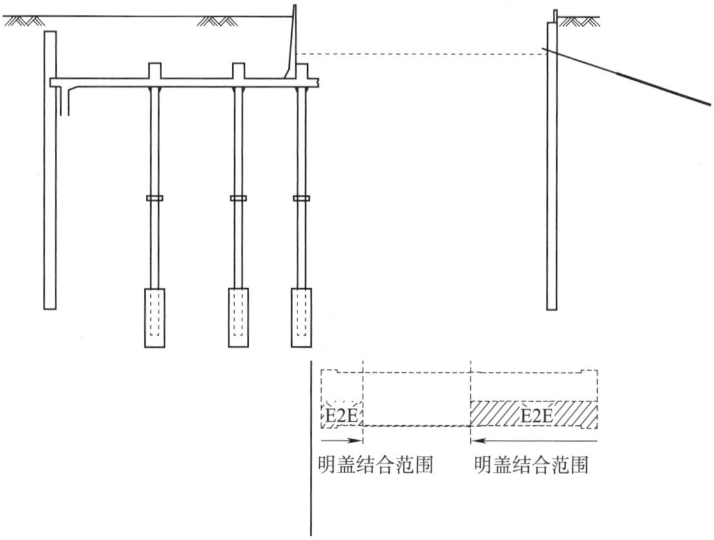


（b）步骤二

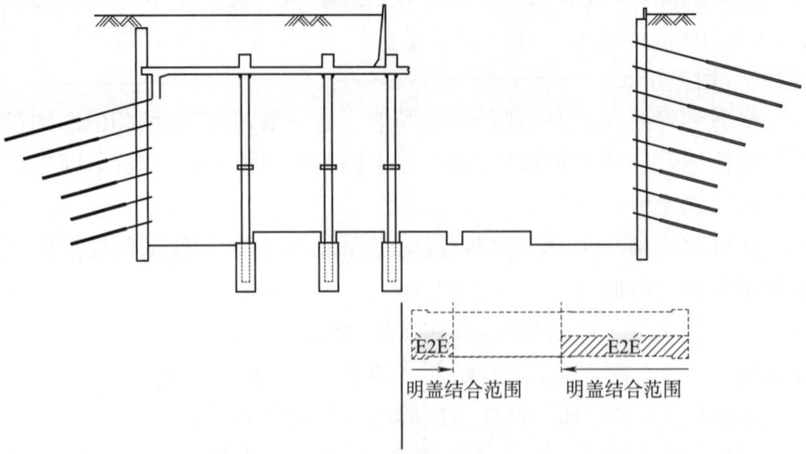


（c）步骤三

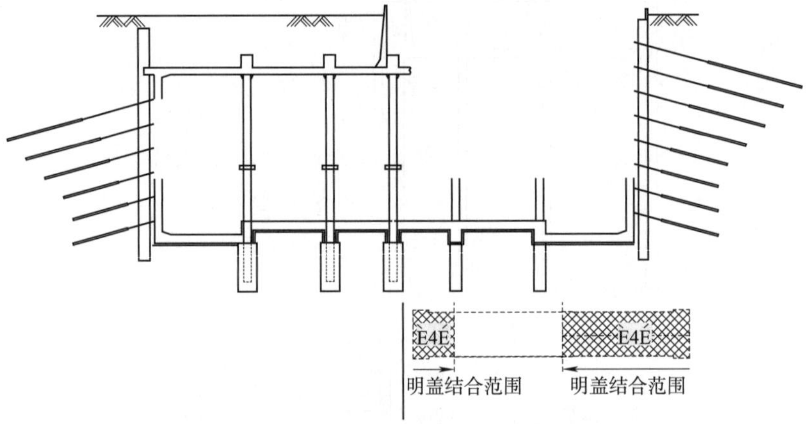


（d）步骤四

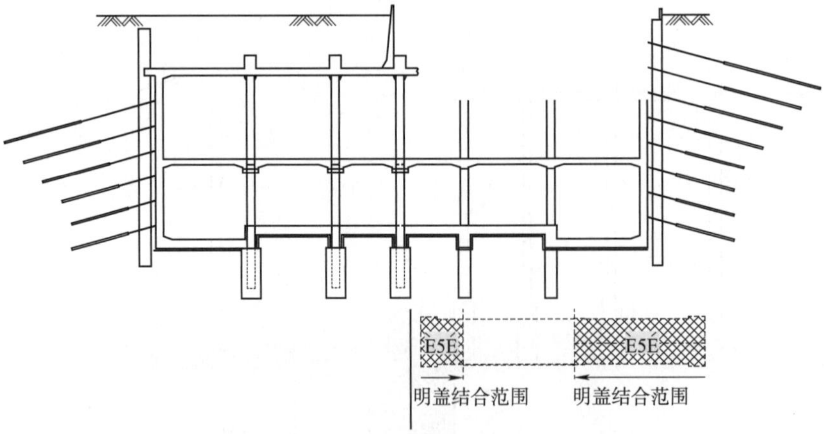


（e）步骤五

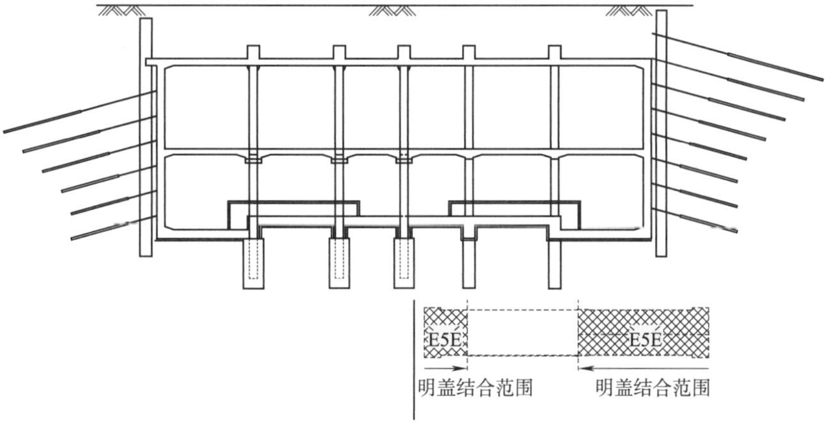


(f) 步骤六

图 2-2 地铁车站盖挖顺作法施工步骤

2. 盖挖逆作法

如果开挖面大、覆土浅、基坑距周围建筑物很近，为防止因开挖基坑而引起邻近建筑物的沉陷，或需及早恢复路面交通，可采用盖挖逆作法施工。

盖挖逆作法的施工顺序：先在地表面向下施工基坑的围护结构和中间桩柱(同盖挖顺作法，基坑围护结构多采用地下连续墙或帷幕桩，中间桩柱则多利用主体结构本身的中间立柱以降低工程造价)，然后开挖表层土至主体结构顶板底面高程，利用未开挖的土体作为土模浇筑顶板。顶板可以作为一道强有力的横撑，以防止围护结构向基坑内变形，待回填土后将道路复原，恢复交通。以后的工作都是在顶板覆盖下进行，即自上而下逐层开挖并建造主体结构直至底板，主体结构的现浇梁板也是以土模浇筑。在特别软弱的地层且邻近地面建筑物时，除以顶、楼板作为围护结构的横撑外，还需设置一定数量的临时横撑，并在横撑上施加不小于设计轴力 70%～80%的预应力。

盖挖逆作法的施工步骤如图 2-3 所示。

步骤一：交通和管线向道路南侧导改，场地三通一平，施作北侧和中部围护桩、冠梁、止水墙，施作主体钢管柱及其桩基础，开挖北半幅基坑至顶板(梁)底部，施作北半幅顶板(梁)、顶板防水及挡土墙。

步骤二：回填北半幅覆土，交通和管线向道路北侧导改，施作南侧围护桩、冠梁、止水墙，施作主体钢管柱及其桩基础，开挖基坑至顶板(梁)底部，施作南半幅顶板(梁)、顶板防水。

步骤三：回填南半幅覆土，恢复道路交通及管线。

步骤四：开挖基坑至主体基坑底，施作接地、垫层、防水。

步骤五：施作底板(梁)，施作站台层侧墙防水层、侧墙。

步骤六：施作站厅层侧墙防水层、侧墙及中板(梁)；施作站台板、轨顶风道、楼梯等内部结构。

为了减少围护结构及中间桩柱的入土深度，可以在做围护结构和中间桩柱之前，用暗挖法预先做好它们下面的底纵梁，以扩大承载面积。当然，这必须在工程地质条件允许暗挖施工时才可能实现，而且在开挖最下一层土和浇筑底板前，由于围护结构和中间

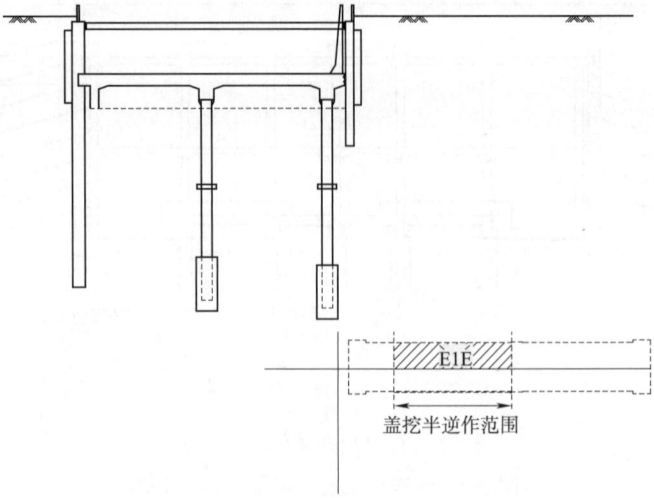


（a）步骤一

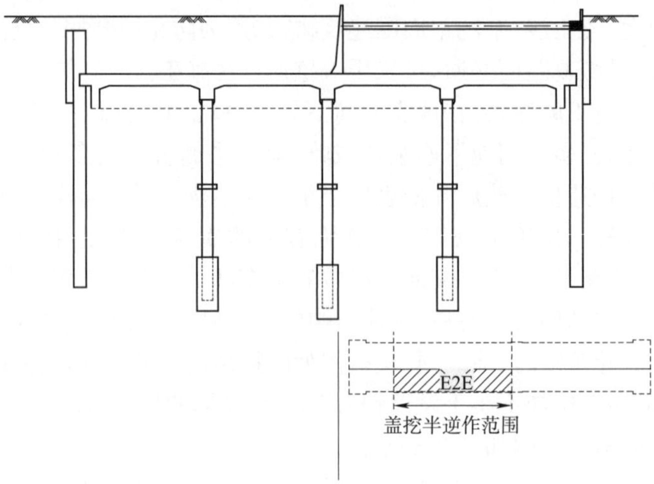


（b）步骤二

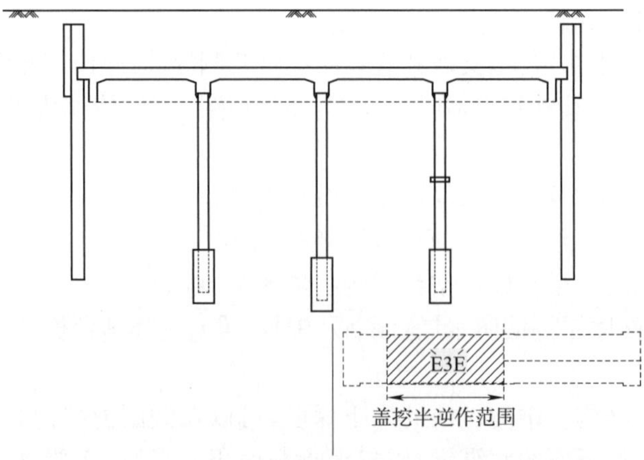


（c）步骤三

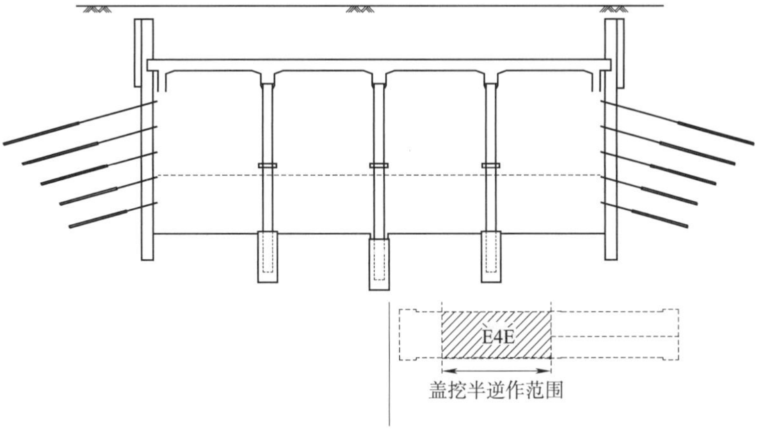


（d）步骤四

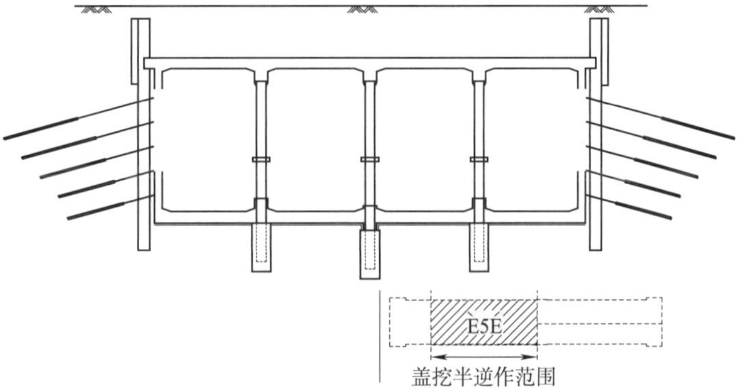


（e）步骤五

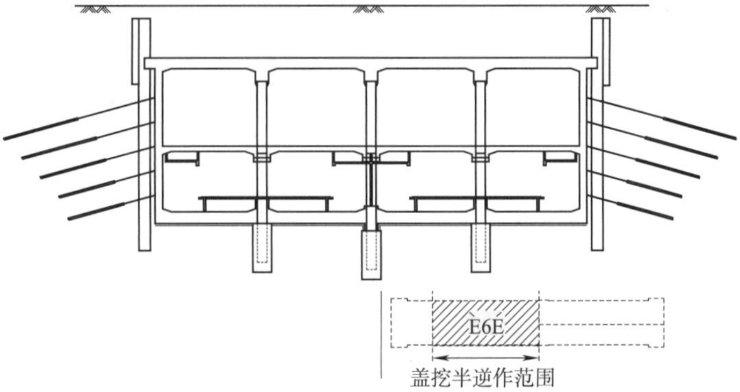


（f）步骤六

图 2-3　地铁车站盖挖逆作法施工步骤

桩柱都无入土深度，故必须采取措施（如设置横撑）以增加其稳定性。采用盖挖逆作法施工时，若采用单层墙或复合墙，刚构的防水层将较难施作。只有采用双层墙，即围护结构与主体结构墙体完全分离，且中间无连接钢筋，才可在两者之间敷设完整的防水层。但需要特别注意中层楼板在施工过程中因悬空而引起的稳定和强度问题，一般可通过在顶板与楼板之间设置吊杆予以解决。盖挖逆作法施工时，顶板一般都搭接在围护结构上，以增加顶板与围护结构之间的抗剪能力，并便于铺设防水层。因此，需将围护结构外漏部分凿除,或将围护结构仅做到顶板搭接处高程,其余高度用便于拆除的临时挡土结构围护。

3. 盖挖半逆作法

盖挖半逆作法与逆作法类似,其区别仅在于顶板完成且恢复路面,向下挖土至设计高程后先修筑底板再依次向上逐层构筑侧墙、楼板。在半逆作法施工中,一般都必须设置横撑并施加预应力。

采用逆作法或半逆作法施工时,要注意混凝土施工缝的处理。由于它是在上部混凝土达到设计强度后再向下浇筑,并且混凝土存在收缩及析水现象,因此施工缝处不可避免地要出现 3～10 mm 宽的缝隙,从而对结构的强度、耐久性和防水性产生不良影响。针对混凝土施工缝存在的上述问题,可采用直接法、注入法或充填法处理。其中,直接法是传统的施工方法,不易做到完全紧密接触;注入法是通过预先设置的注入孔向缝隙内注入水泥浆或环氧树脂;充填法是在下部混凝土浇筑到适当高度,清除浮浆后再用无收缩或微膨胀的混凝土或砂浆充填,用混凝土充填的高度为 1.0 m,用砂浆充填的高度为 0.3 m。为保证施工缝的良好充填,一般设置 V 形施工缝,其倾角以小于 30°为宜。结构试验证明注入法和充填法能保证结构的整体性,在构件破坏前不会出现施工缝滑移破坏现象。

由上可知,盖挖顺作法与明挖顺作法在施工顺序上和技术难度上差别不大,仅挖土和出土工作因受盖板的限制,无法使用大型机具,需采用特殊的小型、高效机具。而盖挖逆作法和半逆作法与明挖顺作法相比,除施工顺序不同外,还具有以下特点:

(1)对围护结构和中间桩柱的沉降量控制严格,以免对上部结构受力造成不良影响。

(2)中间柱如为永久结构,施工精度要求高,施工工艺较难。

(3)为了保证不同时期施工构件相互之间的连接能达到预期的设计状态,必须将各种施工误差控制在较小的范围内,并有可靠的连接构造措施。

(4)除在非常软弱的地层中,一般不需再设置临时横撑,不仅可节省大量钢材,也为施工提供了方便。

(5)由于是自上而下分层建筑主体结构,故可利用土模技术,从而节省大量模板和支架。

(6)与盖挖顺作法一样,其挖土和出土往往成为决定工程进度的关键程序,但同时又因为施工是在顶板和边墙保护下进行的,安全可靠,所以并不受天气条件的影响。

### 2.2.4 地铁车站浅埋暗挖法施工

浅埋暗挖法是在距离地表较近的地下进行各种类型地下洞室暗挖施工的一种方法。随着施工信息化技术的发展,浅埋暗挖技术已形成一套完整的施工工法,在土质隧道施工中得到广泛应用。浅埋隧道施工中,围岩变形将波及地表。为了避免对地面建筑物及地层内埋设的线路管网等的破坏,保护地面自然景观,克服对地上交通的影响,更好地适应周围环境的要求,必须严格控制地中及地表的沉降变形。在变形量方面,不仅由于开挖直接引起围岩的沉降变形,还应计入由于围岩的作用引起支护体系的柔性变形及施工各阶段中基础下沉变位而引起的结构整体位移。与变形量相对应而存在的地层塑性区的发展,除了对周围环境的影响外,还削弱了围岩的稳定性,使施工更加困难。

浅埋暗挖法的施工技术特点如下：

(1)地质条件不佳

浅埋暗挖法是在软弱围岩浅埋地层中修建山岭隧道洞口段、城区地铁及其他适于浅埋地下工程的施工方法。它主要适用于不宜明挖施工的土质或软弱无胶结的砂、卵石等第四纪地层。对于水位高的地层，须采取堵水或降水、排水等措施。当前，该施工方法在北京、上海、广州、杭州、天津、沈阳、南京和西安等城市修建地下工程时得到广泛应用。

工程地质条件属于Ⅴ～Ⅵ级围岩，岩性软弱，大多为土质地层。开挖之前要采取超前支护措施来改良加固地层，满足开挖的需要。超前支护的时机和强度视地层的岩体质量好坏而定，同时必须考虑其他因素的影响，如地下水情况、周边环境、市政管线等，若开挖后稳定性差，需要及时设置具有足够强度的支撑体系，才能满足结构的稳定。

采用浅埋暗挖法修建隧道，特别是地铁，其地下水非常丰富，地下水位也很高，隧道通常位于地下水位以下，如果对地下水不采取措施，就无法进行开挖施工，而且容易引起地下水突涌、隧道塌方等重大事故，因此，开挖时必须采取降水措施。通过降水，一是增加地层自身的稳定性，二是使隧道的施工在无水干燥条件下进行。但是，降水过量或盲目降水也会对地表和岩层产生不利影响，因此，应对降水方法进行优化。

(2)周边环境复杂

浅埋地下工程特别是地铁施工具有结构埋置浅、地面建筑物密集、交通运输繁忙、地下管线密布、地表沉陷要求严格、周边环境复杂、交通疏解、拆迁改移费用高等特点。与其他方法相比，浅埋暗挖法在这些方面具有显著的优点。以地铁为例，浅埋暗挖法与明挖法相比具有拆迁占地少、不扰民、不干扰交通、节省大量拆迁投资等优点。同时，在对周边环境变形控制方面，浅埋暗挖法也具有明显优势。

(3)辅助工法多样

由于浅埋暗挖法适用于松软地层中，预先加固改良地层是一项必不可少的技术措施。地层预加固的主要目的是为开挖支护顺利实施，即保证在一定时间段内开挖面的稳定，同时考虑减小地表沉降，降低施工对周边环境的影响。这些地层预加固方法统称为辅助工法。浅埋暗挖隧道施工时提倡使用的轴助工法包括注浆法、降水法、超前小导管法、长管棚法、水平旋喷法和注浆冷冻法等。

①注浆法

注浆法是浅埋暗挖施工中使用最多的一种辅助工法。浆液在土体中固结并在注浆压力作用下扩散并挤密土体，起到加固地层、止水的作用，通常配合小导管、大管棚使用。注浆方式主要有小导管注浆、大管棚注浆、帷幕注浆和全断面注浆等，注浆材料有普通水泥、超细水泥、水泥水玻璃、改性水玻璃和化学浆液等。

②降水法

降低地下水位可以为浅埋暗挖施工提供干燥的施工作业条件，尤其在北京、上海、深圳等地，地下水位较高，必须采取降水措施，才能实现暗挖法施工。降水法主要有井点降水、管井降水、真空降水和电渗降水等。北方地区多采用地面深井降水法，也有采用洞内轻型井点降水法；南方地区则多采用基坑内管井降水法，也有采用真空或电渗降水法。

③超前小导管法

超前小导管支护是在松软地层浅埋暗挖法施工时优先采用的一种地层预加固方法。

通过超前小导管注浆使地层得到固结改良，保证土方开挖时开挖面稳定，阻止过大沉降发生。浅埋暗挖法超前小导管长度为 5～8 m，直径为 30～ 50 mm，环向间距为 20～30 cm ，沿开挖轮廓线 120°范围内向掌子面前方土层以一定外插角（10°～15°）打入带孔小导管，并注浆液。

④长管棚法

长管棚法用于暗挖隧道的超前加固，长管棚布置在隧道的拱部周边。管棚一般都要进行注浆，以获得更好的地层加固效果。地铁多用于临近施工，如下穿既有线等，多采用直径为 300 mm 左右的长管棚，利用定向钻或夯管锤施作。

需要指出的是，管棚直径超过一定限度之后，并不能显著提高其防坍、控沉效果，相反，管棚直径越大，则施作时对地层的扰动就越大，可能引起更大的地层沉降。因此，仅在临近既有线等特殊场合采用该法施工，一般情况下建议采用小导管注浆法。

⑤水平旋喷法

水平旋喷法主要用于地层加固，如局部地层特别松软须加固，或有重要建（构）筑物需要特殊保护时。在粉细沙层地层，低压渗透注浆难以形成连续致密的注浆体，不能有效地起到超前支护和防沉作用，为此采用水平旋喷方式加固地层。水平旋喷具有刚度较大、止水防沉、有效减少土体位移等特点，在地表建筑物和管线密集地层施工中应用该法比其他方法经济。

⑥注浆冷冻法

由于冷冻法易引起融沉，冷冻质量不易控制，故不适用于地下水流速度过大的地层。在南方地区建议采用注浆冷冻法。通过注浆，在地层中形成骨架，降低水流速度，在冷冻地层可保证冷冻效果，减少解冻引起的地表沉降。

（4）开挖方法多

采用浅埋暗挖法施工时，常见的开挖方法有全断面法、正台阶法，以及适用于特殊地层条件的其他施工方法，如单侧壁导坑超前正台阶法、双侧壁导坑正台阶法（眼镜工法）和中隔墙法等。

（5）风险管理难度大

浅埋暗挖工程通常具有工期长、规模大、技术复杂、地质条件不确定、不良地质多、施工中的意外事故和施工造成的环境影响对工程的进展产生的影响很大等特点。因此，有必要以科学的方法和手段研究风险发生和变化的规律，使之尽可能接近并反映实际的变化情况，防患于未然，把风险造成的损失降至最低。建立合理的工程风险辨识、分析、处理、评估和监控系统，在国际上已成为惯例，我国目前在重大工程中也开展了安全风险管理的工作。

# 第 3 章　地铁区间盾构法施工

## 3.1　盾构选型及现场管理使用

### 3.1.1　概述

1. 盾构简介

盾构是一种用于隧道暗挖施工，具有金属外壳，壳内装有主机和辅助设备，既能支承地层的压力，又能在地层中整体掘进，进行土体开挖、渣土排运和管片安装等作业，使隧道一次成形的机械。

盾构是相对复杂的集机、电、液、传感、信息技术于一体的隧道施工专用工程机械，主要用于地铁、铁路、公路、市政、水电等工程。

盾构的工作原理是依靠外壳支承的钢结构组件沿隧道轴线一边对土壤进行切削一边向前推进，在盾壳的保护下完成掘进、排渣、衬砌工作，最终贯通隧道。

盾构施工主要由稳定开挖面、掘进及排土、管片衬砌和壁后注浆三大要素组成。

盾构是根据工程地质、水文地质、地貌、地面建筑物及地下管线和构筑物等具体特征来“量身定做”的一种非标设备。盾构不同于常规设备，其核心技术不仅仅是设备本身的机电工业设计，还在于设备通过不同的设计满足不同工程地质施工的需求。因此，盾构选型正确与否决定着盾构施工的成败。

2. 盾构的类型

盾构的类型是指与特定的施工环境、基础地质、工程地质和水文地质特征相匹配的盾构种类。一般掘进机的类型分为软土盾构、硬岩掘进机(TBM)、复合盾构三种。软土盾构的特点是仅安装切削软土用的切刀和括刀，无需开岩的滚刀。TBM 主要用于山岭隧道。复合盾构是指既适用于软土，又适应于硬岩的一类盾构，主要用于复杂地层的施工。地铁盾构就是一种复合盾构，主要特点是刀盘既安装用于软土切削的切刀和括刀，又安装破碎岩石的滚刀，或安装破碎砂卵石和漂石的撕裂刀。

复合盾构分为土压平衡盾构和泥水加压平衡盾构。

3. 盾构的组成

地铁施工可供选择的复合盾构机机型只有两种，即土压平衡盾构机和泥水平衡盾构机。

一台盾构按外观结构形式分为刀盘、前盾、中盾、尾盾、后配套设备和辅助设备(管片和砂浆运输设备、泥水站等)。

土压平衡盾构按功能分为控制系统、主驱动系统、推进系统、出渣系统、管片运输及拼装系统、注浆系统、注脂系统、渣土改良系统、供电系统等。

泥水平衡盾构按照控制开挖面泥浆压力方式的不同可分为两种，一种是日本体系的直接控制型，一种是德国体系的间接控制型(气压复合控制型)。

### 3.1.2 盾构选型

#### 3.1.2.1 盾构选型原则

盾构选型是盾构法隧道能否安全、环保、优质、经济、快速建成的关键工作之一。盾构选型应从安全适应性(也称可靠性)、技术先进性、经济性等方面综合考虑,所选择的盾构形式要尽可能减少辅助施工法、确保开挖面稳定和适应围岩条件,同时还要综合考虑以下因素:

(1)可以合理使用的辅助施工法如降水法、气压法、冻结法和注浆法等;

(2)满足本工程隧道施工长度和线形的要求;

(3)后配套设备、始发设施等能与盾构的开挖能力配套;

(4)盾构的工作环境。

不同形式的盾构所适应的地质范围不同,盾构选型总的原则是安全性适应性第一,以确保盾构法施工安全可靠,在安全可靠的情况下再考虑技术的先进性,然后再考虑盾构的价格。盾构施工时,施工沿线的地质条件可能变化较大,在选型时一般选择适合于施工区大多数围岩的机型。

盾构选型时主要遵循下列原则:

(1)应对工程地质、水文地质有较强的适应性,首先要满足施工安全的要求;

(2)安全适应性、技术先进性、经济性相统一,在安全可靠的情况下,考虑技术先进性和经济合理性;

(3)满足隧道外径、长度、埋深、施工场地、周围环境等条件;

(4)满足安全、质量、工期、造价及环保要求;

(5)后配套设备的能力与主机配套,生产能力与主机掘进速度相匹配,同时具有施工安全、结构简单、布置合理和易于维护保养的特点;

(6)盾构制造商的知名度、业绩、信誉和技术服务。

根据以上原则,对盾构的形式及主要技术参数进行研究分析,以确保盾构法施工的安全可靠,选择最佳的盾构施工方法和选择最适宜的盾构。

#### 3.1.2.2 盾构选型依据

盾构选型应以工程地质、水文地质为主要依据,综合考虑周围环境条件、隧道断面尺寸、施工长度、埋深、线路的曲率半径、沿线地形、地面及地下构筑物等,以及周围环境对地面变形的控制要求的工期、环保等因素,同时,参考国内外已有盾构工程实例及相关的盾构技术规范、施工规范及相关标准,对盾构类型、驱动方式、功能要求、主要技术参数,辅助设备的配置等进行研究。

(1)工程地质、水文地质条件:颗粒分析及粒度分布,单轴抗压强度,含水率,砾石直径,液限及塑限,标准贯入击数,黏聚力,内摩擦角,土粒子相对密度,孔隙率及孔隙比,地层反力系数,压密特性,弹性波速度,孔隙水压,渗透系数,地下水位(最高、最低、平均),地下水位的流速、流向,河床变迁情况等。

(2)隧道长度、隧道平纵断面形状和尺寸等设计参数。

(3)周围环境条件:地上及地下建筑物分布,地下管线埋深及分布,沿线河流、湖泊、海洋的分布，沿线交通情况、施工场地条件，气候条件，水电供应情况等。

(4)隧道施工工程筹划及节点工期要求。

(5)宜用的辅助工法。

(6)技术经济比较。

#### 3.1.2.3　盾构选型主要步骤

(1)在对工程地质、水文地质条件、周围环境、工期要求、经济性等充分研究的基础上选定盾构的类型；对敞开式、闭胸式盾构进行比选。

(2)在确定选用闭胸式盾构后，根据地层的渗透系数、颗粒级配、地下水压、环保、辅助施工方法、施工环境、安全等因素对土压平衡盾构和泥水盾构进行比选。

(3)根据详细的地质勘探资料，对盾构各主要功能部件进行选择和设计，如刀盘驱动形式，刀盘结构形式、开口率，刀具种类与配置，螺旋输送机的形式与尺寸，沉浸墙的结构设计与泥浆门的形式，破碎机的布置与形式，送泥管的直径等，并根据地质条件等确定盾构的主要参数。盾构的主要技术参数在选型时应进行详细计算，主要包括刀盘直径，刀盘开口率，刀盘转速，刀盘扭矩，刀盘驱动功率，推力，掘进速度，螺旋输送机功率、直径、长度、送排泥管直径，送排泥泵功率、扬程等。

(4)根据地质条件选择与盾构掘进速度相匹配的盾构后配套施工设备。

#### 3.1.2.4　盾构选型主要方法

1. 根据地层的渗透系数进行选型

地层渗透系数对于盾构的选型是一个很重要的因素。通常，当地层的渗透系数小于 $10^{-7}$ m/s 时，可以选用土压平衡盾构；当地层的渗透系数在 $10^{-7}$～$10^{-4}$ m/s 之间时，既可以选用土压平衡盾构也可以选用泥水盾构；当地层的透水系数大于 $10^{-4}$ m/s 时，宜选用泥水盾构。

根据地层渗透系数与盾构类型的关系，若地层以各种级配富水的砂层、砂砾层为主时，宜选用泥水盾构；其他地层宜选用土压平衡盾构。

2. 根据地层的颗粒级配进行选型

土压平衡盾构主要适用于粉土、粉质黏土、淤泥质粉土、粉砂层等黏稠土壤和软岩的施工。在黏性土层中掘进时，由刀盘切削下来的土体进入土舱后由螺旋输送机输出，在螺旋输送机内形成压力梯降，保持土舱压力稳定，使开挖面土层处于稳定。一般，当岩土中的粉粒和黏粒的总量达到 40% 以上时，宜选用土压平衡盾构，反之，选择泥水盾构比较合适。粉粒的绝对大小通常以 0.075 mm 为界。

3. 根据地下水压进行选型

当水压大于 0.3 MPa 时，宜采用泥水盾构。如果采用土压平衡盾构，螺旋输送机难以形成有效的土压下降，导致开挖面坍塌。

当水压大于 0.3 MPa 时，如因地质原因需采用土压平衡盾构，则需增大螺旋输送机的长度或采用二级螺旋输送机，或采用保压泵。

4. 盾构选型时必须考虑的特殊因素

盾构选型在实际实施时，还须解决理论的合理性与实际的可能性之间的矛盾，必须考虑环保、地质和安全因素。

(1)环保因素

对泥水盾构而言,虽然经过过筛、旋流、沉淀等程序,可以将弃土浆液中的一些粗颗粒分离出来,并通过汽车、船等工具运输弃渣,但泥浆中的悬浮或半悬浮状态的细土颗粒仍不能完全分离出来,而这些物质又不能随意处理,就形成了使用泥水盾构的一大困难。降低污染保护环境是选择泥水盾构面临的十分重要的课题,需要解决的是如何防止将这些泥浆弃置江河湖海等水体中造成范围更大更严重的污染。

(2)工程地质因素

盾构施工工程地质的复杂性主要反映在基础地质(主要是围岩岩性)和工程地质特性的多变方面。在一个盾构施工段或一个盾构合同标段中,某些部分的施工环境适合选用土压平衡盾构,但某些部分又很适合选用泥水盾构。盾构选型时应综合考虑并对不同选择进行风险分析后择其优者。

(3)安全因素

从保持工作面的稳定、控制地面沉降的角度来看,当隧道断面较大时,使用泥水盾构要比使用土压平衡盾构的效果好一些,特别是在河湖等水体下、在密集的建筑物或构筑物下及上软下硬的地层中施工时。在这些特殊的施工环境中,施工过程的安全性是盾构选型时的一项极其重要的选择。

#### 3.1.2.5 盾构模式选择

在选择盾构模式时,最重要的是要以保持开挖面稳定为基点进行选择。为了选择合适的盾构模式,除对土质、地下水进行调查以外,还要对用地环境、竖井周围环境、安全性、经济性进行充分考虑。

近几年来,由竖井或渣土处理而影响盾构形式选择的实例不断增加。另外,在一些实例中,施工经验也会成为盾构选型的重要因素。因此,在选型时,要邀请具有制造同类盾构经验的国内外知名盾构制造商进行技术交流,邀请国内盾构隧道设计、科研、施工方面专家进行选型论证和研究,并参照类似工程和盾构选型及施工情况。

1. 土压平衡盾构

土压盾构主要适用于粉质黏土、淤泥质粉土、粉砂层等黏稠土壤及软岩地层的施工,在黏性土层掘进时,由刀盘切削下来的土体进入土舱后由螺旋输送机输出,在螺旋输送机内形成压力梯降,保持土舱压力稳定,使开挖面土层处于稳定。盾构向前推进的同时,螺旋输送机排土,使排土量等于开挖量,即可使开挖面的地层始终保持稳定。排土量通过调节螺旋输送机的转速和出土闸门的开度予以控制。

当含砂量超过某一限度时,泥土的流塑性明显变差,土舱内土体因固结作用而被压密,导致渣土难以排送,需向土舱内注入水、泡沫、泥浆等添加材料,以改善土体流塑性。在砂性土层施工时,由于砂性土流动性差、摩擦力大、渗透系数高、地下水丰富等原因,土舱内压力不易稳定,须进行渣土改良。

土压平衡盾构主要分为两种:一种是适用于含水量和粒度组成比较适中,开挖面土砂可直接注入土舱及螺旋输送机内,从而维持开挖稳定的土压式盾构;另一种是对应于砂粒含量较多而不具有流动性的土质,需通过水、泡沫、泥浆等添加材料使泥土压力可以很好地传递到开挖面的加泥式土压平衡盾构。

土压平衡盾构根据土压力的状况进行开挖和推进,通过检查土舱压力不但可以控制开挖的稳定性，还可以减少对周围地基影响。土压平衡盾构一般不需要实施辅助工法。

加泥式土压平衡盾构适用于冲积砂砾、砂、粉土、黏土等固结度比较低的软弱地层，洪积地层以及软硬不匀地层，在土质方面的适用性最为广泛，但在高水压下（大于0.3 MPa）仅用螺旋输送机排土难以保持开挖面的稳定性，还须安装保压泵或进行切削土的改良。

2. 泥水盾构

泥水盾构通过施加高于开挖水土压力的泥浆压力保持开挖的稳定。除泥浆压力外，合理选择泥浆的状态也可增加开挖面的稳定性。泥水盾构比较适合于河底、江底、海底等高水压条件下的隧道施工。

泥水盾构使用送排泥泵通过管道从地面直接向开挖面进行送排泥，开挖面完全封闭，具有高安全性和良好的施工环境，既不对围岩产生过大的压力也不会受到围岩压力的反压，对周围地基影响较小，一般不须辅助施工，特别是在开挖断面较大时，控制地表沉降方面优于土压平衡盾构。

根据控制开挖面泥浆压力方式的不同，泥水盾构有两种：一种是日本体系的直接控制型；另一种是德国体系的间接控制型（即气压复合控制型）。直接控制型的泥水舱为单舱结构形式；间接控制型的泥水舱为双舱结构，前舱称为开挖舱，后舱称为气垫调压舱，开挖舱内完全充满受压的泥浆后平衡外部水土压力。

隧道开挖过程中，直接控制型泥水盾构开挖舱内的泥水压力波动较大，一般在$\pm(0.5\sim1.0)\times10^5$ Pa之间变化。间接控制型泥水盾构的气垫调压舱通过压缩空气系统精确地进行控制和调节压力，开挖舱内的压力波动较小，一般为$\pm(1\sim2)\times10^4$ Pa，泥浆管路内的浮动变化将被准确迅速平衡，减少了外界压力变化对开挖稳定造成的影响。

#### 3.1.2.6　刀盘结构形式选择

1. 刀盘的主要功能

(1)开挖功能

刀盘旋转时，刀具切削隧道掌子面的土体，对掌子面的地层进行开挖，开挖后的渣土通过刀盘的开口进入土舱。

(2)稳定功能

支撑掌子面，具有稳定掌子面的功能。

(3)搅拌功能

对于土压平衡盾构，刀盘对土舱内的渣土具有一定的塑性，然后通过螺旋输送机将渣土排出；对于泥水盾构，通过刀盘和旋转搅拌作用，将切削下来的渣土与膨润土泥浆充分混合，优化了泥水压力的控制，改善了泥浆的均匀性，然后通过排泥管道将开挖渣土以流体的形式泵送到设在地面上的泥水分离站。

2. 刀盘的结构形式

刀盘的结构形式一般有面板式和辐条式两种，具体应用时应根据施工条件和土质条件等因素决定。泥水盾构一般都采用面板式刀盘；土压平衡盾构则根据土质条件不同可采用面板式、辐条式两种。对于土压平衡盾构，采用面板式刀盘时，由于泥土流经刀盘面板的开口进入土舱，盾构掘进时土舱内的土压力与开挖面的土压力之间产生压力降，且压力降的大小受面板开口的影响不易确定，从而使得开挖面的土压力不易控制。面板式刀盘的优点是通过刀盘的开口限制直入土舱的卵石粒径，其缺点是由于受刀盘面板的影响，开挖面土压不等于测量土压，因而土压管理困难。由于受面板开口率的影响，渣土进入土舱不顺畅、易黏结和易堵塞，且刀具负荷大，使用寿命短。在黏土层施工时，如果采用面板式刀盘，则由于刀盘支承将土舱分隔成两个区域，当刀盘旋转切削土体时，中心区域以外部分的土体流动顺畅，易于搅拌；中心区域内的土体流动较差。当切削土体黏性较大并长期积聚于中心区域时，中心区域土体逐渐增多并最终形成泥饼，会完全丧失流动性，造成出土不畅、阻力增大、开挖面压力控制不稳定，对控制地面沉降不利。

辐条式刀盘仅有几根辐条，土、砂流动顺畅，有利于防止黏土附着，不易黏结和堵塞。由于没有面板的阻挡，渣土从开挖面进入土舱时没有土压力的衰减，开挖面土压等于测量土压，因而能对土压进行有效的管理，能有效地控制地面沉降，同时刀具负荷小，寿命长。因此辐条式刀盘对砂、土等单一软土地层的适应性比面板式刀盘较强。辐条式刀盘也能安装滚刀，在风化岩及软硬不均地层或硬岩地层掘进时，也可采用辐条式刀盘。

辐条式刀盘上的滚刀一般设计成与先行刀可互换式，可根据地质的需要将滚刀换装成先行刀。同时，辐条式刀盘也可换成面板式刀盘，在辐条之间安装可拆卸的面板，即可变为面板式刀盘。

#### 3.1.2.7 刀具的种类及破岩机理

1. 滚刀

滚刀分齿形滚刀和盘形滚刀。齿形滚刀主要有球齿滚刀和楔齿滚刀两种，常用于软岩。盾构上应用较广的是盘形滚刀。盘形滚刀有单刃、双刃、多刃等三种形式。

在风化的砂岩及泥岩等较软岩地层时，一般采用双刃滚刀，较硬岩采用单刃滚刀。盘形滚刀按刀圈材质分为耐磨层表面刀圈、标准钢刀圈、重型钢刀圈、镶齿硬质合金刀圈滚刀等，并分别适用于不同的地层。

(1)耐磨层表面刀圈：适用于掘进硬度 40 MPa 的紧密地层，硬度 80～100 MPa 的断裂砾岩、砂岩、砂黏土等地层。

(2)标准钢刀圈：适用于掘进硬度 50～100 MPa 的砾岩、大理石、灰岩地层。

(3)重型钢刀圈：适用于掘进硬度 120～250 MPa 的硬岩，硬度 80～150 MPa 的高磨损岩层，如花岗岩、闪长岩、斑岩、蛇纹石及玄武岩等地层。

(4)镶齿硬质合金刀圈：适用于掘进硬度高达 150～250 MPa 的花岗岩、玄武岩、斑岩及石英岩等地层。

2. 切刀

切刀安装在刀盘开口槽的两侧，也称刮刀。用来切削未固定的土壤，并把切削土刮入土舱中。在同一个轨迹上一般有多把切刀同时开挖。切刀的宽度使得每把刀的切割削轨迹之间有一定的重叠。目前最有效的切刀为双层耐磨设计，配有双层碳钨合金刀齿以提高刀具的耐磨性，在第一排刀齿磨损后，第二排刀齿可以代替第一排刀齿继续发挥作用，同时，刀具的背部设有双排碳钨合金柱齿。切刀在刀盘上的安装采用背装式，可以从开挖舱内拆卸和更换。

3. 先行刀

先行刀一般安装在辐条中间的刀箱中，采用背装式，可从土舱进行更换。先行刀超前切刀布置，使得先行刀超前先切削地层，从而保护切刀并避免其先切削到砾石或块石地层。先行刀主要有贝壳刀、撕裂刀和齿刀三种形式。

先行刀在切刀接触地层之前特别是较硬的地层之前先松动地层，一般切削宽度较窄，从而使得先行刀在砾石地层中有更高的切削率。先行撕裂刀除先行将致密的土层松动外，还起击碎砂卵石的作用，先行刀还能起到延长切刀寿命的作用。

先行刀按刀盘双向转动设计，齿刀和撕裂刀可安装在一个特殊设计的刀箱中，允许根据刀盘的转动方向做适当的微动，这种微动的设计主要用来减少先行刀侧面的磨损。必要时，齿刀和撕裂刀的刀座可设计成与滚刀可互换的结构。

4. 周边刮刀

周边刮刀也称铲刀，安装在刀盘的外圈，用于清除边缘部分的开挖渣土，防止沉积，确保刀盘的开挖直径，防止刀盘外缘的间接磨损。该刀的切削面上设有一排连续的碳钨合金齿和一个双排碳钨合金柱齿，用于增强刀具的耐磨。周边刮刀采用背装式，可从土舱内进行更换。对于周边刮刀而言，单排连续碳钨合金刀齿是足够的，因为周边刮刀仅其端部切削地层，而切刀在整个宽度范围切削地层。

5. 仿形刀

仿形刀安装在刀盘的外缘上，通过液压油缸动作，采用可编程控制，通过刀盘回转传感器来实现。驾驶员可以控制仿形刀开挖的深度（即超挖的深度）以及超挖的位置。例如，决定要对左侧进行扩挖以便盾构向左转弯时，仿形刀只需在左侧伸出，扩挖左侧水平直径线上、下 45°的范围。

#### 3.1.2.8　刀盘驱动方式选择

刀盘的驱动方式有变频电机驱动、液压驱动和定速电机驱动三种。鉴于定速电机驱动的刀盘转速不能调节，目前一般不采用。液压驱动具有调速灵活、控制简单、液压马达体积小、安装方便等特点，但液压驱动效率低、发热量大。变频驱动具有发热量小、效率高、控制精确等优点，在工业领域应用较广。虽然目前的中小型盾构的刀盘驱动较常用液压驱动，大直径盾构较常用变频驱动，但由于变频驱动效率高，从节能方向及发展趋势来看，变频电机驱动方式是刀盘驱动今后的发展方向。

#### 3.1.2.9　施工辅助设备选择

盾构及后配套拖车上设备以外的设备称为施工辅助设备。施工辅助设备因围岩条件、施工环境及施工方法的不同而不同，一般包括材料堆放场、渣土运输设备、材料运输设备、电力设备、照明设备、通信设备、通风设备、竖井升降设备、给排水设备、消防设备、砂浆拌和设备、地基加固设备、起重设备、始发（到达）与调头设备、泥水处理设备等。施工辅助设备应结合工程特点和施工环境进行优化配备。

通风设备应符合以下要求：一次通风宜采用压入式通风，风管采用软管，管径根据隧道断面、长度、出渣方式确定。根据计算风量和风压，结合通风方式及通风设备的布置，宜采用轴流式通风机。为满足风压的要求，长距离通风宜采用相同型号的风机等距离间隔串联。施工区域的风速不宜低于 0.3 m/s。

### 3.1.3　盾构设备现场管理与使用

#### 3.1.3.1　盾构设备管理

盾构设备管理范围包括对盾构（含盾构主机及后配套设备）、施工辅助设备（也称常规设备)、施工辅助设施、材料、配件及施工人员的管理。

盾构设备管理的对象包括盾构、常规设备及施工作业人员,内容包括盾构、施工辅助设备、施工辅助设施的管理、使用、保养、维修、配件和外加工等方面。

3.1.3.2 盾构设备使用

1. 施工组织设计编制

盾构施工前应编制详细的施工组织设计。施工组织设计主要包括盾构的构造、特性及适用范围,施工沿线地表环境调查报告,施工沿线地下障碍物的调查报告,工程地质与水文地质勘查报告,设计文件对工程的技术要求与规定,施工现场平面布置图,盾构的现场组装、安装及吊装方案,工作竖井的施工方案与检查井的施工方案,盾构法施工的临时给水、排水、照明、供电、消防、通风、通信等设计,管片制造、运输、储存、防水、拼装与同步注浆、二次补充注浆方案,配套辅助施工机械设备的选型、规格、数量与现场工作井场垂直运输及水平运输等机械设备布置,盾构的始发、掘进、到达的条件以及掘进与运土方案,测量与监控方案,防漏电、防缺氧、防爆、防毒等安全监测和保护措施。

2. 盾构操作

(1)盾构主机操作

开机前全面检查冷却循环水系统、压缩空气系统、推进系统、管片拼装系统、主轴承密封润滑系统、盾尾注脂系统、泥水系统等,确保系统正常方能启动操作,并确保开机前无人停留在盾构的危险区域。

严格按照启动顺序开机。掘进过程中,主驾驶员应时刻监视主机室内操作面板上的各种参数,并严密监视出渣情况,应随时根据导向系统的参数调整盾构姿态。副驾驶员应随时巡检盾构设备状态,如泵站噪声、液压系统管路连接有无松动及是否渗漏油、油脂添加系统原料是否充足、轨道是否畅通、注浆是否正常等。没有注浆或注浆量不能保证时不能掘进,没有方向量测时不能掘进。

盾构掘进过程中,必须确保开挖面的稳定,必须按围岩条件调整土舱压力(泥浆压力、泥浆性质)和控制出渣量(送排泥量)。盾构掘进的推力必须在考虑围岩情况、盾构类型、超挖量、有无蛇曲修正、隧道曲线半径、坡度和管片反力等情况下,确保盾构掘进时的推力大小始终保持在适当的值上。

(2)管片安装操作

管片安装须按正确的安装程序进行。管片拼装质量直接影响弹性密封垫的防水作用。拼装时应注意控制管片成环的椭圆度和管片环面的平整度。椭圆度过大会引起环缝张开量增大,易造成漏水。拼装后的初始椭圆度应按照规范要求控制,管片脱离盾尾后应尽量限制椭圆度的增大,复紧管片联结螺栓。环面不平整一般是因管片制作和拼装精度不够,推进油缸推力不均衡引起。环面不平整度应控制在 5 mm 内,若超出应用垫片填平补齐。

管片安装必须从隧道底部开始,然后依次安装相邻块,最后安装封顶块。封顶块安装前,应对止水条进行润滑处理,安装时先径向插入,调整位置后缓慢纵向顶推。管片块安装到位后,应及时伸出相应位置的推进油缸顶紧管片,其顶推力应大于稳定管片所需力,然后方可移开管片安装机。

管片吊运时下方严禁站人或人员身体某部位处于管片下方。进行管片安装时,安装区域下严禁站人或人员身体某部位处于管片下方。管片输送小车前移管片时移动区域不能有人员或设备。操作前的检查中发现任何不正常的问题，都必须经相关人员检查确认正常后才能进行工作。在使用操作中，出现任何不正常问题，工作人员必须离开危险区域，在将管片等放到安全位置，经相关人员检查确认后，才能进行工作。具有电工特种作业操作证人员才能开箱进行电气检查。

在管片安装过程中，如出现过载工作，须立即采取紧急制动和按下紧急按钮，人员离开危险区域后，再将管片旋转到安全位置。若无法将管片旋转到安全位置，则须采取木头垫起或安全吊索链的方法保护后，进行相应的检查和处理后重新工作。在管片安装时，出现以下情况时，须立即按下紧急按钮停止工作，检查和处理后重新启动。

①系统油缸和管路出现损坏破裂时；

②油泵或电机出现异常现象时；

③定位螺栓和抓取器或其他部位有损坏时。

(3)壁后注浆

盾构推进过程中，应及时进行同步注浆，使管片衬砌尽早支承地层，防止地层沉降。同步注浆一般采用水泥砂浆。应注意控制管片背衬注浆部位、注浆量和注浆压力。每环推进前对同步注浆的浆液进行取样试验，严格控制初凝时间。在同步注浆过程中，合理掌握注浆压力，使注浆量、注浆速度与推进速度等施工参数相匹配。

每班注浆作业完毕后，及时清理搅拌机、砂浆罐、注浆泵和注浆管路。定期清理储浆罐，清除结块。清洗管路时，释放管道及设备中的压力，防止高压伤人。使用高压清洗机清洗设备时应严格按照清洗机操作规程进行操作。因故长时间停机或出现堵管现象时要及时清洗管路，防止管内砂浆凝结，尤其是盾尾暗置注浆管。

(4)导向系统操作

导向系统必须由经过严格培训的专业测量人员操作。导向系统自动检测盾构的姿态，实时测量与设计线形的偏移量。应正确输入隧道设计线路数据，数据输入前必须至少经过两人的复核，输入计算机后也必须至少经过两人的复核。应随时保证测站点和后视点的坐标正确。每周至少应进行一次站点与控制点复测，必要时应对站点数据进行修正。定期用人工测量方法对导向系统的数据进行复核，包括系统的测量结果、测点坐标等。系统的测站点和后视点均安装在隧道管片的固定支架上，应保证支架安装稳固，不能有晃动。在施工过程中，尤其要注意不能有物体触碰、撞击测点。经常对导向系统的各部分进行巡视、检查及维保，确保导向系统处于正常状态。移动站点前，应首先检查原来的测点是否被碰撞、移动，应在确认原有测站点和后视点无误的前提下再进行新测站点的测量工作。移动时要确保全站仪和棱镜安全，防止震动与损伤。

(5)人舱操作

人舱操作应由经过专业机构培训考核合格并取证的人员执行。只有通过体检和带压测试并经过相关培训的人员才能带压进舱。所有人舱管理员需要用到的操作和显示元件均安装在空气舱的外面。要做好带压进舱的技术交底工作。

必须定期检查人舱所有部件(显示仪、条形记录器、热系统、时钟、温度计、密封和阀)的功能。必须定期检查电话和紧急电话设备是否能按照规定要求工作。检查门密封和密封面是否干净和损坏，必要时更换密封。使用人舱时测试条形记录器是否能正常工作，供纸是否充足。

患有感冒或流感的人员不能进入人舱，有可能造成耳膜破裂的危险。人员进出人舱时必须穿干衣服，必须遵守所有人舱前部和内部的警示和信息标志。

(6)后配套管线延伸

盾构施工用水、用电及高压空气等通过在后配套拖车上的水管卷筒、高压电缆卷筒、风管卷筒等采用管线与隧道外连接，随着盾构的推进，卷筒上管线存储长度不断减少，应适时进行管线的延伸。

水管延伸在有压力的情况下不能进行，在进行延伸前，必须检查管线是否已经卸压。延长管线时，机器和隧道内管道的阀门都必须关闭，只有在管线卸压后才可拆开管道并安装另一段管道。完成管道的延伸后将管道上所有的阀门重新打开，不必放掉水管中的水。应经常检查水管卷筒，以保证卷筒上有足够的存储量。为了便于电缆的卷起和伸长，并能很好地保护高压电缆，最好利用带滚筒的挂钩将电缆挂在隧道洞壁上。应经常检查高压电缆卷筒，以保证卷筒上有足够的存储量。应及时进行高压电缆的延伸，在进行电缆延伸期间应派专人在变电站守候防止意外事故的发生。在高压电缆延长的过程中，除应急灯外，其他设备都应处于断电状态。当电缆延伸完成后，在送电前应仔细检查盾构的各用电设备是否处于断电状态，以防送电时产生的电流冲击损坏电气设备。

(7)数据采集系统操作

盾构施工过程中通过数据采集系统进行各项技术参数的信息采集和记录，在任何情况下应充分保证数据采集系统的正常运行。

数据采集系统在盾构正常施工阶段保持 24 小时开机，不得无故停机或关机。由于数据采集系统是通过程控电话系统来对隧道内的 PLC 系统进行连接的，所以应对数据采集系统的连接电缆进行日常的检查与保养，发现问题应立即修复。

由于数据采集系统存在随时掉线的可能，其采集的环数可能与实际不符，应每天由专人对数据采集系统计算机上的环数进行核对，以保证采集数据的正确性。

数据采集系统的计算机随时有发生故障的可能，应定期对计算机的采集数据进行备份。

(8)应急预案

为防范紧急事故发生，须对隧道内外所需机械、设备及通信联络设备采取备用措施，同时须建立与隧道内各作业场所、相关部门等立即取得联络的体制。

隧道内发生火灾、开挖面坍塌、涌水紧急事故时，或者因有害气体、缺氧、可燃气体的涌出发生中毒、瓦斯爆炸事件时，必须立即停止作业，采取切实可行的措施，使作业人员迅速退到安全地带。

①通信联络设备：必须重视隧道内外的通信设备、报警设备和备用装置的配置、检查维修等，必要时，除通常的通信设备外也可考虑设置无线通话设备。

②避难用设备器具：根据需要，在合适的地方配备空气呼吸器、氧呼吸器等保护用具和携带式照明器具等避难器具。用于可能出现可燃性气体涌出地段的携带式照明器具应采用防爆型和化学光剂发光的制品。除了保持避难、救护设备随时处于可使用的状态之外，还需对作业人员进行避难、救护方面的培训，特别是对于呼吸用保护用品，带压状态使用的环境条件不同，其性能变化较大，故须熟知其性能及正确的使用方法。

③急救措施：事先准备好隧道内外的护送设备，制订护送方案。施工现场设立医务室及配备相关医疗设备，配备具有医疗急救经验的医生，满足日常医疗及急救服务。与距工地较近的医院签订急救医疗服务合同，以便及时提供医疗和急救服务。

④应急医疗设备：在 100 kPa 以上的压力下工作时，应设有应急医疗设备，其构造规格应符合规定，必须具有送排气设备、与外部进行联系的设备、暖气设备及消防设备等。

(9)掘进报告的填写

做好盾构使用过程中的运转记录，每掘进一环填写掘进报告。掘进报告主要包括掘进环号、掘进里程、掘进起止时间、掘进参数、盾构参数、盾构运转状况及运行中存在的问题。

### 3.1.3.3　盾构保养与维修

1. 一般规定

为了确保盾构的技术状况，使盾构的完好率和利用率达到较高的水平，必须对盾构及后配套设备进行日常保养和定期维修保养。

盾构的维修保养遵照“保养为主，维修为辅”的原则，以开展设备诊断和状态监测为基础，采用日常保养、定期保养和强制保养相结合的方式进行。

(1)充分利用盾构在线故障监测及数据采集系统，与常规的振动分析和油样检测等手段相结合，开展故障诊断和状态检测工作，进行盾构的磨损监测、振动监测和油液分析，及时预防故障。诊断出的故障应及时进行修理，并将故障的部位、原因及修理后的状况记录存档。盾构的故障诊断和状态监测工作必须纳入维修保养计划。

(2)盾构的保养包括日常保养、定期保养、强制保养、工地转移前的维修保养。

(3)根据盾构的具体情况、施工环境等制定盾构的保养规范，维修保养工作必须按照规范强制执行。维修保养实行工程师签认制度，所有维修保养工作内容都要有书面记录，并且由维保工程师检查签认。

(4)严禁以修理代替保养工作。保养工作必须有专人负责，保养程序合理，保养方法正确，保养过程有人监督。进行保养工作时，一定要按照设备的工作顺序，在保证安全的情况下进行，必要时停机进行保养。

(5)维修工作必须做到随坏随修，及时恢复机械的技术性能，确保设备处于良好状态。维修保养中需要更换的重要配件应达到原机的要求，不得降低标准使用。

(6)严禁擅自拆除和变更盾构上的部件，严禁将不同用途的部件随意改用，严禁拆套互换液压、电气控制等元件，严禁拆卸安全性、指标性的传感器、安全阀、仪表、溢流阀等，如有损坏或失准，应及时更换。

(7)如需在盾构上安装、拆除、技术改造部件或系统时，必须经过技术论证，并经有关部门研究批准后方可实施，任何人不得随意决定。对电器和液压系统的任何修改(包括临时接线等)要书面请示项目部机电总工，并由项目部报请有关部门批准后方可实施，同时应记入设备的记录表中备查。要及时恢复损坏、丢失的液压管路和电气线路的标志符号。

(8)盾构的保养应以保为主、以保带养。保养内容主要是清洁、紧固、调整、润滑、防腐。

(9)盾构发生故障或有故障迹象时，驾驶员必须立即停机，并报告维保工程师，由维保工程师安排修理工进行处理。

(10)维保工程师每天对盾构的运转状况进行巡视,对盾构操作人员填写的运转记录和维修班填写的点检报表进行检查确认,及时发现故障隐患,做好预防性维护,以保持盾构技术状态良好。值班工程师每班对盾构及后配套设备的运转状况和安全操作情况进行巡视检查,对巡视中发现的问题提出处理意见,并以书面形式通知掘进班长和机电总工程师。

(11)盾构的维修工作必须在确保安全的前提下进行。只有当盾构停止运转后,才能进行盾构的维修工作。维修时要断开电器开关,悬挂"禁止合闸"警示牌,维修结束后由悬挂警示牌的电工确认并取下警示牌后,方可合闸。对高压电气设备维修时应先放电。液压系统维修前必须关闭相关阀门并降压,防止液压油缸的缩回和液压马达的意外运行。液压系统的维护必须注意清洁,严禁使用棉纱等易起毛的物品清洁接头内壁、油桶、油管等。

(12)维修与保养工作必须做好记录,由维修保养人员认真填写,维保工程师及机电总工程师签认后,归档保存。

(13)试掘进期完成后应进行一次全面的检查和保养,更换液压系统滤清器,更换刀盘驱动的齿轮油。在试掘进期内要加强设备的检查,增加检查的频次。

(14)盾构的维修保养计划为强制性计划,是工程进度、质量、安全的重要保证,必须严格执行。

2. 故障诊断与油水检测

故障诊断与油水检测是确保盾构技术状况、延长盾构使用寿命的重要途径,是盾构管理的最主要内容之一。

常用的故障诊断技术有感官检查诊断技术、温度监测技术、油样检测分析技术和旋转机械振动测试技术。

使用单位应配置故障诊断仪器,定期进行故障诊断;应配备基本的油水检测设备、仪器以及化验人员,如条件不具备时,必须委托有油水化验资质的单位进行。定期、定点抽取油样进行化验分析,检测内容尽可能详细,并以检测结果来指导油水管理工作。严禁以事后补检代替日常油水检测工作。

(1)油液检测

在机械运动中,大部分摩擦副产生的磨粒进入润滑油或液压油中,油液中携带着来自磨损表面的碎屑,作为一种诊断媒介,对磨粒的分析可提供设备状态的重要信息,了解油液中磨粒的成分、数量、形态,能够及时准确地了解机械的磨损程度和磨损性质,从而判断机械的技术状态和故障趋势,为盾构的故障诊断提供依据。

盾构的各类油液检测主要采用油质检测仪和污染测试仪,对油质的理化性指标进行检测,并结合铁谱、光谱分析技术对磨损磨粒进行定性和趋势分析。油液污染度、水分、斑点、黏度分析等理化分析方法可以直观判断盾构各类油质的劣化程度。铁谱分析可以清楚辨别油液磨粒的种类、大小、磨损性质和油质品的老化程度。光谱分析可以精确测定油液中所含微量元素的含量和属性,据此判断油液中磨损物的来源。

进行油液检测的主要部位:主轴承、主泵站、辅助泵站、注浆泵、管片安装机、皮带运输机等。分析化验的油品为齿轮油、液压油等。

(2)振动检测

机械部件在运动过程中的振动及其特征信息是反映系统状态及其变化规律的主要信号,采集这些信号并加以分析处理,从而判别机械故障的原因、部位。振动检测主要包括振动的加速度、速度、位移分析、功率谱分析、幅值谱分析、时域分析、频域分析等。

振动分析较适于盾构的主驱动电机及油泵、泥浆泵、管片、主驱动减速器各类水泵等旋转机械的检测与诊断。

3. 日常保养

日常保养在每班作业前后及运转中进行,由盾构维修保养班负责。日常保养的中心内容是检查,主要检查重要部位和易损部位,并对检查中发现的问题及时处置。

维修保养人员对盾构运转状况进行外观目测和仪表数据观测,采用视、听、触、嗅等手段,检查盾构及后配套设备的运转情况,观测主控室的运转参数,检查机件的异响、异味、发热、裂纹、锈蚀、损伤、松动、油液色泽、油管滴漏等,初步判断盾构的工作状态。

盾构的日常保养由保养班在掘进班作业时按“盾构每日保养表”中规定的内容进行,检查表上“正常”画“√”,“变化待观察”画“○”,“需调整修理”画“×”,并在备注栏用文字说明已完成的具体保养内容。日常保养主要包括以下工作:

(1)各部位的螺栓、螺母松动检查并紧固。

(2)异常声音、发热检查、液压油、润滑油、润滑脂、水、气的异常泄漏检查。

(3)各润滑部位供油、供脂情况检查及补充,油位检查及补充。

(4)电源电压及掘进参数检查确认。

(5)电气开关、按钮、指示灯、仪表、传感器检查并处置。

(6)液压、电气、泥浆、注浆、水、气等管线检查确认并处置。

(7)安全阀设定压力检查并确认,滤清器污染状况检查确认并处置。

(8)铰接密封是否漏气、漏浆,必要时调整压板螺钉以缩小间隙。

(9)盾尾密封情况。

(10)推进油缸靴板与管片的接触情况。

4. 定期保养

盾构在使用过程中必须进行定期保养。定期保养是指按规定的运转对盾构及后配套设备进行检查和维护。定期保养包括每周保养、强制保养、退场保养和存放保养。

(1)每周保养

每周保养主要包括以下内容:

①检查旋转接头,并对轴承注脂。检查泡沫管是否有泄漏。

②检查螺旋输送机(土压盾构)轴承、后闸门、伸缩油缸等并注脂。

③对刀盘进行检查,包括刀盘磨损情况、刀具磨损量、耐磨格栅等。

④检查油位,油滤清器,检查有无泄漏。

⑤清理电动机,液压油泵的污物。

⑥检查推进油缸、铰接油缸,对润滑点注脂。

⑦润滑管片安装机、管片吊机、管片输送机的润滑点,润滑所有轴承和滑动面。

⑧检查送排泥泵的密封及送排泥管道的磨损情况(泥水盾构)。

⑨检查空压机温度;检查凝结水和冷却器污染。

⑩液压油箱油位开关操作测试。

⑪检查皮带输送机各滚子的转动、刮板磨损情况(土压平衡盾构)。

⑫检查壁后注浆系统所有接头处的密封情况,润滑所有润滑点,彻底清理管线。

⑬检查并清洁主控室 PLC 及控制柜,检查旋钮、按钮、LED 显示的工作情况。

⑭检查并清洁风水管卷筒及控制箱、高压电缆卷筒及控制箱、传感器及阀组、接线盒及插座盒、送排泥泵站、照明系统等。

⑮检查变压器的油温、油标,清除变压器上的水及污渍,监听变压器运行声音。

其他部位按照规定的内容进行保养。

(2)强制保养

每两周应停机 8～12 h 进行强制性集中维修保养。在强制保养日,维保工程师组织修理工在盾构驾驶员的配合下对平时难以全面保养的部位进行保养和维修。除每周保养的内容外,强制保养包含的主要内容如下:

①润滑人舱铰链。

②检查螺旋输送机的螺旋管的壁厚(土压盾构)。

③检查皮带输送机变速器油位、皮带张力(土压盾构)。

④刀盘驱动主轴承、刀盘驱动行星齿轮、液压油箱进行油质取样检测,按质换油。

⑤检查管片安装机轴承的紧固螺栓。

⑥空压机检查皮带、更换机油过滤器、按质换油。

⑦润滑后配套拖车行走轮的调节螺栓和轮油。

⑧检查注浆压力表及传感器工作情况。

⑨检查蓄能器氮气压力,必要时添加。

⑩检查刀盘驱动装置行星齿轮的冷却水流量。

⑪润滑膨润土泵轴承(土压盾构)。

⑫更换油脂泵齿轮油。

⑬后配套吊装装置,抽取油样,测试油的污染程度和含水量。

⑭更换后配套空压机空滤器、油滤器,检测溢流阀,紧固电气接头。

⑮检查循环水回路的水质。

⑯润滑送排泥泵的轴承(泥水盾构)。

⑰用超声探测仪检查送排泥弯管、送排泥泵壳体的壁厚(泥水盾构)。

⑱测量送排泥泵电动机的绝缘电阻(泥水盾构)。

⑲按期更换油滤清器。

⑳检查刀盘驱动的齿轮油,必要时更换。

㉑检查电缆卷筒、水管卷筒、风管卷筒传动装置油位;检查链条张紧力并润滑。

㉒用压缩空气清洁后配套空压机溢流阀。

㉓注浆泵进行安全检查,检查主轴承密封。

㉔按期更换空压机空滤器,检查油水分离器,按质换油。

㉕润滑电缆卷筒、水管卷筒及风卷筒的轴承,按质更换变速箱齿轮油。

㉖停电后检查紧固变压器接头,用干燥压缩空气清除灰尘。

㉗更换皮带输送机齿轮油(土压盾构)。

㉘后配套拖车操作运行安全检查。

(3)退场保养

盾构掘进完成后，要做好拆机、清洁、检查、登记工作，参照盾构退场前的状态评估报告制定详细的维修保养计划，并按照经审查批准的维修保养计划进行退场维修保养，以全面恢复盾构的技术状况。

(4)存放保养

盾构长期停用时，应进行必要的检查维护，做好下列工作：存放场地应硬化，应有防雨防晒的顶棚；暴露于空气中的接合面应涂抹油脂，用油毡贴在接合面上，并用防雨布进行覆盖；定期润滑维护；做好防寒防冻工作。

5. 主要部件和主要系统的维修保养

(1)刀盘及刀具

刀盘是盾构的主要部件，施工中应根据地质条件对刀盘及刀具进行检查。在盾构始发后，根据地质情况选取合适位置进行首次检查，此后，根据地质情况、掘进参数和渣土状等进行检查。主要检查内容为：检查刀具、耐磨条、耐磨格栅、搅拌棒的磨损情况，必要时更换刀具。更换下来的刀具应及时进行维修，特别是滚刀。滚刀的维修主要包括清洗、检查、拆卸、组装等过程。如果通过检查确认刀具的轴承和密封都未损坏，则只更换刀圈，将加热的刀圈套入刀体即完成滚刀的修理工作。检查刀具螺体有无松动。

检查刀盘有无裂纹，检查添加剂通道是否堵塞，并将检查情况做详细的记录。刀盘有裂纹时，应及时补焊。检查所有刀具安装螺栓的紧固情况，用规定扭矩的扳手进行紧固。

(2)旋转接头

经常检查旋转接头的泡沫管是否有渗漏，并及时进行处理。手动加注口(位于旋转接头外侧)每周加注一次，注意控制加入量。

每天对旋转接头部分的灰尘进行清理，防止灰尘进入刀盘轴承内密封。检查旋转接头润滑脂的注入情况。将油脂注入管拧下应有润滑油脂涌出，如有堵塞应及时处理。经常检查旋转接头的转动情况，如有异常须立即停机并进行处理。

(3)仿形刀与稳定器

在仿形刀工作前应检查油箱油位，定期对仿形刀和稳定器作功能性测试。油量应处于油箱总容量的4/5左右，必要时加注液压油。每周对仿形刀做功能性测试，检查其伸出和缩回动作的工作压力。每周对稳定器做功能性测试，检查其工作情况。

(4)盾体

及时清理盾壳内的污泥和砂浆，检查铰接密封有无漏浆情况，必要时调整铰接密封的压板，按说明书规定对润滑及密封部位进行注脂。

每掘进循环必须及时清理盾壳内的污泥和砂浆。按说明书规定每天给铰接密封各注脂点注脂，直到有油脂从铰接处冒出。

推进油缸与铰接油缸的球头部分加注润滑脂，检查推进油缸靴板与管片的接触情况，如有较大偏差应及时调整推进油缸的定位螺栓。用机油润滑推进缸定位调整螺栓，防止锈蚀。检查盾尾密封情况，如有漏水和漏浆应及时处理，并检查盾尾油脂密封系统的工作情况。

在每环管片安装之前必须清理管片的外表面，防止残留杂物损坏盾尾密封。

(5)螺旋输送机(土压平衡盾构)

检查有无漏油、检查油位、检查电机温度，定期检查磨损情况，及时进行清洁和润滑。检查螺旋输送机油泵有无漏油现象，如漏油立则须停机并进行处理。检查螺旋输送机驱动及液压管路有无漏油现象，如漏油即停机进行处理。检查螺旋输送机油泵电机温度，一般温度应低于 70 ℃，如果温度过高应立即停机并查明原因进行处理，每周润滑螺旋输送机驱动电机。检查变速箱油位，正常油位应位于油箱油位的 1/2 左右，如果变速箱油位过低，须添加齿轮油。检查轴承、闸门、伸缩缸的润滑情况，及时清理杂物并添加锂基润滑脂。检查螺旋片磨损情况，如耐磨条磨损完时，必须及时补焊耐磨层。螺旋输送机的各手动人工注脂点应按照说明书规定的时间、数量注脂。

(6)管片吊机与管片输送机

及时进行清洁和润滑，定期检查吊具的磨损情况。真空式每天检查密封和空气滤芯。经常清理管片吊机行走轨道，清洁吊链并检查和添加链箱中的润滑油。检查控制盒按钮、开关动作是否灵活正常，必要时检修或更换。检查电缆卷筒和控制盒电缆线滑环，防止电缆被卡住、拉断。

(7)管片安装机

对管片安装机及时进行清洁，定期进行润滑、调整。

每个掘进循环应清理工作现场杂物、污泥和砂浆。检查油缸和管路有无损坏或漏油现象，如有故障应及时处理。检查电缆、油管的活动托架，如有松动和破损要及时修理和更换。

每周检查并给液压油缸铰接轴承、旋转轴承、伸缩滑板等润滑部位加润滑脂。每周检查管片安装机驱动马达旋转角度编码器和接收机工作是否正常，如有必要应对角度限位进行调整。检查抓取机构和定位螺栓是否有破裂或损坏，必要时应立即更换。每周检测抓取机构的抓紧压力，必要时进行调整。检查各按钮、继电器、接触器有无卡死、粘连现象，测试遥控操作盒，如有故障及时处理。检查充电器和电池，电池应及时充电以备下次使用，电池充电前应尽量将余电用完，每月应对电池进行一次完全放电维护以延长电池的使用寿命。检查控制箱、配电箱是否清洁、干燥、无杂物。

(8)注浆系统

每次注浆前应检查管路的畅通情况，注浆后应及时将管道清理干净，防止残留浆液不断累积堵塞管道。每次注浆前须对注浆口的压力传感器进行检查，紧固其插头和连线。注浆后及时清理和润滑注浆系统。

(9)空压机

空压机的所有维护保养工作必须在停机并卸压的状态下进行。经常检查出气口温度、润滑油油位、皮带松紧度，定期更换润滑油、空气滤清器、油水分离器及安全阀等。

检查空压机管路的泄漏和出气口的温度，如有异常应及时排除。保持机器的清洁，防止杂物堵塞顶部的散热风扇。在任何情况下，都不应使用易燃液体清洗阀、冷却器的气道、空腔、空气管道以及正常情况下与压缩空气接触的其他零件。在用氯化烃类的非可燃液体清洗零部件时，应注意将残液清理干净，防止开机后排出的有毒蒸气。不允许使用四氯化碳作为清洗剂。

(10)储气罐及输气管

用于气体保压的储气罐是压力设备,要经常检查其泄漏情况并及时维修。储气罐的泄水阀每班打开一次排除积水。经常检查管路的阀门有无泄漏,并及时进行修复。每月对保压系统做功能性检测,确保其正常工作。每年对储气罐上的安全阀进行校准。

(11)人舱

使用与维修时应注意防火、防静电。

检查测试气路、电话和有线电话,如有故障和损坏要及时修理和更换。检查压力表、压力记录仪、空气流量计、加热器、照明灯工作是否正常。给压力记录仪添加记录纸,并做功能性测试。检查舱门的密封情况,首先清洁密封的接触面,如有必要可更换密封条,清洁整个密封舱,清洗消声器和水喷头。

人舱使用后如近期不再使用,可将人舱外部的压力表、记录仪拆除,并清洗干净,同时应将人舱清洗干净,并将人舱门、密封门关紧。

人舱内作业人员不得携带易燃物品。人舱内应配备灭火器,应装有水枪。进行焊接、气割及明火或高温作业时,在附近不应放置易燃物品。人舱内作业人员不能穿化纤衣服,以防静电。

(12)主轴承

每日检查主轴承齿轮油油位,并做记录,保证油位处于油总量的1/2左右。检查刀盘轴承齿轮油温度,一般应低于60 ℃,如温度不正常须立即停机并查找原因。检查刀盘轴承密封油脂分配电机动作是否正常,在检查刀盘时,进入土舱实际检查刀盘轴承密封油脂的溢出情况。检查刀盘轴承齿轮油分配电机工作是否正常。检查刀盘轴承外圈润滑脂注入情况。

主轴承密封非常重要,必须每天检查油脂泵的工作情况,密封腔内的润滑油脂的压力设定要略高于开挖面平衡压力,并经常检查油脂压力。

经常检查轴承的润滑情况,对轴承的润滑油定期取样检查。每月提取刀盘轴承齿轮油油样送检,根据检查结果确定是否要更换齿轮油或滤芯,具体标准按液压设备供货商所提供的标准执行,更换齿轮油必须同时更换滤芯。每半年检查齿轮油滤芯,并根据压差开关反映的情况判断是否更换滤芯,必要时检查刀盘轴承与刀盘螺栓连接的紧固情况。

(13)变速箱与刀盘驱动电机

变速箱正常油位应处于油量指示器的2/3左右,如油位过低应先找出漏油故障,解决故障后补充齿轮油。检查变速箱温度是否在正常范围(一般应低于60 ℃),观察冷却水的流动情况。检查变速箱的温度开关,每周清除上面污垢。首次工作50 h后更换所有齿轮油。检查电机的工作温度和泄漏油温度,应低于65 ℃。每周检测电机的工作压力。每周检查电机的转速传感器和位置传感器,紧固其插头和连线。

(14)液压系统

检查油箱油位,必要时加注液压油。检查阀组、管路和油缸有无损坏或渗漏油现象,如有必要及时处理。

每半年检查所有过滤器工作情况,并根据检查结果和压差传感器的指示更换滤芯,每月取油样送检。经常监听泵的工作声音,发现异常应及时停机检查。经常检查泵、电机和油箱的温度,温度一般应在70 ℃以下。发现异常要及时检查处理。经常检查液压油管的弯管接头，发现松动要及时上紧。

经常检查冷却器的冷却水进/出口的温度和油液的温度，必要时清洗冷却器的热交换器。进水口温度应保持在 28 ℃以下，如温度过高应加强水循环。油液温度应低于 60 ℃，如温度过高应停机冷却。

每月检查液压系统的压力，并与控制室面板显示值相比较。在对液压系统维修前，必须确保液压系统已停用并已经卸压，在清空蓄能器时要特别注意。液压系统的加油和换油必须严格按照说明书规定的程序执行，尽量采用厂家推荐的品种，严禁将不同规格品牌的油混合使用。每次加油前必须对所选用的油品进行抽样检测，检测合格方可使用。换油时更换所有液压油。

液压系统的维修应按以下标准：

①液压系统一旦发现泄漏必须立即维修，维修过程中应采取措施严防油液污染，必须保持液压系统的清洁。

②维修工作结束后，在重新开动机器前必须确定阀门（进油阀、回油阀）已打开，特别是蓄能器的阀门。

③液压管被碾压或过度弯曲都可能造成保护外皮的损坏。如果其保护外皮受损就有可能影响其最大工作压力，致使险情发生（碾压和过度弯曲液压管还可能造成压力损失和回油压力过高）。

④液压管线的拆卸必须做到随时拆卸，随时封口，防止异物进入液压系统。维修工须随身携带一条干净纯棉毛巾及干净白绸布。

(15)泡沫系统（土压平衡盾构）

检查泡沫泵的工作情况，每周给需要润滑的部分加注润滑油或润滑脂，加注量视情况而定。检查水泵压力开关的预设值，必要时进行校正。检查压缩空气管路情况，必要时清洗管路。检测泡沫发生情况，清洗泡沫发生器，必要时更换内部石英砂。检查电动阀和流量传感器的工作情况，电动阀开闭动作是否正常，流量显示是否正确，如有必要进行维修或更换。每周检查旋转接头的泡沫管路有无堵塞，如发生堵塞要及时清理；检查泡沫剂储量，及时添加。

(16)膨润土系统（土压平衡盾构）

润滑膨润土泵的轴承和传动部件，检查并清理膨润土管路和膨润土箱，检查流量调节阀和压力传感器。检查气动泵动作是否正常。检查油水分离器和管路，每周给油水分离器加油至油水分离器储油瓶的标志线处。检查膨润土管路，清理管路的弯道和阀门部位，防止堵塞。检查流量调节阀和压力传感器。每月清理膨润土箱和液位传感器。

(17)通风系统

检查通风机工作是否正常，有无异常、异响。检查通风管有无破损，及时修补或更换。

(18)水系统

每月清理自动排污阀门。检查水管线路上的压力和温度指示器，如有损坏及时更换。检查水管卷筒、软管，如有损坏就及时修理，对易损坏的软管做防护处理。检查水管卷筒的电机、变速箱及传动部分，如有必要加注齿轮油，并为传动部分加注润滑脂。每周检查刀盘驱动的马达变速箱、冷却器和马达的温度传感器，清除传感器上的污物。每周检查热交换器，并清除上面的污物，必要时使用 60 ℃的清水反冲清洗热交换器。每日检查排水泵,如有故障应及时处理。每日检查所有的水管路,修理更换泄漏、损坏的管路闸阀。

(19)油脂泵站

经常检查油脂泵站的油水分离器,加注润滑油至油水分离器储油瓶的标志线处。检查油脂泵的工作情况,注意监听是否有异常声响。检查气动油脂泵的气动压力,将压力控制在规定的范围。检查油脂泵的气管是否有泄漏现象,如有泄漏应及时修理或更换。更换油脂桶时应对油脂量位置开关进行测试。检查刀盘轴承密封油脂注入脉冲次数是否正常,必要时调整油脂泵压力。检查盾尾密封注脂次数或压力是否正常,不正常时应检查油脂管路是否堵塞。重点检查气动阀是否正常工作。经常检查盾构润滑油脂工作是否正常,检查油脂溢流阀。观察油脂消耗,如低于正常消耗量应检查密封情况,必要时紧固或更换。

(20)供电系统

电气作业必须坚持“安全第一”的方针,所有维修保养工作必须在断电下进行。

检查高压电缆外表有无破损,如有破损要及时处理。检查高压电缆铺设范围内的可能对电缆造成损坏的因素,及时采取防范措施。在电缆收放时对高压电缆进行绝缘检查,现场制作电缆接头与电缆连接时必须按规范进行。接头必须进行耐压试验,达到要求才允许使用。

检查电缆卷筒变速箱齿轮油油位,及时加注齿轮油。检查电缆卷筒链轮的链条,注意加注润滑脂。每月检查电缆卷筒滑环碳刷的磨损情况,注意清洁滑环和碳刷。检查碳刷与滑环的接触情况,必要时进行修理或更换。检查电缆接头的紧固情况,必要时紧固接头。检查绝缘支座和滑环的绝缘情况,必要时进行清洁处理。

收放电缆时进行高压开关柜的分断、闭合动作试验,检查其动作的可靠性。检查六氟化硫气体压力是否正常。检查高压接头的紧固情况。

变压器应有专人维护保养,并定期进行维护、检修。监视变压器是否运行于额定状况,电压、电流是否显示正常。注意监听变压器的运行声音是否正常。观察变压器的油标,油面不得低于最低油位。检查油温是否超标,油色有无变化。检查是否有油液的渗漏现象。检查接地线是否正常。检查配电柜电压和电流指示是否正常。检查电容补偿控制器工作是否正常。检查补偿电容工作时的温升情况,温度是否在允许的正常范围内。检查补偿电容有无炸裂现象,如有需要,予以更换。检查补偿电容控制接触器的放电线圈有无烧熔现象,如有应尽快更换。

检查配电柜内的温度是否正常,检查配电柜制冷机是否正常工作,检查制冷机的冷却水流量是否正常。检查低压断路过载保护和短路保护是否正常。检查大容量断路和接触器工作时的温升情况,如温度较高说明触点接触电阻较大,需要进行检修或更换。检查柜内软启动器、变频器显示是否正常。对主开关每半年进行ON/OFF(开/关)动作试验,检查其动作可靠性。经常对配电柜及元件进行除尘。每周对电缆接线和柜内接线进行检查,必要时进行紧固。

(21)主机控制系统

检查PLC插板是否松动及连接线是否松动,紧固接线端子。检查PLC通信口插头连接是否正常。每周清洁PLC及控制柜内的灰尘。定期进行PLC的冷启动,备份PLC程序。检查IPC与PLC的通信线连接是否可靠。

每周清洁 IPC 电脑和控制柜内的灰尘，备份 IPC 电脑的程序。检查面板内接线的安装状况，必要时进行紧固。每周检查按钮和旋钮的工作情况，如有损坏及时更换。

定期对控制面板上的 LED 显示进行校正。校正时要使用标准信号发生器，先校正零点再校正范围，二者要反复校正。每周对推进油缸和铰接油缸行程显示与油缸实际行程进行测量校对，如有误差应及时校准。检查各种传感器的接线情况，如有必要紧固接线、插头、插座。清洁传感器，特别是接线处或插头处要清洁干净。防止水和污物造成故障。检查传感器防护情况，如有必要须采取防护措施，防止损坏传感器。每月用压力表对压力传感器在控制面板上的显示情况进行检查和校准。

(22)皮带输送机(土压平衡盾构)

检查各滚子各边缘引导装置的滚动情况，如滚动不好，立即清洗并润滑。检查皮带的磨损情况，如皮带磨损严重，立即更换皮带。检查皮带是否有跑偏现象，如皮带跑偏须进行校正。

检查驱动装置变速箱油位，如果变速箱油位过低更换全部齿轮油。检查各轴承润滑，添加润滑脂。检查皮带松紧情况，必要时增加皮带张力。清洁电路、电机。检查电路接线端子有无松动，如松动则须紧固。检查断路器、接触器、断电器触点烧蚀情况，如烧蚀明显则用细砂纸打磨平，如严重烧蚀，则须更换触点。每周检查和清洁所有零件。

(23)后配套拖车

经常检查拖车行走机构的工作情况，按规定定期加注润滑脂。每周检查各拖车间的连接销、连接板，防止意外断裂或脱开。经常检查拖车走行机构的跨度与钢轨的轨距是否合适，不合适应及时调整。

(24)送排泥管(泥水盾构)

经常检查泥浆管状况(包括减振器、橡胶管和钢管)，必要时提前更换和补焊。定期检测泥浆管最前部的磨损情况，决定是否需要补焊或更换。

# 3.2 近海富水复合盾构施工

## 3.2.1 工程概况

青岛地铁 4 号线土建 11 工区包括两站两区间，线路全长约 2.7 km，如图 3-1 所示，其中车站为静港路站和沙子口站，区间为九水东路站～静港路站区间和静港路站～沙子口站区间，以下简称九静区间和静沙区间。

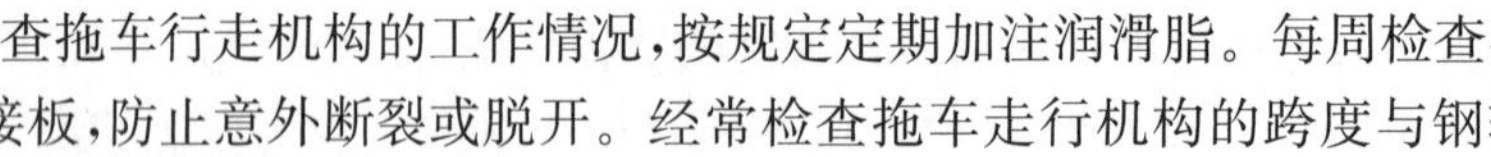


图 3-1 青岛地铁 4 号线土建 11 工区工程示意

静沙区间位于青岛市崂山区静港路站至沙子口站之间。区间线路出静港路站后，沿李沙路路中向南敷设，线路在 YDK25＋100.000 附近偏离李沙路，向东敷设，下穿东尖山西北侧后往沙子口镇方向前进，在沙子口镇中心空地到达沙子口站。区间左线平面曲线半径最小为 550 m，右线平面曲线半径最小为 550 m，线间距 14.0～18.59 m。线路纵断面为 V 字坡，由起点里程下坡至区间最低点后，上坡至区间终点里程，最大线路纵坡

28.0‰，最小纵坡 13.0‰，竖曲线半径为 3 000 m 和 5 000 m，线路轨面埋深为 14.5～26.1 m。区间主要穿越碎石土层、粉质黏土层和中粗砂层，局部为微、中、强风化凝灰岩。区间沿线地下水位埋深 0.80～4.70 m，区间结构位于地下水位以下。

九静区间位于青岛市崂山区九水东路站至静港路站之间。区间线路出九水东路站后转向李沙路，随后沿李沙路路中敷设，沿道路往南前行，先后下穿工业厂房（1 层砖房）和民房等建筑（1～2 层砖房），最后进入静港路站。本区间隧道拱顶埋深 7～9 m，主要穿越碎石土层、粉质黏土层和中粗砂层，局部为微、中、强风化凝灰岩。区间沿线地下水位埋深 1.1～8.3 m，区间结构位于地下水位以下。

#### 3.2.1.1　工程地质

1. 静沙区间

静沙区间场地地形地貌受人工改造较大，跨越河流阶地区、构造剥蚀区及滨海堆积区，地形较平坦，仅在 YDK25＋355.000～YDK25＋504.000 下穿东尖山一角，场区环境条件较为复杂。根据勘察报告，区间地层层序自上而下为：第①层素填土、第②层粗砂、第④层含淤泥中细砂、第⑦层粉质黏土、第⑨层中粗砂、第⑪层粉质黏土、第⑫1 层角砾。基岩为第⑯8 层凝灰岩强风化带、第⑰8 层凝灰岩中风化带、第⑱8 层凝灰岩微风化带。局部基岩受构造作用的影响，发育为⑯8-2 层砂土状碎裂岩及第⑰8 层块状碎裂岩，岩体破碎，物理力学性质差。

2. 九静区间

九静区间地貌受人工改造较大，区间隧道跨越构造～剥蚀区、山麓斜坡堆积区以及河流侵蚀堆积区，地势向大里程方向逐步下降，地面高程 6.0～24.0 m。根据勘察报告，区间地层层序自上而下为：第①层素填土、第①1 层杂填土、第⑦层粉质黏土、第⑪层粉质黏土，第⑫1 层角砾，第⑱8 层微风化凝灰岩。受构造地质作用的影响，局部岩体节理、裂隙密集发育，节理面矿物蚀变较明显，局部形成⑱8-3 节理密集带（JL），岩体破碎程度较高，呈碎裂状。局部基岩受构造作用的影响，发育为⑯8-2 层砂土状碎裂岩及第⑰8 层块状碎裂岩，岩体破碎，物理力学性质差。

#### 3.2.1.2　盾构施工总体筹划

本工区右线复合式盾构机率先从沙子口站小里程端端头始发，左右线间隔一个月；盾构机掘进至静沙区间暗挖段（矿山法初期支护，下同），空推过暗挖段，在暗挖段内二次始发；盾构机掘进至静港路站，空推过站，在静港路站再次始发，九静区间盾构施工；九静区间左线盾构直接掘进至九水东路站，九静区间右线先掘进至暗挖段，然后空推过暗挖段，洞内再次始发，掘进至九水东路站，最后在九水东路站拆卸吊出。盾构掘进线路如图 3-2 所示，盾构机参数见表 3-1。

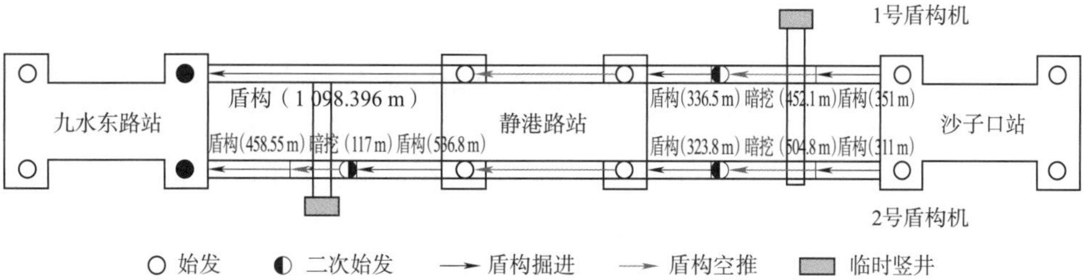


图 3-2　盾构施工总体筹划

表 3-1 复合式土压平衡盾构机主要参数

| 序号 | 参数名称 | 参 数 |
|---|---|---|
| 一 | 隧道参数 | |
| 1 | 隧道穿越区间地质 | 中风化安山岩、微风化凝灰岩、火山角砾岩 |
| 2 | 隧道内径 | 5 400 mm |
| 3 | 管片外径 | 6 000 mm |
| 4 | 管片宽度 | 1 500 mm |
| 5 | 管片数量 | 3+2+1 |
| 6 | 管片纵向连接螺栓数量 | 10 个 |
| 7 | 单件管片最大重量 | 4 500 kg |
| 二 | 设备技术性能要求 | |
| 1 | 类 型 | 复合式土压平衡盾构机 |
| 2 | 型 号 | EPB6250 |
| 3 | 开挖直径 | 初装新刀时:6 280 mm |
| 4 | 最小平曲线半径 | 250 m |
| 5 | 爬坡能力 | 35‰ |
| 6 | 最大承受压力 | 3 bar |
| 7 | 主要部件使用寿命 | ≥10 000 h |
| 8 | 主机长度 | 8.735 m(含刀盘) |
| 9 | 整机长度 | 84 m |
| 10 | 总装机功率 | 1 800 kW |
| 11 | 总重量 | 约 500 t |
| 12 | 盾体形式 | 被动铰接式 |

### 3.2.2 施工重难点

#### 3.2.2.1 盾构始发和接收

静沙区间盾构机始发端隧道拱顶为中粗砂,中粗砂层较厚,水量大,局部夹杂粉质黏土透镜体,洞身主要穿越地层为粉质黏土及碎石土,该段地下水补偿来源广,地下水丰富。盾构始发过程中极易沉降,存在始发洞门坍塌及涌水涌沙风险,控制难度大。静沙区间盾构机接收端拱顶为中粗砂,洞身主要穿越地层为粉质黏土及碎石土,地下水丰富。盾构掘进过程中极易沉降,控制难度大,存在洞门坍塌及涌水涌沙风险。

九静区间盾构机始发端隧道拱顶为中粗砂及粉质黏土,局部夹杂中～薄层中、粗砂透镜体,受地层水长时间浸泡,失去隔水作用,稳定性差。该处为低洼山谷地段,周边均为山地,地下水补偿来源广,地下水丰富。洞身主要穿越地层为粉质黏土及碎石土,盾构始发过程中极易沉降,存在始发洞门坍塌及涌水涌沙风险,控制难度大。九静区间盾构机接收端位于全断面微风化凝灰岩中。

3.2.2.2　盾构开舱换刀

本区间地质复杂，地下水丰富，且存在微风化及上软下硬地层，刀具磨损量较大，掘进期间须进舱检查及更换刀具。

3.2.2.3　盾构空推拼管片过暗挖段

由于盾构机与初期支护隧道之间空隙较大，且回填豆粒石提供反力不均匀，施工过程中存在管片错台、上浮及侧移、破损和渗漏水、盾体扭转等风险。

3.2.2.4　盾构穿越复杂环境风险源

(1)静沙区间及九静区间盾构下穿多处老旧建筑物，控制难度大，施工过程中极易对建筑物造成破坏。

(2)九静区间全线沿九水东路敷设，下穿多条市政管线，若控制不当，存在管线断裂破损风险。

(3)静沙区间及九静区间下穿浅埋砂层段、上软下硬地层，地质条件复杂多变，施工过程中沉降控制不当易造成地面塌陷或隆起。

(4)静沙区间及九静区间下穿多处 10 kV 及 30 kV 电力杆及铁塔，基础埋深较深，距离隧道拱顶距离较近，盾构掘进过程中控制不当易造成铁塔下沉倾覆倒塌风险。

### 3.2.3　资源配置

3.2.3.1　组织机构与人员安排

根据盾构施工的特点及施工要求，管理层设总机械师兼盾构队队长 1 人，盾构队总工程师 1 人，盾构部部长 1 人，副队长 1 人；作业层为 9 个班组，采用连续生产的施工组织原则。

盾构作业循环均实行两班制，每班每天工作 12 h，维修班每隔 15 天进行强制保养 1 天，其余时间为跟机保养。拟投入土建工程师 3 人，机电工程师 2 人，专职安全员 2 人，材料员 1 人，测量 6 人，作业班组 104 人，随着施工进度计划的进展，作业人员的调配实行动态管理。盾构施工人员配置坚持“精心组织、分工明确、责任到人”的原则。

3.2.3.2　设备计划

区间配备 2 台新购复合式土压平衡盾构机，负责静沙区间及九静区间掘进，见表 3-2。

**表 3-2　盾构施工使用设备**

| 序号 | 设备名称 | 数量 | 备　注 |
|---|---|---|---|
| 1 | 盾构机 | 2 台 | 复合式土压平衡盾构机 |
| 2 | 内燃机车 | 4 台 | |
| 3 | 50 t 龙门吊 | 2 台 | |
| 4 | 16 t 龙门吊 | 1 台 | |
| 5 | 砂浆站 | 1 套 | |
| 6 | 砂浆车 | 4 台 | |
| 7 | 渣土车 | 18 台 | |
| 8 | 管片车 | 10 台 | |

续上表

| 序号 | 设备名称 | 数量 | 备　注 |
|---|---|---|---|
| 9 | 装载机 | 1 台 | |
| 10 | 3 t 叉车 | 1 台 | |
| 11 | 接收托架 | 2 套 | |
| 12 | 反力架 | 2 套 | 盾构始发辅助设备 |
| 13 | 钢套筒 | 2 套 | |
| 14 | 350 t 履带吊 | 1 台 | |
| 15 | 200 t 汽车吊 | 1 台 | |
| 16 | 挖掘机 | 1 台 | |
| 17 | 拉渣车 | 20 台 | |
| 18 | 地质钻机 | 2 台 | |
| 19 | 空压机 | 2 台 | 洞　门 |
| 20 | 电焊机 | 2 台 | |
| 21 | 轴流通风机 | 2 台 | |
| 22 | 污水泵 | 8 台 | |
| 23 | 发电机 | 1 台 | |

#### 3.2.3.3　材料计划

本工区盾构区间采用商用混凝土管片，区间管片使用计划为静沙区间左线 462 环、右线 432 环，九静区间管片左线 748 环、右线 643 环，其用量计划见表 3-3。盾构施工其他常用材料见表 3-4。

**表 3-3　管片用量计划**

| 盾构区间 | 管片类型 | | 管片数量 |
|---|---|---|---|
| | A | B | |
| 静沙左线 | 462 | 0 | 462 |
| 静沙右线 | 432 | 0 | 432 |
| 九静左线 | 744 | 4 | 748 |
| 九静右线 | 643 | 0 | 643 |
| 合　计 | 2 281 | 4 | 2 285 |

**表 3-4　盾构施工其他常用材料**

| 编号 | 材料名称 | 规格型号 | 单位 | 需求数量 |
|---|---|---|---|---|
| 1 | 钢　轨 | P43 | m | 8 000 |
| 2 | 轨　枕 | 1.5 m | 根 | 2 967 |
| 3 | 接头夹板 | P43 | 套 | 220 |
| 4 | 道　岔 | 12.5 m | 组 | 2 |
| 5 | 轨道拉杆 | 自　制 | 套 | 若　干 |

续上表

| 编号 | 材料名称 | 规格型号 | 单位 | 需求数量 |
|---|---|---|---|---|
| 6 | 走道板 | 3 m | 块 | 1 483 |
| 7 | 走道板支架 | 自　制 | 个 | 1 483 |
| 8 | 循环水管 | DN80 | m | 8 000 |
| 9 | 污水管 | DN100 | m | 4 547 |
| 10 | 水管支架 | 自　制 | 个 | 1 484 |
| 11 | 电缆勾 | 自　制 | 个 | 2 200 |
| 12 | 高压电缆 | 3×75+3×35 | m | 4 547 |
| 13 | 隧道照明电缆 | 3×35+2×16 | m | 4 547 |
| 14 | 洞门橡胶帘布 | | 套 | 2 |
| 15 | 洞门压板 | 自　制 | 套 | 2 |
| 16 | 风　管 | | m | 4 547 |
| 17 | 水　泥 | P. O 42.5 | t | 6 600 |
| 18 | 粉煤灰 | | t | 9 533 |
| 19 | 细　砂 | | $m^3$ | 25 667 |
| 20 | 膨润土 | 钠　基 | t | 2 933 |
| 21 | 袋装水泥 | P. O 42.5 | t | 3 667 |
| 22 | 水玻璃 | | t | 3 667 |

3.2.3.4　信息联络机制

掘进过程中必须保证洞内与地面作业人员联络畅通，保证现场信息及时传达。地面与洞内采用内部电话和对讲机联系，必须保证24小时有人值守。

## 3.2.4　验收要求

根据青岛地铁集团有限公司关键节点施工前条件验收管理标准、青岛市市政工程管理处下发的《关于加强轨道交通工程关键节点施工前条件验收工作管理的通知》和住建部关于危险性较大的分部分项工程安全管理的相关规定，对危大工程施工前进行关键节点条件验收。

3.2.4.1　验收程序

关键节点施工前条件验收程序如下：

(1)施工单位参照“关键节点分类清单”，编制并提前两个工作日向监理单位提交“关键节点施工前条件验收申请表”。

(2)监理单位组织建设、勘察、设计、施工、第三方监测等单位项目负责人组成验收组对关键节点条件进行验收。

(3)关键节点施工前条件验收流程：施工单位对验收条件自检自评→验收组进行现场踏勘并检查相关资料→建设、监理、勘察、设计、第三方监测等单位对验收情况发表意见→验收小组形成“关键节点施工前条件验收审批表”。

(4)验收合格，则进入下一步施工；否则，施工单位整改完善后，重新组织关键节点施工前条件验收。

3.2.4.2 验收内容

关键节点施工前条件验收内容包括：

(1)经监理审批的开工报告；

(2)经专家评审的危险性较大工程专项施工方案及审批手续；

(3)经监理单位审批的专项施工方案(临时设施搭设、文明施工、临时用电、竖井提升设备、安全技术措施等)；

(4)设计交底、图纸会审资料；

(5)施工质量、安全技术培训教育情况及相关交底资料；

(6)进场机械设备、材料、构配件、人员等的监理审批资料；

(7)特种设备检测合格证书及验收资料；

(8)施工放样、施工监测及第三方监测方案、监测布点及监测初始值资料；

(9)进场材料合格证及复检报告、配合比试验报告、围护结构检测报告；

(10)其他需要的技术资料。

### 3.2.5 盾构临建

3.2.5.1 盾构机始发场地布置

1. 场内道路

始发场地内在车站南侧为运输道路，道路宽度 11～13 m，路面硬化厚度 30 cm，为 C30 钢筋混凝土结构。场地南北两侧开有 12 m 大门，满足设备及材料进出。

2. 龙门吊

始发场地内设置 2 台 50 t 龙门吊，设立在车站主体结构两侧，横跨盾构始发井及出渣井，跨度 26.9 m，东西走向，作为盾构施工出土使用，另外配置 1 台 L 型 16 t 龙门吊，用于盾构施工管片、材料下放。

3. 储渣池

在车站顶板建 30 m×6.8 m×4 m 及 21 m×6.8 m×4 m 两个渣池，用于盾构施工渣土存放，容量 1 400 $m^3$，壁厚 25 cm，为 C30 钢筋混凝土结构。

4. 砂浆搅拌站

在场地西南角设置 1 台 JS750 型搅拌站，生产能力 30 $m^3/h$，同时设置 8 $m^3$ 储浆罐 1 台，通过倒浆泵送至左右线砂浆车内，用编组列车运输至盾构机内。

3.2.5.2 盾构始发供电

施工现场配备两台 2 000 kVA 高压开闭所，供两台盾构机用电。沿盾构机方向每 10 m 安装一个电缆绝缘挂钩，一直布置到盾构机第六节台车上的电缆放置区，并与盾构机台车上高压电缆转接箱相连。

3.2.5.3 盾构始发供水、排水

盾构机用水为单循环用水，从地面预留的自来水接入点(DN80)引至盾构用蓄水池，再从蓄水池上分管接至盾构机供水管上(DN80)。

由于盾构下坡掘进，施工产生的污水将流入盾构机前端，由设置在盾构机内部的污水泵排放到始发井沉淀池(污水管一根 DN100)，污水经三级沉淀后再利用污水泵抽放至地面沉淀池，经三级沉淀后方可排出。

3.2.5.4 盾构始发通风

盾构机始发时，由于没有完全在隧道内，不需要另外设置通风设备，只要利用盾构机上自备的风机即可满足盾构始发施工时的通风要求。后期盾构正常掘进后，在中板上设置通风机为盾构施工供风。通风方式根据隧道盾构施工情况选用机械压入式，风管采用 $\phi$1.2 m 的拉链式软风管，通过盾构风管储存箱进行延伸，将新鲜空气压入盾构机各工作区域。

工作面需要的风量 $Q_{需} \geqslant v \times S = 0.5 \times 23 \times 60 = 690(m^3/min)$。

其中，$v$ 取平均风速 0.5 m/s；$S$ 为隧道断面，$S=\pi R^2 = 3.141\,6 \times 2.7 \times 2.7 = 23(m^2)$。

通风机风量考虑通风管的漏风风机风量，即

$Q_{机} = (Q_{需} + Q_{漏}) \times \eta = (Q_{需} + Q_{需} \times L_{100} \times L/100) \times \eta = (690 + 690 \times 1.5\% \times 3\,034/100) \times 1.5 = 1\,506(m^3/h)$。

其中，$L$ 为掘进长度，取 3 034 m；$\eta$ 为风量储备系数，取 1.5；$L_{100}$ 为百米漏风率，取 1.5%。

选用轴流式通风机，通风机主要参数：风量 1 000～1 985 $m^3/h$，风压 624～4 150 Pa，功率 55 kW×2。

3.2.5.5 通信

在施工现场盾构监控室安装有线电话，现场施工管理人员配备无线通信工具，在洞内安装移动电话信号发射器，以便于施工生产，方便实行工程建设网上办公管理，达到信息及时、高效的目的，并按业主相关规定进行盾构管理。

3.2.5.6 洞内照明线路、管线、走道板布置

洞内照明线路、管线、走道板布置如图 3-3 所示。洞内照明灯具为节能日光灯，沿隧道左侧走向布置，间距 10 m，确保洞内照明质量。

在隧道内布置“四管、四线、一走道”，四管即 $\phi$80 mm 的进水管、$\phi$80 mm 的回水管、$\phi$100 mm 的排污管和 $\phi$1 200 mm 的通风管，三线即 10 kV 高压电缆、380/220 V 照明线、通信光纤和 43 kg/m 的运输轨线，一走道即走道板。

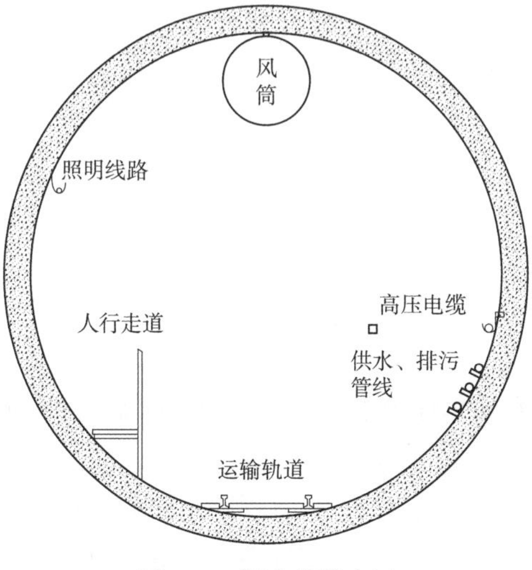


图 3-3 洞内管线布置

## 3.2.6 盾构钢套筒始发及试掘进

### 3.2.6.1 钢套筒始发施工流程

钢套筒始发施工流程如图3-4所示。

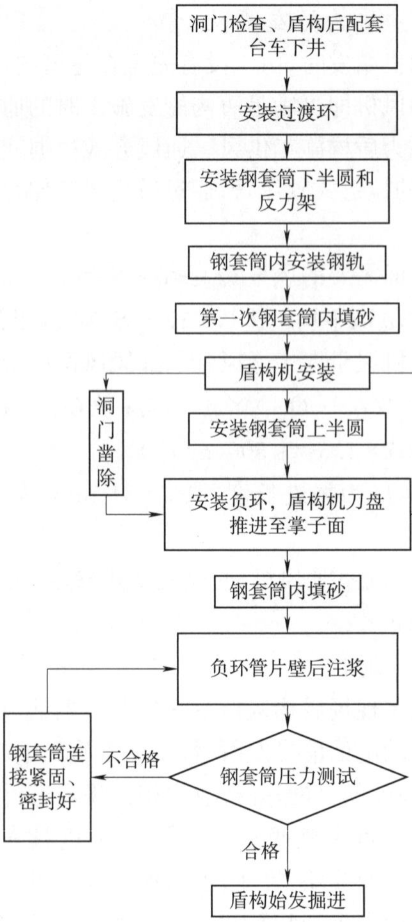


图3-4 盾构钢套筒始发试掘进施工作业流程

### 3.2.6.2 端头加固

盾构始发井围护结构外必须采取有效措施加固土体，使土体具有较强的自稳性，且不发生渗流，以确保盾构进洞期间洞门范围内土体处于安全状态，不发生安全质量事故。

1. 静沙区间

静沙区间盾构始发井端头加固采用地面袖阀管注浆加固，加固范围为出车站10 m×30 m区域，加固深度21 m，拱顶以上加固5 m，拱底以下加固3 m，左右初期支护轮廓线外加固5 m。

加固区注浆材料采用双液浆＋单浆液组合。最外侧两排注浆孔采用水泥-水玻璃双液浆，内侧采用水泥浆。注浆压力0.2～0.3 MPa，在管线周围注浆压力应在0.1～0.3 MPa，浆液强度等级不小于M10，布孔方式及扩散半径如图3-5所示。

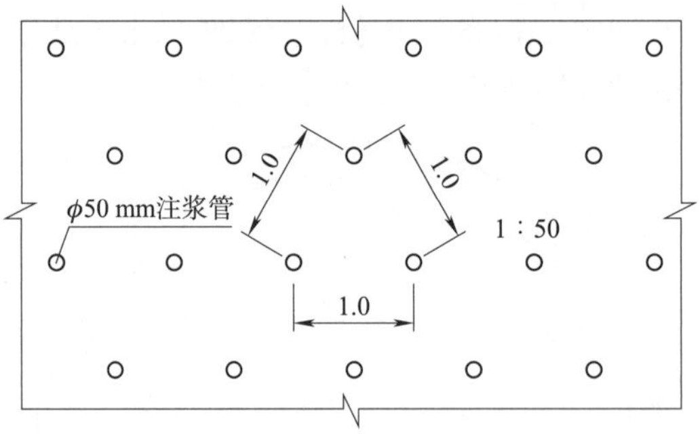


图3-5 注浆管平面布置(单位：m)

2. 九静区间

九静区间盾构始发井端头加固采用地面袖阀管注浆加固，加固范围为出车站10 m，左右初期支护轮廓线外5 m区域，拱顶以上加固5 m，拱底以下加固3 m。

注浆材料采用双液浆＋单浆液组合。最外侧两排注浆孔采用水泥-水玻璃双液浆，内侧采用水泥浆。注浆压力0.2～0.5 MPa，浆液强度等级不小于M10；经注浆加固的岩体渗透系数不大于$10^{-6}$ cm/s。注浆完成后，应钻取检查孔进行验证，加固后地层的无侧限抗压强度应不小于 0.8 MPa。布孔方式及扩散半径如图 3-6 所示。

始发前进行水平抽芯检测，检测合格后，进行水平观察孔观测来检测盾构端头的加固效果，主要是观察正面土体的含水量及土体的加固强度等。检测孔直径为 89 mm，孔深为 8 m，全隧道断面上下左右中共设 5 个，如图 3-7 所示。

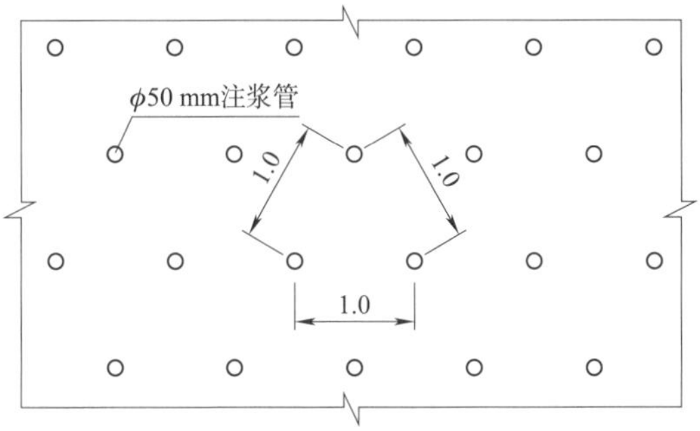


图 3-6　注浆孔及扩散半径示意图(单位：m)

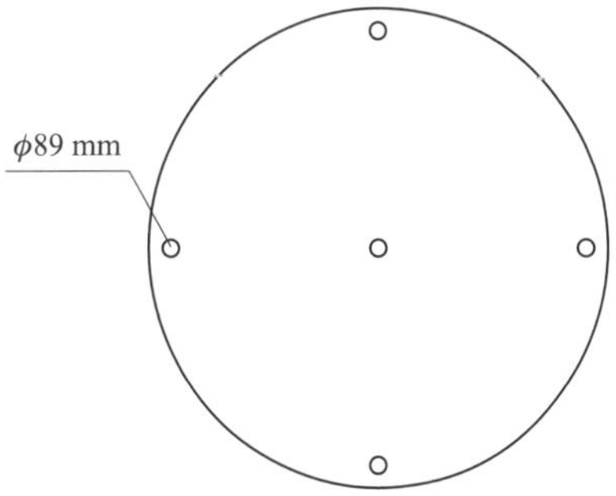


图 3-7　洞门探孔分布示意

### 3.2.6.3　安装始发钢套筒

1. 确定盾体中心线

在开始安装钢套筒之前，首先在基坑内确定井口盾体中心线，即钢套筒的安装位置，使从地面上吊装下井的钢套筒一次放置到位。

2. 安装钢套筒下半圆

吊下第一节钢套筒的下半部，使钢套筒的中心与事先确定好的井口盾体中心线重合，在与第二节的下半部连接过程中要注意水平位置与纵向位置一致，确保螺栓孔对位准确，并用高强螺栓连接紧固，如图 3-8 所示。

图 3-8　钢套筒下半部分安装

3. 钢套筒底部铺马镫

钢套筒下半圆安装好后在底部安装马镫，然后铺上台车和内燃机车轨道，如图 3-9 所示。

图 3-9　钢套筒下半部分铺马镫以及轨道

4. 钢套筒底部回填砂

在钢套筒底部 2 根钢轨之间铺砂并压实，每个位置的铺砂高度高出相应钢轨的高度 15 mm，待盾构机放上去之后，进一步压实，确保底部砂层提供充足的防盾构机扭转摩擦反力，如图 3-10 所示。

图 3-10　钢套筒下半部分铺沙袋

5. 钢套筒内安装盾构机

在钢套筒内安装盾构机主体，并与连接桥和后配套台车连接，如图 3-11 所示。

图 3-11　钢套筒内安装盾构机

6. 安装钢套筒上半圆

盾构机主体安装好后，安装钢套筒上半圆(图 3-12)，安装好以后，须进行压紧螺栓调整。检查各部连接处，对每一处连接安装的地方进行检验，确保其连接的完好性，尤其是对于钢套筒的上下半圆和节与节部分之间联结的检查，发现有隐患，要及时处理。

图 3-12　安装钢套筒上半圆

7. 钢套筒的过渡连接板与洞门环板的连接

钢套筒安装完成后，对中心线复测，确认无误后，将洞门环板与过渡连接板进行焊接，如图 3-13 所示。

钢套筒的过渡环与洞门环板相接触后，要检查两个平面是否全部能够连接，由于洞门环板在预埋的过程中可能出现变形或平面度偏差较大的情况，所以有可能出现过渡环无法与洞门环板密贴的情况，这时就须在空隙处填充钢板并与过渡环焊接牢固，务必将空隙全部堵住。在确定洞门环板与过渡连接板全部密贴后将过渡连接板满焊在洞门环板上。焊接后进行磁粉探伤。

图 3-13　过渡环板与洞门预埋板连接示意

### 3.2.6.4　反力架安装

钢套筒安装完成后安装反力架，盾构始发反力架为拼装式全圆钢架结构，以确保足够刚性，如图 3-14 所示。

图 3-14　反力架安装

1. 反力架固定

反力架安装时，首先测量反力架位置起始里程断面的中心线，并划在始发井侧墙上，以便反力架中心定位。定位关键是反力架紧靠负环管片的定位平面，并与此处的隧道轴线垂直。

反力架立柱底部焊接在车站预留钢板上，上部、底部的横梁和立柱的上下端，底部采用 $\phi$609 mm 钢管撑撑在结构侧墙上，上部采用 H40 型钢支顶在后面车站中板上，待反力架固定后，再焊接后部斜撑，斜撑采用 $\phi$609 mm 钢管支撑。

2. 反力架验算

反力架的主体结构采用 30 mm 厚的钢板（Q235）焊接成 H 型钢，〔$\sigma$〕取 215 MPa，截面尺寸为 1 000 mm×300 mm，四根承压梁之间用高强度螺栓连接，反力架总推力按

15 000 kN 设计，每根梁承受压力为 3 750 kN，以上部横梁简化支梁计算，满足要求。

3. 反力架安装质量控制措施

(1)始发托架及反力架的制造符合设计要求及钢结构的国家规范标准，由具有经验的专业队伍负责制造及安装。

(2)千斤顶总推力控制不大于 10 000 kN(不大于反力架的设计荷载 15 000 kN)，优先选用下部千斤顶，推力增加要遵守循序渐进的原则。

(3)始发托架及反力架的加工、安装必须按照技术交底执行，误差不大于 1 cm。

(4)履带吊机工作区应铺设钢板，防止地层不均匀沉陷。

(5)托架及反力架与始发井结构部位连接要牢固，以保证托架及反力架的受力均匀传递到始发井结构上。

(6)托架及反力架的中心线位置与线路中心线一致。

(7)推进过程中合理控制盾构的总推力，且尽量使千斤顶编组合理，使之均匀受力。

(8)基座框架结构的强度和刚度能抵抗盾构进洞段施工时所产生的推力。

(9)盾构基座的底面与始发井的底板之间要垫平垫实，保证接触面积满足要求。

(10)始发时严密监测反力架状态，注意反力架的变形及位移，出现问题及时处理。

### 3.2.6.5　盾构机组装调试

1. 盾构机尺寸及质量

盾构机各部分尺寸及质量见表 3-5。

**表 3-5　盾构机各部分尺寸及质量**

| 部套名称 | 外形尺寸(mm) | | | | 质量(t) |
|---|---|---|---|---|---|
| | 外　径 | 长 | 宽 | 高 | |
| 刀　盘 | 6 280 | 1 580 | — | — | 65 |
| 前　体 | 6 250 | 2 100 | — | — | 90 |
| 中　体 | 6 240 | 2 580 | — | — | 95 |
| 盾　尾 | 6 230 | 3 680 | — | — | 30 |
| 螺旋输送机 | — | 13 025 | 1 340 | 2 160 | 22 |
| 连接桥 | — | 12 600 | 4 900 | 3 700 | 15 |
| 管片拼装机 | — | 5 360 | 5 000 | 4 100 | 22 |
| 1 号车架组件 | — | 10 952 | 4 600 | 4 515 | 25 |
| 2 号车架组件 | — | 10 952 | 4 495 | 4 507 | 38 |
| 3 号车架组件 | — | 9 500 | 4 495 | 4 335 | 22 |
| 4 号车架组件 | — | 9 500 | 4 495 | 4 525 | 23 |
| 5 号车架组件 | — | 9 737 | 4 600 | 4 703 | 20 |
| 6 号车架组件 | — | 9 500 | 4 600 | 4 805 | 18 |

2. 组装程序

由于场地限制，按照组装的顺序，盾构机边进场边组装。盾构机运输进场即开始进行地面拼装，各分部构件在地面组装好后整体吊运下井，下井后再做部件与部件之间的连接与组装。吊装设备为 350 t 履带吊机 1 台、100 t 液压千斤顶 2 台、小型泵站 1 台，以及相应的吊具、机具、工具等。

始发井底板放置的钢套筒精确定位后在始发托架导轨上涂抹润滑脂，后配套拖车处的轨道铺设完成后，再按顺序先下后配套台车，后下盾构主机。

台车下井顺序：6 号拖车→5 号拖车→4 号拖车→3 号拖车→2 号拖车→1 号拖车→连接桥。

主机下井顺序：螺旋输送机→中体→前体→刀盘→拼装机→盾尾。

3. 盾构机调试

(1)空载调试

盾构机组装和连接完毕后即可进行空载调试。空载调试的目的主要是检查设备是否能正常运转。主要调试内容为液压系统、润滑系统、冷却系统、配电系统、注浆系统，以及各种仪表的校正。

①电气部分运行调试：检查送电→检查电机→分系统参数设置与试运行→整机试运行→再次调试。

②液压部分运行调试：推进和铰接系统→螺旋输送机→管片安装机→管片吊机和拖拉小车→泡沫、膨润土系统和刀盘加水→注浆系统→皮带机等。

(2)负载调试

空载调试证明盾构机具有工作能力后即可进行负载调试。负载调试的主要目的是检查各种管线及密封的负载能力；对空载调试不能完成的工作进一步完善，以使盾构机的各个工作系统和辅助系统达到满足正常生产要求的工作状态。通常试掘进时间即为设备负载调试时间。负载调试时将采取严格的技术和管理措施保证工程安全、工程质量和线型精度。

### 3.2.6.6 盾尾密封刷填充密封油脂

在负环管片安装之前，将两排密封刷与盾尾环板及管片之间所围成的密闭空间填充满油脂，油脂充填分层进行，由下到上逐块填充。填充时人工掰开每一块尾刷，用刮刀将油脂将其内部充填密实。其工作质量的好坏将直接影响到盾尾在隧道开挖过程中的防水能力，必须确保充盈效果良好。

盾构机盾尾密封油脂在充满时的状态如图 3-15 所示。

图 3-15 盾尾密封油脂充满的状态

### 3.2.6.7 钢套筒内回填砂

盾构机向前推进至刀盘面板贴近洞门掌子面后，向钢套筒内填砂，将整个钢套筒填充满，如图 3-16 所示。

图 3-16　钢套筒填料管

3.2.6.8　钢套筒检查

如果出现钢套筒本体连接端面或者筒体本身出现变形量较大时，要立即采取加强措施，在变形量较大处补加加强肋板。加强肋板可利用现场钢板制作。

3.2.6.9　负环管片拼装

1. 负环管片排版

盾构机调试完毕即可进行负环管片的安装。本工程负环管片外径 6 000 mm，内径 5 400 mm，共 8 环，排序为－8～－1 环、0 环、1 环，钢筋混凝土 A 类管片，环宽 1 500 mm。管片采用标准环，每环管片包含 3 块标准块，2 块邻接块，1 块封顶块。

2. 反力架端面调平

负环管片拼装前应首先将反力架端面焊缝、毛刺等打磨平整，在端面上沿圆周方向均匀取 10 个点，测量端面各点到始发轴线的距离。根据测量结果拟合反力架端面与设计管环端面关系及反力架端面平整度，确定每个点需要调整的距离。对于大于 5 mm 的点，采用加垫相应厚度的钢板进行调平。对于小于 5 mm 的点，采用加垫相应厚度的丁腈软木橡胶衬垫进行调平。

3. 负环拼装

在反力架端面调平完毕后，开始进行－8～0 环混凝土管片的安装。

负环管片拼装注意事项：

(1)－8 环采用在盾尾刷前方进行整环空拼后移的方式推至反力架前端面，管片通过尾刷时应注意及时向尾刷内注入油脂，保证过程中尾刷不被损坏。当管片脱出盾尾后，须及时在管片与盾构机导轨方钢之间插入木楔子，确保管片不发生竖向位移。

(2)盾构机推进－6、－5 环时，由于刀盘没有顶到掌子面土体，必须焊接挡块限制盾构机前移才能拼装管片。

4. 拼装前准备工作

负环拼装前准备材料及用途见表 3-6。

表 3-6 负环拼装准备材料及用途

| 序号 | 名 称 | 数量 | 型 号 | 用 途 |
|---|---|---|---|---|
| 1 | 槽 钢 | 4 根 | 5 号,长 1.5 m | 焊接在盾尾内表面,调整盾尾间隙 |
| 2 | L 型钢板 | 10 个 | 厚 20 mm | 用于固定上半圆管片 |
| 3 | 工字钢 | 11 个 | 20 号,高 340 mm | 用于拼装−7 环时限位 |
| 4 | 防扭转块 | 2 个 | | 用于盾构防扭转 |
| 5 | 千斤顶 | 2 个 | 100 t | 固定在钢套筒之上,防止拼装过程中盾构机前移 |

3.2.6.10 钢套筒压力测试

钢套筒上设置检查孔,在筒体 1、2 块下方,每块设置一个 200 mm 检查孔。

从加水孔向钢套筒内加水,加满水后检查压力,如果压力能够达到 2.5 bar,则停止加水,并维持压力稳定,如无法达到 2.5 bar,则将水管解开,利用空压机向钢套筒内加气压,直至压力达到 2.5 bar。检查各个连接部分包括洞门连接板、钢套筒环向与纵向连接位置、钢套筒与反力架的连接处有无漏水。

每级加压过程及停留保压时间:0～1.0 bar 每级加压时间控制在 10 min 左右,停留检测时间 10 min;1.0～2.0 bar 每级加压时间控制在 15 min 左右,停留检测时间 25 min;2.0～2.5 bar 加压时间控制在 25 min 左右,停留检测时间 45 min;2.5～3.0 bar 加压时间控制在 45 min 左右,停留检测时间 120 min。

加压检测过程中一旦发现有漏水或焊缝脱焊情况,必须马上进行卸压,并及时处理,上紧螺栓或重新焊接,完成后再进行加压,直至压力稳定在 2.5 bar 并未发现有漏点时方可确认钢套筒的密封性。

3.2.6.11 始发段试掘进

1. 始发试掘进阶段地质描述及长度

根据地质勘察报告,本工程盾构左、右线始发试掘进主要穿越粉质黏土及碎石土,拱顶以上为砂层。始发掘进长度设定为 100 m,主要考虑以下几方面因素:

(1)盾构机和后方台车的长度;

(2)试掘进之后是否具备布置双线道岔的条件;

(3)负环拆除后管片与土体之间的摩擦力足以支持盾构机的正常掘进。

2. 刀盘刀具配置

刀盘刀具配置见表 3-7。

表 3-7 刀盘刀具配置

| 刀盘结构 | 复 合 式 |
|---|---|
| 开口率 | 约 33%(中心 38%) |
| 中心滚刀 | 6 把(17 英寸双联) |
| 正面滚刀 | 19 把(18 英寸单刃滚刀) |
| 边缘滚刀 | 12 把(18 英寸单刃滚刀) |
| 切 刀 | 34 把(2 把带检测孔) |
| 导流刀 | 12 把(左右各 3 对) |
| 边缘刮刀 | 12 把(左右各 3 对) |
| 贝壳刀 | 12 把(左右各 3 对) |

续上表

| 刀盘结构 | 复　合　式 |
| --- | --- |
| 泡沫注入口 | 6个(单管单泵) |
| 安装方式 | 背装式 |
| 磨损检测装置 | 2个(正面和边缘) |
| 耐磨措施 | 面板焊接复合耐磨板,周边焊接镶嵌合金耐磨块,加焊致密耐磨网格 |
| 其　他 | 滚刀可与齿刀进行互换 |
| 正滚刀间距 | 中心90 mm,正面85 mm |
| 刀差配置 | 正面滚刀高187.5 mm,切刀和边缘刮刀高140 mm |

3. 试掘进的掘进参数选取

始发试掘进为盾构施工中技术难度最大的环节之一。试掘进段选定土舱压力、推进速度、总推力、排土量、刀盘转速和扭矩、注浆压力和注浆量6个施工管理参数来进行掘进控制。

试掘进段掘进参数选取见表3-8。

**表3-8　试掘进技术参数**

| 序号 | 区段(m) | 选取断面 | 顶部土压力(bar) | 总推力(kN) | 推进速度(mm/min) | 刀盘转速(r/min) | 扭矩(kN·m) | 注浆压力(bar) | 注浆量($m^3$) | 备注 |
| --- | --- | --- | --- | --- | --- | --- | --- | --- | --- | --- |
| 1 | 0～10 | 10 m | 0.6～1.0 | 6 000～10 000 | 15～35 | 0.8～1.2 | 1 200～2 700 | 2.5～3.5 | 5.5～6.3 | 进洞段 |
| 2 | 10～40 | 30 m | 1.0～1.2 | 7 500～1 2000 | 25～40 | 1.0～1.5 | 2 000～3 500 | 2.5～3.5 | 5.5～7 | 试掘进 |
| 3 | 40～100 | 60 m | 1.0～1.2 | 8 500～13 000 | 30-45 | 1.0～1.5 | 2 000～4 000 | 2.5～3.5 | 5.5～7 | 试掘进 |

4. 始发试掘进段目的

(1)用最短的时间对盾构机的操作方法、机械性能进行熟悉,较好控制隧道轴线及地面隆沉;

(2)加强建筑物的监测,及时采集监测数据,充分收集盾构机垂直下穿建筑物、管线取得的各种数据,并结合监控量测资料进行综合分析研究,掌握盾构施工对建筑物影响等方面的特性,为此后盾构下穿建筑物施工积累经验;

(3)通过试掘进段渣土改良尝试及效果分析,结合刀盘负载情况,确定正常掘进渣土塑流性改良工艺;

(4)逐步熟悉掌握盾构掘进、管片拼装的操作工序,并提高管片拼装质量,加快施工进度。

5. 始发试掘进控制要点

(1)盾尾通过洞门后,开始直线段掘进,反力架和钢套筒的加固极为重要,在始发过程中,如发现支撑系统出现变形,应立即停机加固。

(2)负环管片脱出盾尾时,要及时进行支撑加固,防止管片下沉或失圆,同时也要考虑盾构推进时可能产生的偏心力,支撑要确保稳固。

(3)当盾构机掘进纠偏曲线时,往往会造成纠偏方向一侧间隙变小,易于发生盾尾钢丝刷拉坏管片的现象,此时管片选型应综合考虑盾构机姿态、铰接油缸行程、推进油缸行程、盾尾间隙等因素,当盾尾间隙过小时,可通过推进油缸分区选择调整推力和管片选型来调整。

(4)在始发阶段要注意推力,尽量使用底部油缸,并利用左右油缸编组的推力差和铰接系统来控制盾构机的姿态,同时要注意各部位油脂的有效使用。掘进总推力应控制在反力架承受能力以下,同时确保在此推力下刀具切入地层所产生的扭矩小于钢套筒提供的反扭矩。

(5)始发端掘进过程中应严格按照设定掘进参数,尽量减小刀具的负载及磨损。

6. 掘进速度及土舱压力控制

控制土压力的合理设置也是沉降控制的关键因素,应根据开挖影响范围确定盾构影响高度,计算该高度内的水土压力,施工过程中严格土压力控制,压力偏差不超过±0.2 bar。

土舱压力通过调整排土量和掘进速度两种方法控制。当盾构开始掘进时首先打开泡沫注入系统进行渣土改良,其次调整盾构刀盘转速,使刀盘达到设定转速,再次缓缓增加4组千斤顶的油压,上部、中部、下部油压差控制在20 bar左右,用于平衡盾构前体和刀盘的重力,防止盾构低头。如刀盘扭矩过大,应调整泡沫和水的注入量,或反转刀盘,待扭矩在设定范围之内再加推力,当掘进速度控制在设定值时,保持推力。盾构掘进同时观察土舱压力的变化,当土舱压力慢慢升高到设计压力时开始出土,通过首环掘进调整出土量,当土舱压力低于设定压力时,螺旋机转速调低,减小出土量,使土舱压力提高,当土舱压力高于设定压力时,螺旋机转速提高,增加出土量,正常掘进阶段螺旋机转速调整量不宜过大,防止土舱压力上下波动值过大对掌子面地层产生扰动,从而引起地面沉降。

7. 出土量控制

出土量是前方地层稳定与否的直观反映,在泡沫与水注入正常的情况下,每环的出土量一般为46.44 $m^3$,遇到发生容易坍塌的地层,出土量往往偏大。因此,在掘进过程中对出土量的控制十分必要。

本工程渣土车每斗容量为18 $m^3$,出土量控制在3斗以内能确保不超挖,每斗土推进油缸合理行程应为365～380 mm。因此,盾构司机在掘进过程中做好每斗土前后油缸行程差的记录,值班工程师对每斗土进行检查和做好渣土取样,结合渣土情况进行分析判断,如有异常情况,及时采取合理措施,确保出土量的控制。

出土量的大小是判断盾构是否出现超/欠挖的最直观依据。施工中应严格控制每环出土量偏差不超过理论值的5%,且不允许出现欠挖。此外,应根据盾构机的推进速度合理选择螺旋输送机的转速、闸门开口率和出土量等参数,确保出土与开挖保持同步。

8. 渣土改良

通过向刀盘加注泡沫剂和膨润土泥浆与刀盘切削下来的渣土拌和,增大渣土的流动性,方便出渣,同时在掌子面形成泥膜,保护掌子面的稳定性,对刀具也可起一定的保护作用,是保证盾构安全施工、顺利、快速的一项不可或缺的重要技术手段。

(1)改良目的

①使渣土具有较好的土压平衡效果,利于稳定开挖面,控制地表沉降;

②使渣土具有较好的止水性,以控制地下水流失;

③使切削下来的渣土顺利快速进入土舱,并利于螺旋输送机顺利排土;

④可有效防止土渣黏结刀盘而产生泥饼；

⑤可防止或减轻螺旋输送机排土时的喷涌现象；

⑥可有效降低刀盘扭矩及螺旋输送机扭矩，降低对刀具和螺旋输送机的磨损，提高盾构机掘进效率。

(2)改良方法

用于本工区盾构掘进时的渣土改良方法包括向刀盘、土舱及螺旋输送机添加泡沫剂或膨润土泥浆等。

①泡沫剂的使用

泡沫通过盾构机上的泡沫系统注入。

泡沫溶液组成：泡沫添加剂 3%～5%，水 95%～97%。

泡沫组成：90%～95%压缩空气和 5%～10%泡沫溶液混合而成。泡沫的注入量按地质状况及掘进速度计算，一般 900～1 200 L/min。依此计算，每环的泡沫注入量原液约为 67.5～150 L。

②膨润土泥浆的使用

配合比：水∶膨润土∶粉煤灰∶添加剂＝4∶1∶1∶0.1，加泥量为出土量的 5%～20%。注入压力比盾构的土舱压力略高。

(3)本工区其他地层渣土改良措施

在上软下硬层掘进时，工程性质差别较大，软硬不均，盾构刀盘、刀具将受到不均匀的作用力，增加了刀盘、刀具和螺旋输送机的磨损，且为盾构姿态调整与控制增加了难度。通过向土舱注入泡沫或添加膨润土泥浆加强渣土改良，降低岩层对刀盘、刀具的磨损。膨润土和泡沫的添加量应据具体情况确定。

在通过破碎带地层中掘进时，由于断层碎岩的摩擦力大、渗透系数高、地下水等原因，仅掘进切削的土体提供的被动土压力不足以抵抗开挖面的水土压力，土舱进土困难，掘进时刀盘油压急剧增大，刀盘扭矩常不足以维持正常推进切削需要。为此需要改善其流塑性和止水性，从而达到保持土舱内的压力平衡及开挖土的流动性，以稳定开挖面，控制地层沉降。采取向刀盘面和土舱内注入高浓度的膨润土泥浆，同时进行充分的搅拌来改善渣土。泥水、泥浆注入量根据实际情况确定。

(4)富水砂层控制措施

①实际土压力比理论土压力高 0.1～0.2 bar，使盾构正面的砂性土产生挤压疏干效应，降低土舱内部动水压力，防止螺旋机内部的砂土液化。同时为确保土压的持续稳定及降低掘进时对底层的扰动和保证同步注浆质量，应合理控制推进速度，保持匀速掘进，控制在 30～50 mm/min。

②严格按照土压平衡模式推进，确保土舱内的土压平衡地层水土压力，避免刀盘位置形成负压区，致使地下水涌入刀盘区域。

③控制纠偏速率，降低掘进对土体的扰动。

④向土舱中加入泡沫、膨润土等添加剂，提高渣土的流动性和黏稠度，确保渣土具有塑性，减小发生喷涌的概率。

⑤通过控制螺旋机出土速度，使螺旋机具有一定密封效果，防止喷涌发生。

⑥盾尾加强密封油脂注入，适当增加油脂注入压力，确保盾尾密封效果。

⑦优化控制同步注浆量和注浆效果。

⑧加强盾构设备的维保工作，避免盾构非正常停机，确保盾构连续施工。

#### 3.2.6.12 负环管片、钢套筒、反力架的拆除

1. 负环管片拆除条件

根据盾构隧道施工经验，盾构机始发掘进达到 100 m、同步注浆浆液强度达到 2.0 MPa 时，管片与土体摩擦力满足盾构机正常掘进，即可以拆除反力架及负环管片。根据实际情况由经验公式推求本标段的拆除时机。

$$F=\mu\cdot\pi\cdot D\cdot L\cdot P$$

式中 $\mu$——管片与土体的摩擦系数，取 0.3；

$D$——管片外径，取 6 m；

$L$——已安装的管片长度；

$P$——作用于管片背面的平均土压力，取 150 kPa。

盾构机额定最大推力为 8 000 kN，取安全系数为 1.5，即 12 000 kN，则 $F=0.3\times3.14\times6\times150\times100=84\ 780\ \text{kN}>12\ 000\ \text{kN}$，即推进 67 环即可满足拆除要求。

拆除负环管片之前，将洞门附近的管片用 6 根 10 号槽钢沿隧道纵向拉紧，并拧紧螺栓，防止管片松弛。

2. 负环管片拆除方案

负环管片拆除采用分环分块拆除，然后将拆分后的管片吊出。先在井底拆除管片的环向连接螺栓，然后拆除封顶块与邻接块的连接螺栓，将封顶块捆绑吊出，再依次拆除邻接块与标准块的连接螺栓，按照负环安装的相反顺序将管片分解吊出。

3. 负环管片、钢套筒及反力架拆除步骤

(1)先拆除钢套筒上端盖，再将反力架后的钢支撑与底板分离，然后拆除钢支撑和反力架与基准环之间的螺栓，用千斤顶及电葫芦将反力架后移一定距离，以便能够顺利吊出反力架。

(2)按安装基准环的相反顺序拆除基准环。先用两根起吊绳将基准环捆绑，用卸扣锁锁紧钢丝绳，确定捆绑牢固后，拆除基准环与－7 环之间的纵向螺栓，然后用 50 t 龙门吊将基准环吊出，移至预留场地，分块拆除。

(3)按安装反力架的相反顺序拆除反力架，按照“先捆绑固定、后拆除吊出”的原则，从上到下拆除连接螺栓，分块吊出。

(4)负环管片采用分块吊出的方法进行拆除。拆除时停止掘进，并重新铺设轨线。负环管片拆除分为两个步骤。

第一步：先将负环管片上部与附近的所有妨碍物拆除；对拆除段的所有管路和电缆等用方木和麻袋进行严密的遮盖和防护；用气割将反力架上部的支撑割除 40～50 mm，将反力架上部结构吊出；把负环管片的上部 K、B1、B2 块的吊装孔凿穿；用钢丝绳做成吊环把管片最上部 K、B1、B2 块管片通过凿穿的吊装孔与吊车吊钩连接牢固，并把吊车钢丝绳刚好撑紧(即不加力)，而且要在管片上对称系两根稳绳进行稳固；拆除上部三块管片与相邻环和相邻块的所有连接螺栓；将上部已吊起的三块管片分块拆除，并利用 50 t 龙门吊把拆除的管片吊出盾构井之外。按照上面的方法和步骤从－7 环依次拆除到－1 环，完成第一次拆除工作。

第二步：将下部的三块管片（A1 块、A2 和 A3 块）分开，将每一块与相邻环及相邻环之间的螺栓拆除，利用管片上的纵向螺栓孔穿专用螺栓，用钢丝绳与 50 t 龙门吊吊钩连接牢固，并把龙门吊钢丝绳刚好撑紧，而且要在管片上对称系两根稳绳进行稳固；采用相同的方法和步骤逐块进行拆除，在吊装过程中要加强对管片的稳固工作。从－7 环依次拆除到－1 环，完成第二次拆除工作。

（5）拆除钢套筒。首先用气割设备将钢套筒与支撑型钢之间的焊缝割除，然后拆分钢套筒，最后用钢丝绳将钢套筒进行捆绑固定，预吊确保牢固后，将钢套筒吊出始发井，吊至地面预留场地。

（6）钢套筒吊出后应迅速恢复始发井内的轨道和水管、电缆等设备，为恢复正常施工提供条件。

## 3.2.7　盾构正常掘进施工

### 3.2.7.1　盾构正常掘进流程

盾构机 100 m 试掘进完成后，此时盾构机及后配套已全部进入隧道内，可暂停掘进，进行盾构始发井各项设施换装，拆除反力架及负环管片，铺设道岔，采用双线运输。按正常施工进行列车编组：1 辆 50 t 内燃机车＋4 辆 18 $m^3$ 渣土车＋2 辆管片车＋1 辆砂浆车，共分为 2 组。

采用两列编组完成一个循环的施工。区间盾构正常掘进流程如图 3-17 所示。

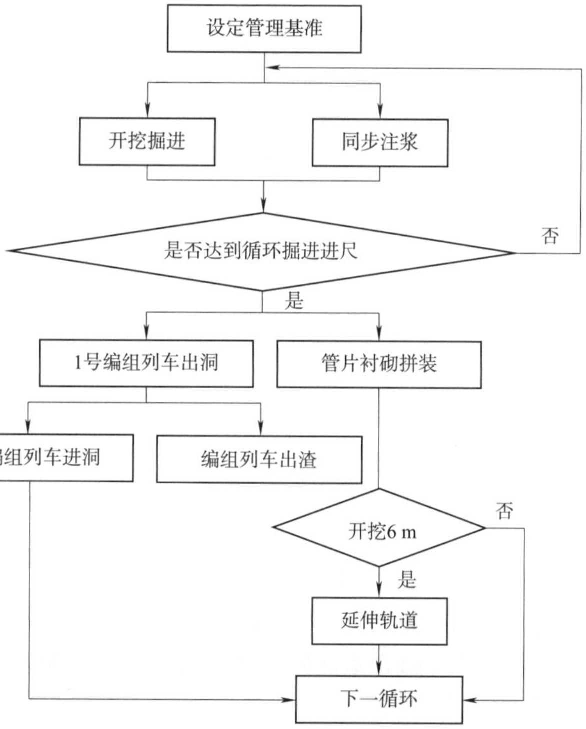


图 3-17　区间盾构正常掘进流程

### 3.2.7.2 盾构掘进操作控制程序

盾构掘进操作控制程序如图 3-18 所示。

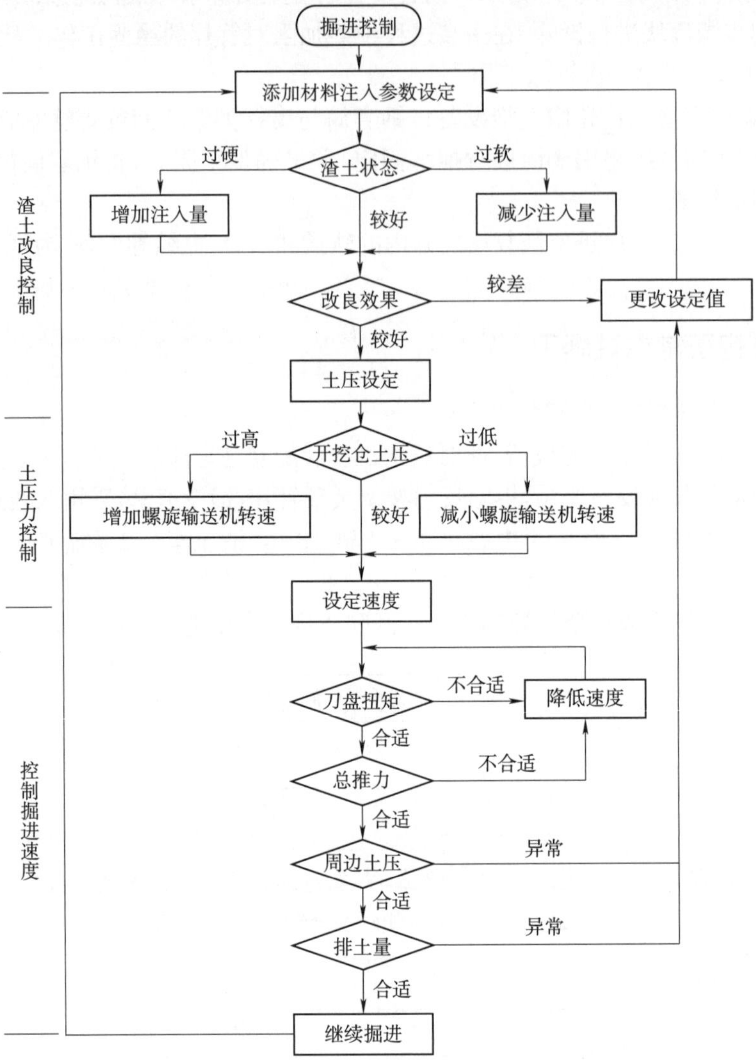


图 3-18 盾构掘进控制流程

### 3.2.7.3 掘进模式选择及操作控制

1. 掘进模式选择

本区间选用的盾构机为复合式土压平衡盾构机，具有敞开式、半敞开式和土压平衡式三种掘进模式，每一种掘进模式具有不同的特点和适用条件。根据本区间的地层和地表建筑物情况，为了保证盾构机在本区间的各个地段都具有良好的地质适应性，在掘进过程中采用土压平衡掘进模式。

2. 掘进参数控制与优化

结合区间地质情况，盾构掘进主要参数见表 3-9。

**表 3-9　盾构掘进技术参数**

| 区间 | 地质情况 | 土压力(bar) | 总推力(kN) | 推进速度(mm/min) | 刀盘转速(r/min) | 扭矩(kN·m) | 注浆压力(bar) | 注浆量($m^3$) |
|---|---|---|---|---|---|---|---|---|
| 静沙区间 | 粉质黏土、砂层 | 0.9～1.3 | 7 000～11 000 | 30～50 | 1.0～1.5 | 1 500～3 000 | 2.5～3.5 | 5.5～7 |
| | 全断面碎石土 | 0.8～1.2 | 8 000～12 000 | 30～50 | 1.0～1.5 | 2 500～4 000 | 2.5～3.5 | 5.5～7 |
| | 全断面微风化凝灰岩 | 空舱掘进 | 7 000～10 000 | 5～15 | 1.5～2.5 | 1 500～3 000 | 2.5～3.5 | 5.5～7 |
| | 上软下硬 | 0.8～1.2 | 7 000～10 000 | 5～10 | 1.0～1.5 | 2 500～4 000 | 2.5～3.5 | 5.5～7 |
| 九静区间 | 砂层 | 0.7～1.0 | 7 000～11 000 | 30～50 | 1.0～1.5 | 2 500～4 000 | 2.5～3.5 | 5.5～7 |
| | 上软下硬 | 06～0.9 | 7 000～10 000 | 5～10 | 1.0～1.5 | 2 500～4 000 | 2.5～3.5 | 5.5～7 |
| | 全断面微风化凝灰岩 | 空舱掘进 | 7 000～10 000 | 5～15 | 1.5～2.5 | 1 500～3 000 | 2.5～3.5 | 5.5～7 |
| | 强风化、中风化凝灰岩 | 0.5～0.8 | 7 000～10 000 | 15～30 | 1.2～1.8 | 2 000～3 500 | 2.5～3.5 | 5.5～7 |
| | 全断面强风化凝灰岩 | 0.5～0.8 | 7 000～10 000 | 20～35 | 1.2～1.8 | 2 000～3 500 | 2.5～3.5 | 5.5～7 |
| | 粉质黏土 | 0.6～0.9 | 8 000～11 000 | 30～50 | 1.0～1.5 | 1 500～3 000 | 2.5～3.5 | 5.5～7 |
| | 碎石土、粉质黏土 | 0.6～0.9 | 8 000～11 000 | 30～50 | 1.0～1.5 | 2 000～3 500 | 2.5～3.5 | 5.5～7 |
| | 全断面碎石土 | 0.6～0.9 | 8 000～11 000 | 30～50 | 1.0～1.5 | 2 500～4 000 | 2.5～3.5 | 5.5～7 |

盾构掘进主要由刀盘和土舱土压力、排土量和推进速度、螺旋机转速、千斤顶推进力、注浆压力与时间、注浆方式与注浆量、浆液性能、盾构坡度、盾构姿态和管片拼装偏差等参数控制。施工中熟悉盾构性能和操作方法，并根据隧道埋深、地质情况和环境条件等对掘进参数进行预测计算，同时紧随盾构推进对地面沉降变形进行监测反馈，以验证施工参数的合理性，根据监测结果，对施工参数进行综合协调、优化。

(1)土压力控制

采用土压平衡模式掘进时，土压力的设定是施工的关键，包含了推进力、推进速度和出土量三者的相互关系，对盾构施工轴线控制和地层沉降控制起主导作用。按松弛高度计算土压力理论值。

施工中通过设在土舱隔板上的土压传感器测定，结合地质、埋深和地面监控量测信息的反馈分析，适时优化调整土压力、推进速度、推进力及注浆量的设定值，以确保地面变形控制在规定的范围内。

(2)出土量控制

密封舱内土压力以螺旋输送机转速和出土门的开度控制,即以出土量控制。

理论出土量 $V=\pi\times(D/2)^2\times L\times S=3.14\times(6.28/2)^2\times1.5\times1.0\approx46.44(m^3/环)$。

其中,$D$ 为刀盘直径;$L$ 为管片宽度;$S$ 为松散系数。

采用土压平衡模式掘进时,实际出土量控制在理论出土量的 98%~100%,以维持一定土压力,保证盾构正面土体的稳定。

出土量多少直接影响到刀盘正面土压力和开挖面的稳定,控制排土量是控制地表变形的重要措施。盾构在保持一定正面土压力时,其排土量取决于输送机的转速,而螺旋输送机的转速与盾构推进千斤顶推进速度协调,较好保持土压平衡。

盾构机自带出渣称重计量系统,主要功能如下:

①测量功能

a. 瞬间流量计算。称重传感器输出单位重量信号和速度传感器输出单位皮带速度信号相乘,这个结果就是瞬间流量。

b. 重量累计。累计量是单位长度的重量与运行长度的计算,然后转化成工程单位。

c. 自动调零和自动调间隔。定义皮带圈数及皮带长度是自动调零和自动间隔的基础;准确计算皮带长度,控制器通过计算速度传感器发出的脉冲数,在累积到要求的脉冲数时,控制器结束校准测试,把理论值与实际值进行比较,并且计算校准常数。

d. 自动零点跟踪。在皮带运行时,流量低于预定值,控制器按照以下步骤进行自动调零:等待测试周期一半的时间(将显示“Z”)→完成一次调零测试→完成一次测试周期的自动调零。只要流量值低限低于自动调零跟踪预定值,仪表将不断重复上述步骤。

e. 一路输入,两路电流输出信号。可选输入/输出扩展板,获得一路电压/电流输入,两路电流输出信号。

②监视功能

状态提示,过程报警,设定错误、设备故障、高流量、低流量、高负载、低负载报警。

③自动控制给料功能

称重传感器提供一个独立的控制电流环,控制电流环通常用于控制给料量。流量设定可以通过键盘输入或外部模拟信号设定,控制输出为 4~20 mA 电流环。

(3)推进速度控制

盾构推进时通过对土压力传感器检测数据控制盾构千斤顶的推进速度,并与螺旋输送机转速相匹配,以保持适当土压力值,使盾构推进贯入度与出土量相匹配。

(4)盾构轴线控制

在盾构掘进过程中,以各区域千斤顶的行程、油压以及流量控制盾构前进方向,发现偏差时及时调整千斤顶的编组和各区域千斤顶的行程、流量及油压,加强各施工参数的设定管理,防止因参数设定不当造成隧道轴线产生大的偏离,要做到随偏随纠、勤纠小纠,减少因轴线纠偏而造成的土体超挖、扰动。

(5)同步注浆参数控制

盾构施工引起的地层损失和盾构隧道周围受扰动或剪切破坏的重塑土再固结是导致地表沉降的重要原因。为减少和防止地表沉降,在盾构掘进过程中,要尽快在脱出盾尾的衬砌背后环形建筑间隙中填充注浆，及时填充盾构机盾尾与开挖轮廓之间的间隙。

注浆材料配比、注浆压力、注浆量和注浆时间是同步注浆施工的四个要素，是防止隧道坍塌、控制地表沉降的关键。

考虑盾构纠偏超挖、跑浆、浆液收缩等因素，实际注浆量一般为计算量的130%～250%，并通过地面变形监测数据适时调整。

#### 3.2.7.4 盾构掘进方向控制与调整

1. 盾构掘进方向控制

由于地层软硬不均、隧道曲线和坡度变化以及操作等因素的影响，盾构推进不可能完全按照设计的隧道轴线前进，从而会产生一定的偏差。当这种偏差超过一定限度就会使隧道衬砌侵限、盾尾间隙变小，轻者对管片局部受力产生不良影响，重者导致地表沉降，因此盾构施工中必须采取有效技术措施控制掘进方向，及时有效纠正掘进偏差。

(1)采用隧道自动导向系统和人工测量辅助进行盾构姿态监测，自动导向系统能够直观地全天候在盾构机主控室动态显示盾构机当前垂直和水平位置与隧道设计轴线的偏差以及趋势，据此调整控制盾构机掘进方向，使其始终保持在允许的偏差范围内。

(2)通过分区操作盾构机的推进油缸来控制掘进方向。

①上坡段掘进时，适当加大盾构机下部油缸的推力和速度。盾构掘进线路要高于设计线路10～20 mm为宜，下坡地段相反。

②在左转弯曲线段掘进时，适当加大右侧油缸推力和速度，盾构掘进线路要向设计线路左侧偏离10～20 mm为宜，右转弯段相反。直线平坡段掘进时，应尽量使所有油缸的推力和速度保持一致。

③在均匀的地质条件时，保持所有油缸推力与速度一致。在软硬不均的地层中掘进时，则应根据不同地层在断面的具体分布情况，遵循硬地层一侧推进油缸推力和速度适当加大，软地层一侧油缸推力和速度适当减小的原则来操作。

(3)注意事项：

①在切换刀盘转动方向时，应保留适当的时间间隔，切换速度不宜过快，切换速度过快可能造成管片受力状态突变而使管片损坏。

②根据掌子面地层情况应及时调整掘进参数，调整掘进方向时应设置警戒值与限制值。达到警戒值时就应实行纠偏程序。

③蛇行修正及纠偏应缓慢进行，如修正过程过急，蛇行反而更加明显。在直线推进的情况下，始终要注意盾构前行的趋势。盾构趋势始终处于“抬头”，即坡度值为正，这样有利于控制盾构姿态。

④推进油缸油压的调整不宜过快、过大，否则可能造成管片局部破损甚至开裂，也会对盾构本身有一定的影响。正确进行管片选型，确保拼装质量与精度，以使管片端面尽可能与计划的掘进方向垂直。

⑤盾构始发时方向控制极其重要，应按照始发掘进的有关技术要求做好测量定位工作。盾构始发成功与否直接影响后期盾构掘进工作的正常进行。

⑥正确进行管片选型，确保拼装质量与精度。

2. 穿越上软下硬地层的掘进措施

由于硬岩段高程起伏不定，在进入硬岩和脱离硬岩时，会经历一段上软下硬的不均匀地层。在这种地层掘进，可能发生盾构机偏移或被卡住、蛇行推进，注浆不及时易产生地面沉降甚至塌陷、隧道管片破损，以及盾构机损坏等许多难以预料的问题。

九静区间上软下硬复合地层长度为 202 m，占隧道掘进全长的 9.14%。针对九静区间上软下硬地层地质条件，盾构掘进中采取了下列措施：

(1)做好补充地质勘探，在地层起伏交界处进行钻孔，查清上软下硬地层的位置和长度。掘进过程中不断观察出土情况，并结合推力、扭矩、速度、土压，以及渣土中石块的比例和大小，判断硬岩的比例，及时调整掘进参数。

(2)在岩层和土层同时存在的地段，应以硬岩的强度来进行刀具配置。掘进时采用土压平衡掘进模式，根据隧道顶部地质情况选择合适土压力，适当降低土压有利于提高刀具的寿命。

(3)盾构机在上软下硬地层中掘进时，盾构姿态容易向上抬，为了保持正确的掘进线路，应合理控制上下千斤顶的推进油压，此时边缘滚刀承受最大的破岩压力，应选用重型破岩刀具。

(4)在上软下硬地段应采用低转速，以减少滚刀与岩土分界面的冲击。

(5)加大发泡剂比例，以改善土体的流动性和土舱的温度，降低土舱温度有利于减少刀具磨损和偏磨。

(6)掘进速度受下部硬岩制约而变慢，容易多出土，应以盾构机进尺来控制出土量，防止超挖，同时保证盾尾回填注浆。

3. 穿越全断面地层硬岩段的掘进措施

该地层天然单轴抗压强度最高达 120 MPa，受此硬岩影响，盾构掘进时可能会遇到以下困难：掘进速度慢；刀具磨损快，换刀频繁，工作量大；盾构容易出现“卡壳”现象，推进困难；盾构姿态不好控制，造成隧道质量缺陷；管片上浮；地下水流失。

针对区间的硬岩地质条件，盾构掘进中采取了下列措施：

(1)施工前进行详细的补充勘探，进一步查清硬岩的分布及特性。

(2)根据岩石强度选择匹配的硬岩刀具和耐磨刀具。掘进时，通过提高刀盘转速减少贯入度，以保证掘进速度。

(3)每 3～5 环检查一次刀具，做到勤检查、勤更换，特别是边缘滚刀要及时更换，以保证盾构的开挖洞径。现场准备足量的刀具，以利及时更换刀具。

(4)在中、微风化岩层中采用半敞开式掘进模式。

(5)开启加水装置并提高泡沫剂比例，改良正面土体，降低刀具和土体的摩擦力，减小扭矩，降低刀盘和土体温度，减小刀具的偏磨。

(6)在掘进过程中，根据滚动角的大小，及时通过调整刀盘转向(左转或右转)来防止盾体产生扭转。

#### 3.2.7.5 管片拼装

1. 准备工作

(1)管片由管片车运到隧道内后，由专人对管片类型(ABC 类)、外观质量和止水条黏结情况做最后一次检查，合格后经管片吊机卸下，按安装顺序存放在管片拼装机作业范围内。掘进结束后再将管片转运吊送到管片拼装机工作范围内等待拼装。

(2)管片拼装前应对盾尾进行清理，保证安装区及管片接触面清洁。

(3)对封顶块的止水条进行润滑处理。

(4)对操作设备进行一次检查,设备完好才可进行管片拼装。

2. 拼装程序

在管片拼装过程中,严格按照作业指导书的工艺顺序进行操作,控制好管片的拼装质量,确保优质工程。管片拼装流程如图 3-19 所示,技术措施见表 3-10。

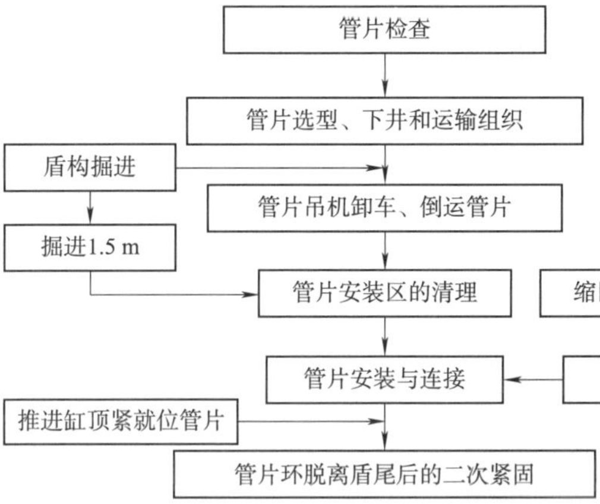


图 3-19　管片拼装流程

**表 3-10　管片拼装程序及技术措施**

| 序号 | 图　示 | 施工程序及技术措施 |
|---|---|---|
| 1 |  | (1)盾构拼装机械手起吊拱底管片块;<br>(2)底部一组千斤顶回缩;<br>(3)拱底管片块拼装就位,底部一组千斤顶重新顶紧;<br>(4)拧紧环与环间的连接螺栓 |
| 2 |  | (1)同样方法安装侧向标准块;<br>(2)两侧千斤顶重新顶紧管片块;<br>(3)拧紧环与环间及块间的连接螺栓 |

续上表

| 序号 | 图　示 | 施工程序及技术措施 |
|---|---|---|
| 3 | 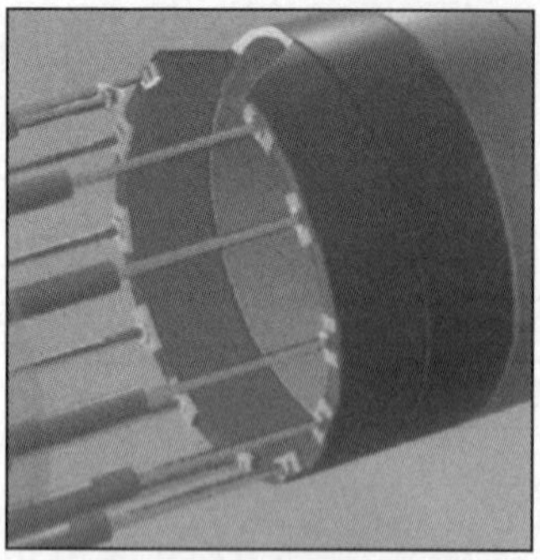 | (1)同样方法安装邻接块；<br>(2)千斤顶重新顶紧管片块；<br>(3)拧紧环与环间及块间的连接螺栓 |
| 4 | 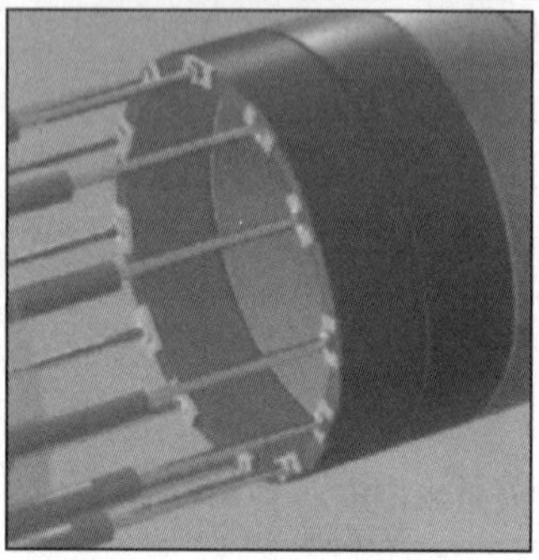 | (1)封顶块先径向压入，调准后千斤顶再沿纵向缓慢顶入；<br>(2)拧紧环与环间及块间的连接螺栓 |

### 3.2.7.6　盾构掘进注浆方案及主要技术参数

同步注浆是盾构施工中非常关键的施工环节，在盾构施工中，通过同步注浆施工使管片和土体形成稳定的整体，可以抑制地层沉降，防止管片变形和上浮，以及管片间隙、盾尾的渗漏水。在盾构掘进施工过程中，对同步注浆作业要严加管理，以保证成型隧道的质量。

同步注浆选用水泥砂浆，单液浆的选用与隧道质量有着密切的关系，要求在初选时依据试验提供切实可行的数据，达到设计标准。要在前期做大量的筛选试验工作，并严格控制大样试验及注浆出口压力。

为保证单液注浆的有效性及确保管片不因外来压力而产生变形和损坏，必须严格控制注浆压力。注浆压力应大于土舱压力1～1.5 bar，但必须小于盾尾油脂舱压力。

1. 注浆材料要求及主要性能指标

(1)注浆材料

采用水泥砂浆作为同步注浆材料，该浆材具有结石率高、结石体强度高、耐久性好和能防止地下水浸析的特点。水泥采用P. O 42.5普通硅酸盐水泥，以提高注浆结石体的耐腐蚀性，使管片处在耐腐蚀注浆结石体的包裹内，减弱地下水对管片混凝土的影响。

(2)性能指标要求及浆液配比

根据公式计算和相关技术要求，注浆量应保证环形间隙理论容积的1.0～1.5倍。为了保证掘进中能按上述要求完全注入，采用自动同步注浆和人工管片壁后注浆双重手段。

当盾尾通过洞门密封后开始实施同步注浆，注浆的主要指标如下。

①胶凝时间：根据地质情况小于 6 h。

②固结体强度：1 d 不小于 5 bar，28 d 不小于 60 bar。

③浆液收缩值：大于 90%，即固结收缩率小于 10%。

④浆液稠度：8～12 cm。

⑤浆液比重：1.7～2.0。

⑥液稳定性：倾析率小于 5%。

浆液配合比依据地层条件、地下水情况及周边条件等，通过试验情况优化确定最合理的配合比。同步注浆材料配比见表 3-11。

**表 3-11　同步注浆材料配比**

| 注浆材料 | 水泥(kg) | 粉煤灰(kg) | 膨润土(kg) | 砂(kg) | 水(kg) | 外加剂 |
| --- | --- | --- | --- | --- | --- | --- |
| 用量 | 260 | 160 | 90 | 980 | 450 | 根据试验加入 |

2. 同步注浆方法、工艺与设备

(1)同步注浆方法与工艺

在盾构掘进前，盾构机长根据掘进需要确定掘进所需砂浆量，通知监控室去砂浆拌和站调运砂浆，并做好记录。监控室根据盾构机长的指令协调组织运送砂浆至隧道，砂浆运送至井下，盾构机长进行外观检查，若发现砂浆质量不合格，通知质检工程师做相应的处理。同步注浆与盾构掘进同时进行，通过同步注浆系统及盾尾的内置注浆管，在盾构向前推进盾尾空隙形成的同时进行，采用四点注入对称同时注浆。

注浆可根据需要采用自动控制或手动控制方式。自动控制方式即预先设定注浆压力，由控制程序自动调整注浆速度，当注浆压力达到设定值时，自行停止注浆。手动控制方式则由人工根据掘进情况随时调整注浆流量、速度、压力。注浆流程如图 3-20 所示。

(2)设备配置

①搅拌站：自行设计建造砂浆搅拌站 1 座。

②同步注浆系统：配备 SWINGKSP12 液压注浆泵 2 台(盾构机上已配置)，注浆能力 2×12 $m^3$/h，8 个盾尾注入管口(其中 4 个备用)及其配套管路。

③运输系统：砂浆罐车(8 $m^3$)，随编组列车一起运输。

3. 人员要求

注浆操作人员能够独立完成注浆作业，能独立判断管路是否畅通并能完成管路清洗，熟悉注浆系统的设备及管路，以保证注浆操作符合规范要求。

注浆操作人员按照每班 2 名注浆操作手定岗，其他任何人不得进行同步注浆的操作。注浆操作人员负责掘进中同步注浆作业、管路及注浆泵的清理等工作，及时完成盾构机长安排的其他任务。

4. 注浆效果检查

注浆效果检查主要采用分析法，即根据 $P$(注浆压力)—$Q$(注浆量)—$t$(时间)曲线，结合掘进速度及衬砌、地表与周围建筑物变形量测结果进行综合分析判断，必要时采用无损探测法进行效果检查。

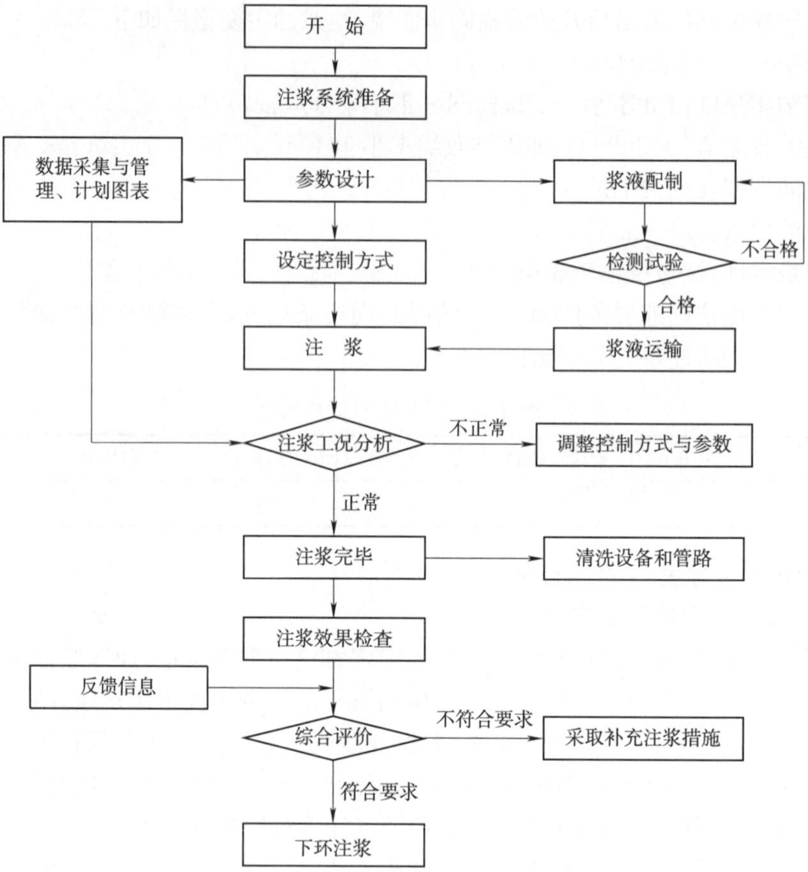


图 3-20　注浆工艺流程

5. 同步注浆质量保证措施

(1)在开工前制定详细的注浆作业指导书,并进行详细的浆材配比试验,选定合适的注浆材料及浆液配比。

(2)制定详细的注浆施工组织、工艺流程及注浆质量控制程序,严格按要求实施注浆、检查、记录、分析,及时做出 $P—Q—t$ 曲线,分析注浆速度与掘进速度的关系,评价注浆效果,反馈指导下次注浆。

(3)成立专业注浆作业组,由富有经验的注浆工程师负责现场注浆技术和管理工作。

(4)根据洞内管片衬砌变形和地面及周围建筑物变形监测结果,及时进行信息反馈,修正注浆参数和施工工艺,发现情况及时解决。

(5)做好注浆设备的维修保养和注浆材料供应,定时对注浆管路及设备进行清洗,保证注浆作业连续进行。

(6)环形间隙充填不够、结构与地层变形不能得到有效控制从而危及地面建筑物安全时,或存在地下水渗漏区段,在必要时可通过吊装孔对管片背后进行补注双液注浆。

6 同步注浆管理

(1)注浆压力

保证达到对环向空隙的有效充填,同时又能确保管片结构不因注浆产生过大的变形和损坏，根据计算得出压力值。

(2)注浆量

根据管片壁后环形空隙与地层有效填充的经验公式计算，及规范要求，注浆量取理论开挖体积的1.3～1.8倍。每环理论注浆量为5.2～7.6 $m^3$/环(1.5 m/环)。掘进过程中根据出土量和监测结果及时调整注浆量。

(3)注浆速度

同步注浆速度应与掘进速度相匹配，按盾构完成1.5 m/环掘进的时间内完成当环注浆量来确定其平均注浆速度，达到均匀注浆目的。

(4)注浆结束标准

采用注浆压力和注浆量双指标控制，即当注浆压力达到设定值(起始压2.5 bar，停止压力5 bar力)时，注浆量达到设计值的95%以上时，即可认为达到质量要求。对设计参数须通过监控量测进行优化，使注浆效果达到更佳。

7. 注意事项

(1)在实际掘进过程中，同步注浆的注入压力和注入量的管理两者是同时进行的。注入压力管理采用始终维持注入压力的方法，则注入量不固定；注入量管理按注入一定量的浆液进行，则注入压力是改变的。在地层相对稳定、透水系数小的地层对注入量的管理通常可以达到有效填充盾尾间隙的目的，但是对于地质情况复杂的地层，存在许多不确定因素如裂隙、大孔隙等，则主要以压力管理为主。

(2)在注浆过程中，盾构机长时刻关注注浆压力注浆量变化，及时对操作人员的操作进行检查指导，发现情况及时排除，以保证盾构隧道的成型质量。

(3)盾构长时间停顿或完成掘进后，须膨润土来清空管路和注浆泵中残留的浆液，以防砂浆堵管而影响后续施工。

(4)施工作业人员须随时观察注浆工况，控制好注浆压力和方量，与盾构操作者保持联系，浆液注入量应同掘进速度相适应。

(5)拌浆作业须与盾构推进同步进行，浆液注入量应同掘进速度相适应，每段隧道推进前应做明确规定。

(6)盾构机长如实填写盾构推进过程质量控制压浆记录表，并做好每班交接班工作。

(7)在不停泵的情况下，不得进行任何修理，在注浆泵及管道内的压力未降至零时，不准拆管路或松开管路接头，以免浆体喷出伤人。

8. 二次注浆

同步注浆系统有一定的合理使用范围，在某些敏感区域如渗透系数较大的地层中有一定的局限性。由于在此地层中盾构的推进速度相对较快，而自动注浆出口均分布在上部，浆液注入后很难形成单独固化体，尤其是在中下部，形成局部注入盲点。对于注浆系统另外配置了一套人工管片壁后注浆设备，在注浆管理上采用自动与人工注浆相结合，用人工管片壁后注浆系统来填充自动注浆设备的某些地质敏感区域。

(1)二次注浆的目的

①作为同步注浆的补充，保证管片背后回填密室；

②在地下水丰富地段分隔阻截地下水，以保证同步注浆浆液尽快凝固。

(2)二次注浆浆液配比

浆液采用双液浆，注浆材料为普通硅酸盐水泥和水玻璃（浓度为35Be），水泥浆：水玻璃（体积比）=1：1。根据现场搅拌容器，水泥浆液拌制比为水泥：水=150 kg：150 L。

缓凝剂添加量为水泥用量的0～1.5%，拌制完成浆液密度为1.44g/ $cm^3$ 左右，浆液凝结时间控制在20～48 s。

(3)二次注浆压力及注浆量

①补充注浆通过管片注浆孔进行，注浆设备采用KBY-50/70双液注浆泵。

②注浆动态压力控制在0.2～0.3 MPa，注浆流量不大于10 L/min。注浆结束标准采用注浆压力单指标控制，静止压力控制在0.5 MPa。注浆量根据现场施工情况确定。

③注浆频率根据地下水渗漏情况、地表沉降监测情况及管片姿态监测情况进行确定。

(4)注意事项

①注浆前应查看管片情况并在注浆过程中进行跟踪观察，如有异常情况应立即停止注浆，并及时向主管部门进行汇报。

②注入过程中应严密监视压力情况，控制注浆压力在设计范围以内。

③注入过程中出现压力过高但注入效果不明显的情况时，应检查注浆泵及注浆管路是否有堵管现象，并立即进行清理。

④注入过程中出现任何的停机现象均应对注浆泵及注浆管路进行清洗。注浆完结后应做到“工完料清”，对所有的机具均应清理干净并归于原处。

⑤注浆前应将注浆孔全部打开并带上注浆头，在注浆时可将注浆头全部打开放水直至浓浆流出再关闭注浆头。

⑥每个孔注浆完毕后应等待5～10 min后将该注浆头打开疏通查看注入效果，如果水仍很大，应再次注入，至水较小时可终孔，拆除注浆头并用双快水泥砂浆对注浆孔进行封堵，带上塑料堵头。

⑦注浆时应备足水泥及水玻璃，严禁中途停止注入。

#### 3.2.7.7 施工运输

1. 洞内水平运输

(1)每环运出材料

①每环实方量 $Q_{实方}$

$Q_{实方}=\pi R^2L=\pi\times(3.14)^2\times1.5\approx46.5(m^3)$。

②每环虚方量 $Q_{虚方}$

本盾构机为复合式土压平衡式，为满足对开挖面的支撑，前舱及掌子面必须保持一定压力，避免任何意外的泥土涌入开挖舱。而盾构机在掘进过程中为改良土壤性质、保护刀具等，需要加入泡沫剂、膨润土或聚合物等作为土体改良的介质，介质的增加使实方变虚方的系数增大，因此取系数 $K=1.1$。

$$Q_{虚方}=K\times Q_{实方}=1.1\times46.5=51.15(m^3)。$$

(2)运入材料

①管片及连接螺栓：管片6块，用两个管片车，每环须运入，管片螺栓22颗/环；

②同步注浆浆液：7 $m^3$，每环须运入；

③钢轨：2根6 m钢轨、钢枕，每4环运入一次；

④水管：3根6 m长，每4环拉放一次；

⑤走道板及支架;可随钢枕一同拉入;

⑥油、脂、泡沫液、水玻璃等;

⑦各种小型工具、刀具及其他。

(3)运输方案

隧道内采用43 kg/m钢轨铺设单线,便于列车编组会车、出渣、卸材料等。负环拆除后站内采取双轨线铺设,道岔设在站台内。

洞内水平运输采用重载编组列车进行,两条隧道各配备两列列车编组。编组1:1辆50 t内燃机车+4辆18 $m^3$渣土车+2辆管片车+1辆8 $m^3$砂浆车,编组2:1辆50 t内燃机车+5辆18 $m^3$渣土车+2辆管片车+1辆8 $m^3$砂浆车,保证一列车编组掘进拼装一环。盾构掘进运输循环见表3-12。

**表3-12　盾构掘进运输循环**

| 步骤 | 盾构机 | 列车1 | 列车2 | 50 t龙门吊 | 16 t龙门吊 |
|---|---|---|---|---|---|
| 1 | 掘　进 | 卸装管片、浆液及装渣 | 洞口装管片、装浆液及材料 | 等　待 | 吊管片、下材料 |
| 2 | 拼装管片 | 向洞口开出 | 等　待 | 等　待 | 等　待 |
| 3 | 拼装管片 | 到洞口,开始卸渣 | 开进洞内 | 开始出渣 | 下管片,材料 |
| 4 | 拼装管片 | 出　渣 | 到洞内、卸材料 | 出　渣 | 下管片、材料 |
| 5 | 掘　进 | 等　待 | 装渣、卸管片及倒浆 | 等待或出渣 | 等待或下材料 |
| 6 | 拼装管片 | 向洞口开出 | 等　待 | 等　待 | 等　待 |

2. 垂直运输

盾构隧道的垂直运输分为两个部分,第一部分为施工材料的垂直运输,第二部分为渣土垂直运输。

### 3.2.7.8　管片修补、堵漏施工

1. 管片外观缺陷修补

1)管片缺陷类型

管片缺陷类型主要有:管片棱角破损、管片开裂破损及管片裂缝。

2)缺陷原因分析

(1)管片在吊装、运输过程中发生碰撞,使管片棱角部位开裂损坏。

(2)在管片拼装时,由于操作不当、拼装机运动速度过快发生碰撞,或强压强推使管片开裂破损。

(3)推进压力不均匀,使某组千斤顶压力超过管片的承压能力,将管片压裂。

(4)盾构机姿态不好,管片选型不当,使管片与盾壳间隙很小甚至没有间隙,盾构机在推进时摩擦管片,将管片拉坏。

(5)二次补浆压力过大,将成型管片压裂,造成贯通裂缝。

3)管片破损缺陷修补

管片开裂、破损量超过设计要求的作报废处理,有破损但满足设计要求的管片对其进行修补后使用。

(1)管片修补材料

管片修补材料由丁二烯和苯乙烯共聚物乳液、普通水泥、瞬凝水泥组成。丁二烯和

苯乙烯共聚物乳液的化学物理性质见表 3-13。普通水泥采用 P.O 42.5 普通硅酸盐水泥。瞬凝水泥采用 S 型瞬凝水泥,其技术参数见表 3-14。

**表 3-13　丁二烯和苯乙烯共聚物乳液化学物理性质**

| 名　称 | 比　重 | pH 值 | 毒　性 |
|---|---|---|---|
| 丁二烯和苯乙烯共聚物乳液 | 1.01 | 10.5 | 无　毒 |

**表 3-14　S 型瞬凝水泥技术参数**

| 水灰比 | 凝结时间(min) | | 抗压强度(MPa) | | | |
|---|---|---|---|---|---|---|
| | 初　凝 | 终　凝 | 10 min | 30 min | 1 d | 28 d |
| 30～35 | 1～2 | 2～3 | 6.0 | 10.0 | 30.0 | 55.0 |

(2)管片修补工艺

①拌制黏结水泥浆。将丁二烯和苯乙烯共聚物乳液与普通硅酸盐水泥混合搅拌组成黏结水泥浆,乳液与水泥按 1∶2 重量比搅拌至均匀,黏稠状态。

②将管片破损处清洗干净,不得留有残渣,并使基面潮湿。

③将黏结水泥浆抹到基面上,水泥浆厚度不超过 2 mm。

④拌制瞬凝水泥并抹到水泥浆上,若黏结水泥浆已干,则再抹一层。

⑤将抹上的瞬凝水泥找平,使修补面与管片内弧面在同一弧面上,并露出原凹槽,保证管片外观质量。

4)管片渗漏处理方法

(1)隧道渗漏现象

隧道内部管片环纵缝、管片吊装孔、盾构隧道与联络通道接缝和洞门会出现不同程度的渗漏。渗漏情况基本可以分为以下几种:

①接缝处管片表面湿渍,这种渗漏为整个隧道渗漏的主要形式;

②管片接缝出现滴漏或成线流;

③管片吊装孔有渗漏;

④管片因出现破损出现渗漏;

⑤盾构隧道与联络通道和洞门接缝渗漏。

(2)隧道渗漏原因

①在管片生产过程中,设置密封垫的沟槽部位混凝土不密实,有水泡、气泡、微裂纹等缺陷,管片拼装完成后,水绕过密封垫,从水泡、气泡孔处渗漏进来。

②由于密封垫粘贴质量不好或在粘贴密封垫后直接下井拼装,在拼装过程中,密封垫部分脱落,两管片间密封垫挤压不密实,造成该处渗漏水。

③在拼装过程中,管片发生碰撞,使止水条脱落或断裂,使密封垫没有形成闭合的防水圈。

④相邻管片止水密封垫不能完全密贴或者已错开。

⑤止水密封垫上粘有泥土,在管片安装前未冲洗干净。

⑥管片边角处破损过深,止水密封垫未受挤压而起不到防水作用。

⑦F 块位纵缝过宽。

⑧管片脱出盾尾以后，由于管片上浮，使管片错台量大于最大设计值，使相邻两管片间密封垫错开使有效接触面不够，造成管片渗漏水。

⑨管片背后注浆质量差、填充不密实，不能使围岩和衬砌整体协调受力，造成受力不均，局部变形过大，首道防水层失去作用。

⑩管片在运输、拼装过程中受到挤压、碰撞，造成缺边掉角。

⑪管片拼装质量差、螺栓未拧紧，造成接缝张开过大；手孔、注浆孔等薄弱部位封孔质量差，螺栓孔未加防水密封垫圈等。

(3)渗漏部位堵漏处理办法

①二次注浆堵漏

a. 堵漏前准备工作

检查具体渗漏部位并做好相应记录。堵漏工具：梯子、冲击钻、注浆头、卡子、阀门、注浆泵、导管、水桶、管钳、榔头等。堵漏材料：普通硅酸盐水泥、水玻璃、自来水等。

b. 双液浆的调制

水泥浆的配比：水泥∶水＝1∶1(重量比)，水泥浆∶水玻璃＝1∶1(体积比)。

c. 堵漏操作顺序

通过二次注浆对漏水、渗水比较严重的地方进行堵漏。

装入注浆头→用冲击钻开二次注浆口→上好卡子→将卡子与注浆机出浆口连接→开机进行注浆→注浆完毕，拆卸机具。

关闭注浆机→关闭注浆头阀→管路泄压→先泄水玻璃液压，再泄水泥浆液压→从管片上卸下注浆管(注浆头保留不动)→用清水洗管路→拆卸管路→拆卸注浆头和阀门→旋紧注浆孔管塞(注浆管塞装上密封圈)。

注浆结束后，清理饰面，进行验收。

堵漏过程中要控制好二次注浆的压力(理论为 0.1～0.4 MPa)和二次注浆的注浆量，确认管片没有漏水渗水后方可停止。

②拼缝渗漏水堵漏

施工流程如图 3-21 所示。

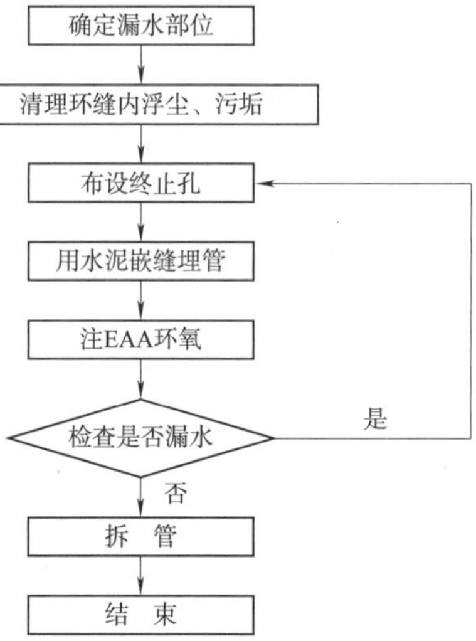


图 3-21　环缝堵漏施工流程

a. 查找渗漏部位，确定处理部位。由于盾构隧道与其他结构形式不同，漏水点难以确定，必须借助强光手电在拼缝内确定漏水点。

b. 在确定漏水范围内，采用钢丝刷清出拼缝内的浮尘、泥垢，以便嵌缝水泥与管片粘贴密实，保证新嵌水泥不渗水。

c. 在确定的渗漏部位两端布设限定终止孔，孔深至止水条，如图 3-22 所示。清洗限定终止孔，两端终止孔采用速凝水泥封堵密实，确保注浆时不漏浆。

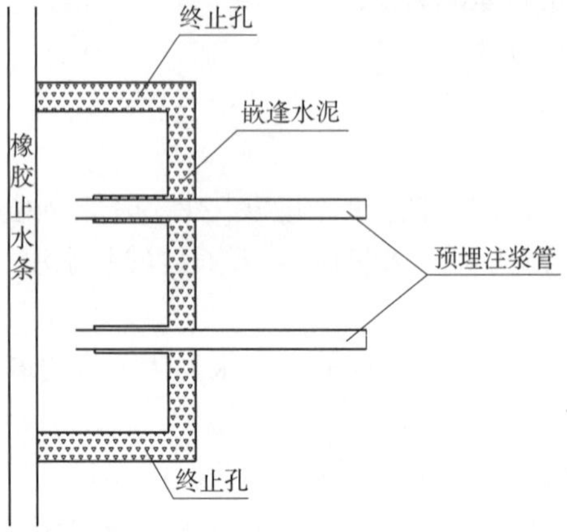


图 3-22　管片环缝封堵示意

d. 沿拼缝埋注浆管，注浆管为铝管，孔径 0.8 cm，孔深 5.0～8.0 cm，孔距 35～40 cm，用小圆钢刷清洗，采用速凝水泥嵌缝埋管，要求填压密实，表面平整，露出原凹槽，保证管片外观质量。

e. 待凝结达到强度后再进行 EAA 环氧化学注浆，化学注浆压力 0.3～0.4 MPa，达到压力后闭管待凝。

f. 闭管待凝 8～12 h 后进行孔口管检查，如孔口管浆液不饱满，应进行二次或多次重复注浆，以确保注浆质量。

g. 注浆时应做好拼缝两侧边的饰面保护。漏浆应及时清理，避免浆液污染管片。

h. 待凝 3～5 d 后拆管做缝面修饰处理。

在堵漏过程中经常出现在封堵范围以外又出现漏水的情况，必须扩大封堵范围，直到管片不漏水为止。

③原注浆孔渗漏水堵漏

a. 若遇大水先注双液浆，直到明流水基本封住为止。

b. 清孔，要求无泥垢和颗粒物。

c. 沿孔壁涂刷 EAA 环氧界面剂，要求涂刷均匀不露白。EAA 环氧对含水的介质表面具有良好的亲和力和润湿性，能克服水的界面与被黏界面黏结，使材料对被黏界面产生良好的黏结性，使其固结补强改性。

d. 用速凝水泥埋管封闭，要求压贴密实、平整，保证不渗漏。

e. 初凝后注入 EAA 环氧浆，压力 0.3～0.5 MPa，要求重复注浆，至孔口饱满为止。

f. 待凝 3～5 d 后拆管，进行饰面修复。

④螺栓孔渗漏水堵漏

a. 拆卸对拉螺栓孔的螺帽。

b. 清除螺栓孔中的浮泥、泥垢、锈迹。

c. 采用早强水泥封堵螺栓孔的一端出口，要求压贴紧密，并从另一端出口插入小铝管。采用早强水泥封密，要求压贴紧密。

d. 在相应的拼缝处对拉螺栓两边，钻终止孔，孔径 0.8 cm，孔深 10 cm。用早强水泥封孔、嵌缝，要求压贴紧密。

e. 采用 EAA 环氧树脂浆液进行注浆，压力 0.3～0.5 MPa 。

f. 待凝后检查孔口泡管，不饱满时进行二次或多次重复注浆，至泡管饱满。

g. 待凝 5～7 d 后拆管和拔出塞球，清除螺栓孔中的早强水泥，涂环氧浆，更换胶圈，安装对拉螺栓帽。

⑤裂缝渗漏水堵漏

a. 沿缝开 V 形槽，槽深(2～3) cm×宽(2～3) cm。

b. 沿缝钻骑缝孔，孔距 40 cm，孔径 10 cm，孔深约 8～10 cm。

c. 清缝、清孔，达到孔内、槽缝无泥垢、碎渣。

d. 在孔内布置注浆管，注浆管长约 15 cm，管径 0.8 cm。

e. 采用速凝水泥嵌缝、埋管，要求嵌入均匀，压贴密实、平整，不得有渗漏。

f. 依次对 A 孔、B 孔、C 孔、D 孔注入 EAA 环氧液。注 A 孔时 B 孔作为排气孔，直到 B 孔有浆液冒出为止，A 孔闭管；注 B 孔时 C 孔作为排气孔，直到 C 孔有浆液冒出为止，B 孔闭管；同样注 C 孔时 D 孔作为排气孔，如图 3-23 所示。

g. 在 D 孔注入 EAA 环氧浆液，采用逐级升压施灌，注浆第一次压力 0.3 MPa，第二次重复注浆 0.5 MPa。注浆到结束压力后，恒压 20 min，不进浆后闭管待凝。

h. 闭管待凝 8～12 h 后进行孔口管检查，如孔口管浆液不饱满，应进行二次或多次重复注浆，以确保注浆质量。

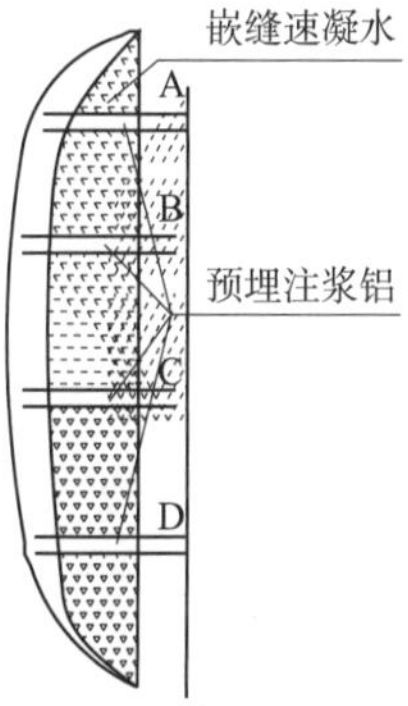

图 3-23　管片裂缝封堵示意

i. 4 d 后拆管，进行缝面饰面处理。

⑥隧道接口渗漏水处理

隧道接口出现渗水主要是由于混凝土不密实、施工缝未处理好及防水层局部破损等原因造成的。水源主要是洞身穿越围岩的基岩裂隙水。采用改性环氧化学灌浆液对裂缝及混凝土不密实部位进行灌浆，并用速凝微膨胀水泥快速封口进行补强、补漏。

a. 仔细观察接口施工缝及裂缝渗漏水位置，并用符号标记，然后沿渗水缝凿成约 6 cm 深、5 cm 宽的 V 形灌浆槽缝。

b. 将缝隙内表面松散的污泥清理干净，再用钢丝刷将基面冲洗干净，直至裂缝全部裸露，待下一道工序施工。

c. 在已清理干净的 V 形槽内按 3 个/m 布置灌浆嘴，灌浆嘴为 $\phi$8 mm 铝管，然后用速凝微膨胀水泥浆(0.5∶1)用力封堵灌浆槽。

d. 利用预埋好的灌浆嘴接上灌浆机，将改性环氧化学灌浆材料徐徐注入灌浆机的容器中，慢慢手动加压，注浆压力控制在 0.4 MPa 内。注浆完成后，迅速将灌浆管绕成

S状扎住，以防浆液流出。竖缝灌浆应自下而上灌注，中间不允许间断。

e. 灌浆 24 h后方可拔出灌浆嘴，用 1∶2.5 水泥砂浆找平复原，以保证接缝的外观。

## 3.2.8 刀具更换

### 3.2.8.1 换刀施工准备

1. 技术准备

进舱换刀作业分为主动进舱换刀和被动进舱换刀。主动进舱换刀点应根据地质特点及盾构机工况提前选择自稳性较好的地层，若不得已选择岩层较破碎、自稳性较差地层，须提前进行地表加固。主动换刀点见表 3-15。

**表 3-15 换刀位置及次数一览表**

| 序号 | 换刀里程 | 进舱模式 | 地质情况 | 地表情况 | 换刀时间 | 备注 |
|---|---|---|---|---|---|---|
| 1 | ZDK25+062 | 常压 | 全断面微风化凝灰岩 | 无建筑物 | 3 d | 静沙左线 |
| 2 | ZDK25+573 | 常压 | 全断面微风化凝灰岩 | 无建筑物 | 5 d | |
| 3 | YDK25+065 | 常压 | 全断面微风化凝灰岩 | 无建筑物 | 3 d | 静沙右线 |
| 4 | YDK25+538 | 常压 | 全断面微风化凝灰岩 | 无建筑物 | 5 d | |
| 5 | ZDK23+560 | 常压 | 碎石土，拱顶以上为粉质黏土 | 无建筑物 | 3 d | 九静左线 |
| 6 | ZDK23+891 | 常压 | 中、微风化凝灰岩，拱顶以上为粉质黏土 | 无建筑物 | 5 d | |
| 7 | YDK23+505 | 常压 | 强风化凝灰岩，拱顶为粉质黏土 | 无建筑物 | 5 d | 九静右线 |
| 8 | YDK23+678 | 常压 | 强风化凝灰岩，拱顶为粉质黏土 | 无建筑物 | 5 d | |
| 9 | YDK23+787 | 常压 | 中、微风化凝灰岩，拱顶以上为中、强风化凝灰岩 | 无建筑物 | 5 d | |
| 10 | YDK23+804 | 常压 | 全断面强风化凝灰岩，拱顶以上为强风化凝灰岩 | 无建筑物 | 5 d | |
| 11 | YDK24+013 | 常压 | 中、微风化凝灰岩，拱顶以上为碎石土及粉质黏土 | 无建筑物 | 5 d | |
| 12 | YDK24+033 | 常压 | 强风化凝灰岩及碎石土，拱顶以上为粉质黏土 | 无建筑物 | 5 d | |
| 13 | YDK24+057 | 常压 | 全断面微风化凝灰岩 | 无建筑物 | 5 d | |
| 14 | YDK24+088 | 常压 | 全断面微风化凝灰岩 | 无建筑物 | 5 d | |
| 15 | YDK24+112 | 常压 | 全断面微风化凝灰岩 | 无建筑物 | 5 d | |
| 16 | YDK24+142 | 常压 | 全断面微风化凝灰岩，拱顶以上为强、中风化凝灰岩 | 无建筑物 | 5 d | |
| 17 | YDK24+187 | 常压 | 强、中、微风化凝灰岩及粉质黏土，拱顶以上为中粗砂 | 无建筑物 | 5 d | |
| 18 | YDK24+213 | 常压 | 微风化凝灰岩，拱顶以上为中粗砂 | 无建筑物 | 5 d | |
| 19 | YDK24+242 | 常压 | 微风化凝灰岩及碎石土，拱顶以上为中粗砂 | 无建筑物 | 5 d | |

当盾构机掘进过程中未到达主动换刀点时掘进参数出现异常，为保证施工安全及盾

构机正常运行，不得已情况下需进行开舱换刀作业，称为被动换刀。被动换刀点无法提前选择。

当被动换刀点处于自稳性较好的地层时，采用常压开舱；当被动换刀点处于自稳性较差地层时，则采用带压进舱换刀作业。

2. 主动换刀点地层加固

九静区间 ZDK23＋560、ZDK23＋891、YDK23＋505、YDK23＋678、YDK23＋787、YDK23＋804、YDK24＋013、YDK24＋033、YDK24＋187、YDK24＋213、YDK24＋242 主动换刀位置拱顶地层以中粗砂层、粉质黏土层为主，稳定性差，含水量大，换刀前须提前加固地层。地面加固采用高压旋喷桩围合＋袖阀管填充注浆。

加固范围：换刀点前后 10 m，隧道结构线两侧 3 m。

竖向范围：地面下 2.0 m 至中风化凝灰岩下 0.5 m(或微风化煌斑岩)岩面线。

开舱换刀区域采用双 $\phi$800 mm@550 mm 咬合旋喷桩帷幕，如图 3-24 所示。在管线位置不能形成封闭帷幕时，采用水泥-水玻璃双液浆补充，保证外圈封闭围合。

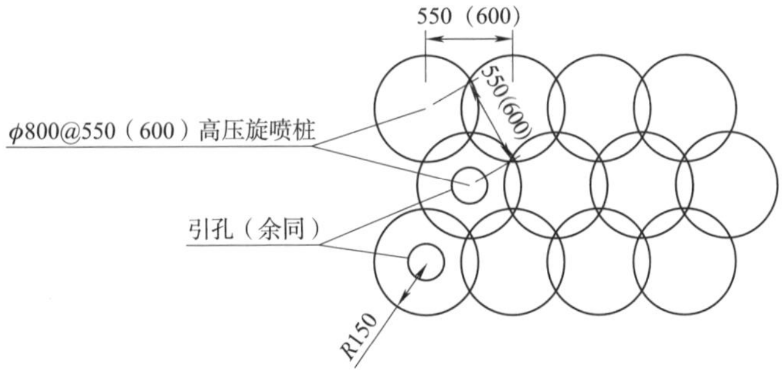


图 3-24 地面加固布置(单位：mm)

### 3.2.8.2 开舱换刀程序

1. 开舱审批

开舱条件要经过讨论，由项目总工程师和总机械师确认，报项目经理签发，监理同意后方可开舱。

2. 工具清点

开舱前，换刀相关人员须依据换刀工具清单检查换刀工具是否齐全，若不齐全及时补充，并将相关工具分类放好，便于换刀时寻找。换刀结束后同样对换刀工具和刀具进行清点，防止遗漏。

3. 开舱准备和步骤

(1)开舱准备

转动螺旋，将土舱内渣土位降至 1/2 左右，使中上部土压传感器压力显示为零，观察土压传感器 30 min 左右，若土压传感器无变化，证明开挖面较稳定。打开盾构机下部土舱壁球阀，观察是否有地下水流出，如没有水流出，则证明水位已将至隧道底板以下。

(2)开舱

①先打开土舱壁上的平衡阀，使用气体检测仪检测地层是否存在有害气体，如存在有害气体，关闭平衡阀，重新确定方案；如无有害气体，即打开舱门。

②由机电工程师带领维修班打开土舱门，开舱前，由土木工程师确认地层是否与地质图相符。打开舱门后，先向土舱内输送高压风 5～10 min，用以给刀盘降温和输送氧气，再用气体检测仪对人舱、土舱内气体进行检测，避免有有害气体，再提供排水和照明；然后用水将刀盘冲洗干净，特别是需要更换的刀位，且螺旋输送机将渣舱内的渣土出至主轴承下边沿位置，以便于检查中心部位的刀具。

③人员进入土舱后，检查开挖面土体稳定性效果及是否有渗漏水，若有少量渗水，用快硬水泥封堵，并插入导管引流；使用木板将刀盘开口封住，防止地层突然坍塌。

4. 刀具检查

刀盘清理后按照盾构刀具使用的有关技术要求进行刀具的检查和磨损量测量，并做好详细的磨损量记录。检查刀具时，操作室司机须锁住刀盘操作面板，并将控制信号转换至人舱远程控制面板上。检查内容应包括：

(1)滚刀的磨损量和偏磨量，漏油情况，滚刀刀圈的脱落、裂纹、松动、移位等，刀具螺栓的松动和螺栓保护帽的缺损情况。

(2)刮刀的合金齿和耐磨层的缺损、磨损，以及刀座的变形情况。

(3)刀盘有无裂纹，刀盘牛腿磨损及焊缝开裂情况。

(4)根据每把刀具的编号记录刀具的磨损量，并提供刀具检查报告。

5. 换刀

(1)刀具更换确认及流程

由项目总工程师和总机械师根据当前地质情况及刀具检查结果决定是否换刀及须更换刀具的编号，然后一起安排换刀步骤，做出书面计划并由两者签名确认，最后交盾构队长执行。盾构队长接受任务并签名确认后，安排掘进班组人员换刀。换刀过程中的安全及换刀注意事项等由领班工程师进行交底，并负责换刀全过程的跟踪管理。机电工程师在换刀过程中提供技术指导。换刀流程如图 3-25 所示。

(2)刀具更换标准

滚刀在刀圈产生偏磨、漏油、挡圈断裂或脱落、刀圈脱落、裂纹、松动、移位的情况下必须进行更换。滚刀正常磨损时按刀盘最外 3 把滚刀磨损大于 8 mm，其余边缘滚刀磨损量大于 15 mm，正面滚刀磨损量大于 20 mm，中心滚刀磨损量大于 25 mm 时更换；刮刀/齿刀合金齿缺损和耐磨层磨损完时更换。

(3)刀具运输

①刀具运输过程(包括从地面下井到进入土舱后到达换刀位置的全过程)以及旧刀具运出地面过程中，必须检查吊具、钢丝绳、木板等的质量，在确保其安全性能的前提下方能投入使用。

②刀具运输过程中要保护好刀具不被碰撞，严禁刀具碰撞设备。

③禁止在推进油缸和铰接油缸活塞杆上捆绑钢丝绳作为吊点。

④将底部推进油缸回收，以防止刀具在运输过程中脱落碰坏油缸。

(4)换刀作业

①旋转刀盘，将所需更换的刀具旋转至水平位置，利用长条方木搭设作业平台。

②用滚刀夹具夹紧滚刀，拆除滚刀固定螺栓，如图 3-26 所示。

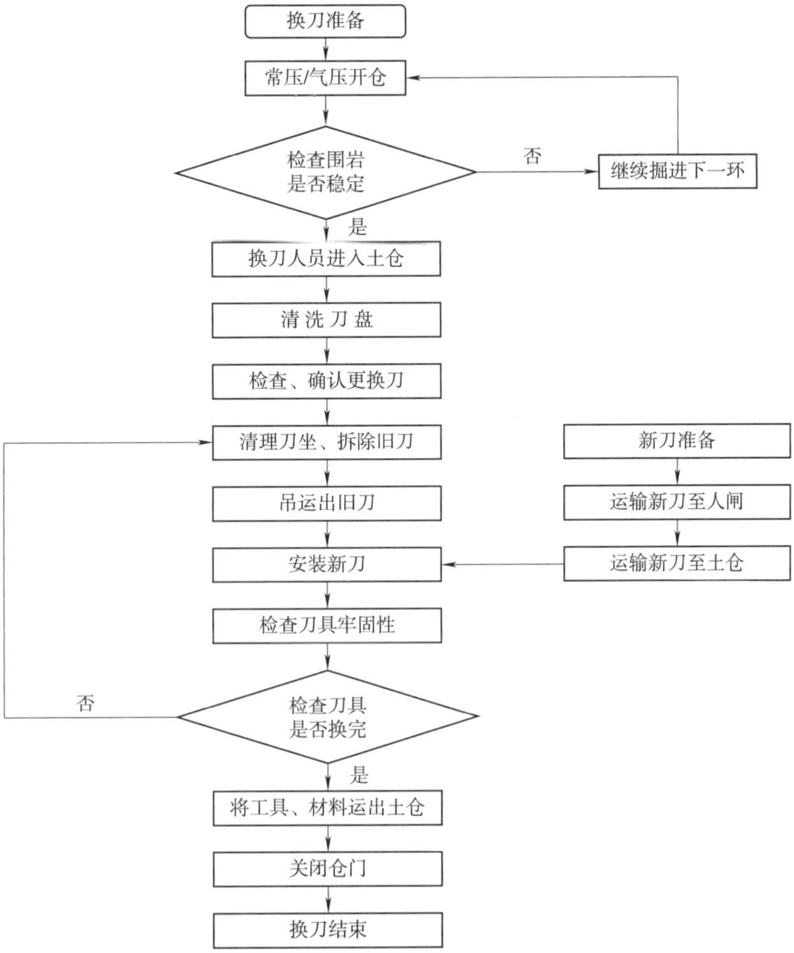


图 3-25　换刀流程

图 3-26　滚刀固定及拆除

③拆除楔形块并使用手拉葫芦挂住滚刀夹具并运出土舱，如图 3-27 所示。

④将新刀运至更换点，安装新刀前，须清洁滚刀底座，检查刀箱是否有变形，如有变

图 3-27 滚刀倒运

形须及时进行修复,必要时更换刀箱。

⑤滚刀安装好后须对固定螺栓进行扭力校核。

(5)整体检查

刀具更换完成后,由盾构部派人按照刀具更换和刀盘修复的要求对落实情况进行检查确认。由盾构队换刀负责人对领取的换刀工具进行清点,确保无工具和其他杂物(尤其是金属物件)遗留在土舱内。转动并再次检查刀盘,观察每把刀具的转动情况,并再次确认相邻刀位的刀具磨损量相差不超过 10 mm。

(6)安装注意事项

①更换刀具前检查所使用工具等是否处于完好状态;

②严格按照刀具的拆装工序工艺要求进行,保证装配面清洁,刀具位置对中;

③严格按照刀具螺栓的紧固扭矩紧固螺栓;

④刀具更换完毕后认真检查更换时所用的工具,防止遗忘在土舱内,避免盾构掘进时对设备产生破坏;

⑤做好详细的刀具更换记录。

#### 3.2.8.3 盾构恢复掘进

1. 试掘进

经过检查,确认土舱内没有人员、换刀工具或者其他物品,关闭舱门,准备开始掘进。在掘进之前,刀盘以低速空转 10~15 min,直到刀盘扭矩值很小且没有大的变化,逐渐加大推力,并保持 1~2 环的低推力推进,再根据掘进情况和渣土的状态选取正常的掘进参数。

2. 掘进跟踪

刀盘检查完毕后开始掘进,需要对换刀后的掘进过程进行跟踪。在掘进过程中如出现主机振动较大、刀盘内有异响、刀盘扭矩突然增大或者变化很不稳定、螺旋输送机突然过载、渣土温度和物理性能改变等异常现象,应进行合理分析,并对刀盘及时复检(经审批后重复开舱程序)。在复检时,要注意掌子面地质条件的变化情况,针对特殊的地质条件进行正确分析,再次制定合理的换刀计划。

#### 3.2.8.4 带压换刀

在掘进地层较差的地段,开挖掌子面地层自稳性较差,不具备常压开舱条件,可实行带压进舱换刀作业，即用压力舱的工作压力与刀盘前方的掌子面相平衡，以防止掌子面围岩坍塌或突然涌水。一般由人舱、准备舱、土舱共同组成土压平衡的压力舱。

#### 3.2.8.5　换刀期间施工监测

开舱检查更换刀具时，为了及时准确了解地表沉降情况，地面须进行 24 小时值班，发现异常情况立即汇报，以尽早采取措施，且每次监测结果均应报项目生产副经理、总机械师和总工程师。

1. 地面监测

开挖面前小于 3 倍洞宽时，监测频率宜为 1 次/d，3～5 倍洞宽时宜为 1 次/2 d，5～8 倍洞宽宜为 1 次/（3～5）d；开挖面后小于 3 倍洞宽时，监测频率宜为 1～2 次/d，3～8 倍洞宽时宜为 1 次/（1～2）d，大于 8 倍洞宽宜为 1 次/（3～7）d；监测数据趋于稳定后，监测频率宜为 1 次/（15～30）d。

开舱检查更换刀具时，为了及时准确了解地表沉降情况，需要在开舱里程地面加密布置地面监测点，设计允许隆起值为 10 mm，设计允许沉降值为－20 mm。单次沉降量达到±3 mm 为单次报警值，沉降或隆起累计超过控制值（$^{+10}_{-20}$ mm）的 70％为累计预警值。当到达报警值时，立即向项目部汇报，同时加大监测频率和范围，协助项目部及时分析异常变形原因，以便采取相应措施控制变形。

2. 地面建（构）筑物监测

地面建（构）筑物监测频率与地面监测频率相同。根据《建筑地基基础设计规范》确定的建筑物最大允许沉降值，砖混结构、条形基础的基础倾斜方向两端点的沉降差与其距离的比值是 0.001；框架结构、桩基础是 0.002$L$（$L$ 为相邻桩基的中心距离）。当到达报警值时，立即向项目部汇报，同时加大监测频率和范围，协助项目部及时分析异常变形原因，以便采取相应措施控制变形。

3. 地下管线监测

地下管线监测频率与地面监测频率相同。地下管线设计允许沉降值为－20 mm，单次沉降达到±2 mm 为单次报警值，沉降或隆起累计超过控制值的 70％为累计预警值。特殊的输油管道、煤气管道、自来水管道等重要管道的允许变形值将在管线调查中予以确认，对这些管线应加强监测。当最大沉降累计值超出最大警戒值或者单次沉降量超限时及时报警，研究对策，加密测量频率，防止意外突发事件，直至采取有效措施，测点完全稳定为止。

4. 隧道沉降监测

开挖面后隧道沉降小于 3 倍洞宽时，监测频率宜为 1～2 次/d，3～8 倍洞宽时宜为 1 次/（1～2）d，大于 8 倍洞宽宜为 1 次/（3～7）d，监测数据趋于稳定后，监测频率宜为 1 次/（15～30）d。

根据本工程设计和规范要求，衬砌环片设计允许沉降值为 35 mm，设计允许净空收敛值为 0.002 倍洞宽，单次沉降或收敛达到 3 mm 为单次报警值，沉降或收敛累计超过控制值的 70％为累计预警值。当到达报警值时，立即向项目部汇报，同时将加大监测频率和范围，协助项目部及时分析异常变形原因，以便采取相应措施控制变形。

5. 掌子面换刀监测

当确定掌子面换刀里程时，在掌子面前后 50 m 范围内加密监测，布点间距由 50 m

加密为 20 m,必要时 10 m 一个断面,地表监测和洞内监测宜处于同一断面里程。

监测频率由原来的 1 次/d 变为 2～3 次/d,进行实时监测,准确掌握围岩及地表变化情况。

地面监测人员与地下监测人员保证联络畅通,地下和地上人员各准备两部对讲机,在施工前调试好对讲机,确定信号良好无故障。一旦发生监测数据异常情况及时上报项目部,同时加大监测频率和范围,协助项目部及时分析异常变形原因,以便采取相应措施控制变形。

## 3.2.9 盾构到达钢套筒接收

### 3.2.9.1 钢套筒接收施工流程

盾构机到达施工是指从盾构机到达接收洞门之前 50 m,盾构机贯通区间隧道进入车站接收井钢套筒的整个施工过程。其工作内容包括:盾构机定位及接收洞门位置复核测量、地层加固、洞门处理、钢套筒设备、加固体与围护结构之间冷缝注浆、降水施工等。盾构到达钢套筒接收施工流程如图 3-28 所示。

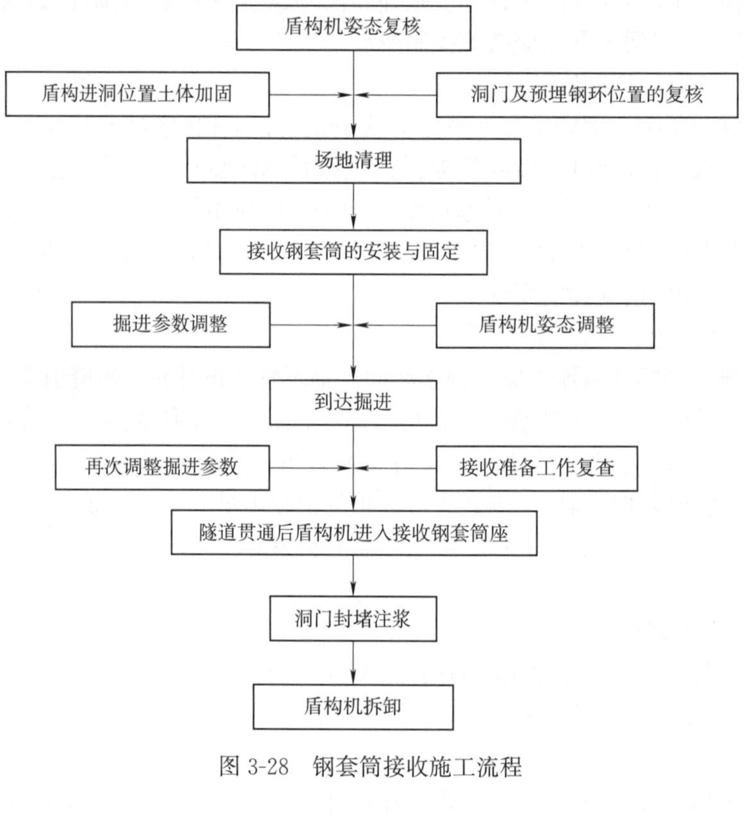


图 3-28 钢套筒接收施工流程

### 3.2.9.2 钢套筒安装

钢套筒安装见 3.2.6.3 节。

### 3.2.9.3 盾构到达掘进

1. 施工准备工作

(1)在盾构机进洞前 100 m 和 50 m 时,对控制点各进行一次复核测量,确保控制点精确无误，同时对进洞端洞门中线进行测量复核，确定洞门中心精确位置。根据测量结果，调整盾构机自动测量系统，在最后50环推进过程中，对隧道轴线进行多次复核，确保轴线准确，保证盾构机安全进入洞门圈。

(2)盾构机在推进最后50环过程中，根据定向测量和联系测量成果，有计划地进行纠偏工作，推进纠偏严格按照小量多次的原则进行，使盾构机姿态控制在水平±15 mm以内，垂直方向在+20～+30 mm，以保证隧道的顺直度。

(3)在盾构机推进最后50环的过程中，及时压注盾尾油脂，避免盾尾渗漏，压注量控制在60～80 kg/环。

2. 盾构进洞段的推进施工

盾构钢套筒接收段的推进施工分三个阶段，各阶段划分区域如图3-29所示。

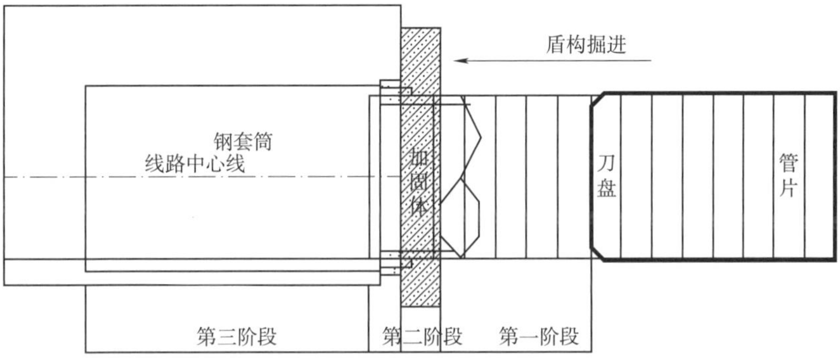


图3-29　盾构机进洞阶段划分区示意

(1)第一阶段：盾构机自倒数20环至推进到刀盘距加固体1 m，如图3-30所示。

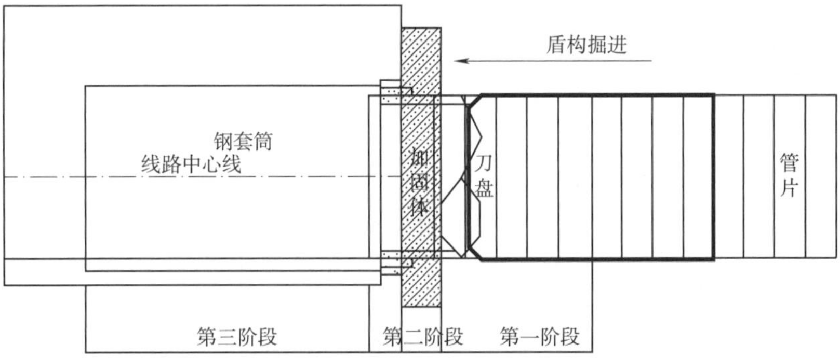


图3-30　盾构机进加固体前停机注浆位置

刀盘距加固体1 m时，盾构停机检查，要求盾构机处于最佳状态。

在第一阶段的推进过程中，需要注意以下事项：

①推进过程中严格控制推进速度和总推力，避免掘进速度过快引起同步注浆分布不均，二次注浆时无法形成封闭环。

②在刀盘转动过程中，土舱内及刀盘前加注泡沫剂进行润滑和改良土体。

③严格把握二次注浆时间、注浆压力和注浆量，防止盾尾固结。

④合理分布注浆孔，以保证二次注浆均匀。

(2)第二阶段：盾构机刀盘进入加固体，如图3-31所示。

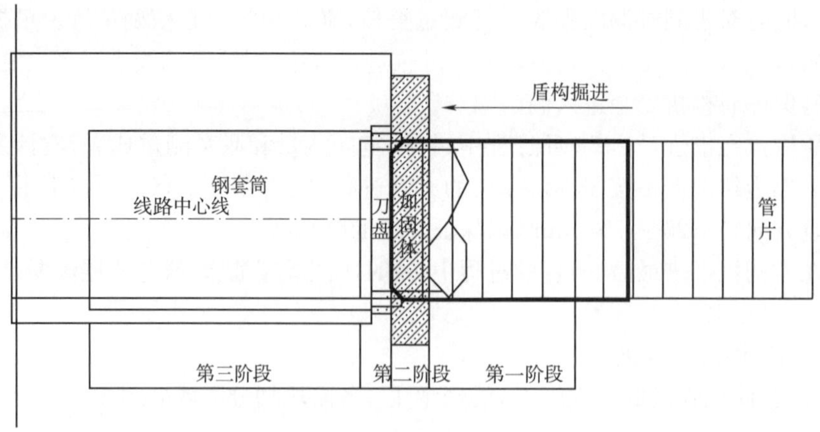


图 3-31 盾构机刀盘进入加固体时位置关系

待钢套筒填充完毕，再启动盾构机。当盾构机刀盘进入加固体时，倒数 20 环刚好进行二次注浆，此时要严格控制注浆孔位置、注浆压力和注浆量。

在第二阶段的推进过程中，需要注意以下事项：

①推进过程中严格控制推进速度和总推力，避免贯入度过大引起的刀盘被卡。推进速度以 10～20 mm/min 为宜，推力小于 800 t，土舱压力 0.6～0.8 MPa。在刀盘转动过程中，土舱内及刀盘前加注润滑剂改良土体。

②严格控制盾构姿态，特别是盾构切口的姿态，控制目标为水平±15 mm，垂直+20～+30 mm。

③控制盾尾间隙，保证盾尾间隙的均匀。

④严格控制切口的土压力。

⑤推进过程连续均匀，均衡施工，保证土舱内一定土压，防止出空土舱盾构机抬头上浮。

⑥推进过程中加强盾尾油脂的压注，防止盾尾漏浆。

⑦从管片上预留的注浆孔向管片外侧注双液浆，及时施作闭水环箍，有效封堵开挖土体与管片外壳之间渗漏通道。

⑧二次注浆距离盾尾太近会造成双液浆进入盾尾刷和同步注浆排浆孔，破坏盾尾密封刷和阻断同步注浆管道，因此钢套筒接收时双液浆选择在管片脱出盾尾 5 环后开始二次注浆。

⑨严格控制二次注浆孔位和注浆压力、注浆量，既要保证水环箍的质量，又要保证盾尾刷不被击穿。

⑩二次注浆采取隔一环注一环的方式，浆液采用水泥-水玻璃双液浆。

(3)第三阶段：进入钢套筒掘进，如图 3-32 所示。

盾尾脱出最后一环管片前、剩余 500 mm 时，盾构机停机，及时将倒数第三环以后的管片进行二次注浆并形成闭水环箍，然后盾构机启动，正式进入钢套筒。

为便于推进，增加一环工作环，将盾构机推到合适位置后停机，检查无渗漏，钢套筒泄压，拆机前先拆除工作环。至此，盾机完成钢套筒接收，转入拆除、吊装阶段。

在第三阶段的推进过程中，需要注意以下事项：

①参数设置：推速＜5 mm/min；推力小于 400 t，视实际推力大小，以不超过此值为

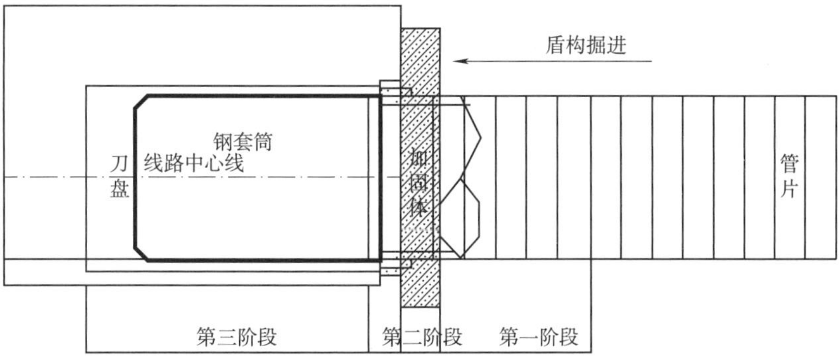


图 3-32　盾构机进入钢套筒时位置关系

原则。盾构机在钢套筒内掘进过程中，要确保与外界联系，密切观察钢套筒顶部的情况，一旦发现变形量超限或渗漏，必须立即停止掘进，及时采取补救措施。

②根据钢套筒顶部安装的压力表读数，及时调整推进压力，避免推进压力过大。钢套筒密封处出现渗漏状况、压力过大时，打开钢套筒后板盖上的排浆口进行卸压。

③进入钢套筒时姿态控制：必须以实际测量的钢套筒安装中心线为准控制盾构机姿态，要求中心线偏差控制在±20 mm 之内。盾构机在进入钢套筒内之后，要注意姿态控制。

④从管片上预留的注浆孔向管片外侧注双液浆，及时施作闭水环箍，有效封堵开挖土体与管片外壳之间渗漏通道，防止盾尾后的水进入盾尾前方。双液浆的配合比见表 3-16。

**表 3-16　双液浆配合比**

| 浆液名称 | 水玻璃(B 液) | 水泥浆(A 液)水灰比 | A、B 液混合体积比 |
|---|---|---|---|
| 双液浆 | 35Be′ | 0.8～1.0 | 2∶1～1∶1 |

⑤盾构机在钢套筒内推到位置并完成洞门密封后，在刀盘不转情况下，出空舱内回填物。

⑥打开钢套筒底部的排浆管，排出剩余的浆液，并检查筒体的漏浆情况。在洞门双液浆凝固后，开始拆除工作环和钢套筒。

⑦盾构机到达掘进过程中加大测量频率，并复核控制点，确保盾构机到达的姿态正确。在盾构机到达前布置监测点(位移报警器)，在端头连续墙、地面及周围建筑物布置沉降观测点，在围护结构、钢套筒及洞门周围布置形变监测点，并测量初始值。盾构机到达过程中每天测量 2 次，若变形较大，增加测量频率并及时通报项目部采取处理措施。进入钢套筒过程中，设专人观测钢套筒的稳定、变形情况，发现异常情况立即停机处理。

#### 3.2.9.4　盾体通过钢套筒

1. 盾构机在通过钢套筒时的影响

在盾构机进入钢套筒中时，存在着因为地下水土压力过大，同步注浆不饱满引发的安全施工风险。通过膨润土系统向土舱内加入高吸水性树脂，降低掌子面含水量。在盾尾离开洞门后，二次补注浆必须及时、充足、密实，避免钢套筒拆除时，洞门涌水涌砂造成质量安全隐患。

2. 洞门密封及其质量检查

盾构接收推进过程中，为了保证洞门密封质量，采取以下措施对洞门进行封堵。

①盾构推进时同步注浆严格按照技术交底进行，填充好施工间隙。

②及时施作闭水环箍，封堵开挖土体与管片外壳之间渗漏通道。

③盾尾进入加固体后，在已成型的隧道内，利用管片上预留的注浆孔，向管片外侧注入双液浆，及时施作闭水环箍，时刻检查钢套筒是否有漏浆、形变等情况，如有漏浆或者形变过大等情况发生，可以采取调低气压，减小推进速度等措施。

④在原洞门预埋环板的基础上，钢套筒与预埋环板之间设一过渡环，洞门钢环与过渡环采用烧焊连接。洞门钢环与过渡环全部密贴后将过渡环满焊在洞门钢环上。

⑤双液浆环箍布设完毕后，须用 6 mm 钢板对洞门进行二次封堵。

⑥盾构机全部进入钢套筒后，打开特殊管片（多孔）上预留的注浆孔的球阀、钢套筒过渡环上预留的观测管，观察出水量，若水量较大，则继续通过预留注浆管、注浆孔注浆，直至打开球阀无水流出后，方可拆解钢套筒。

⑦使用螺旋出土降低土舱压力，等待 8～10 h 后，通过观察土舱压力是否回升，或者通过观察胸隔板上土舱闸门判断洞门是否密封完好。

#### 3.2.9.5 钢套筒拆除

盾构机完全进入钢套筒内之后，第一时间注双液浆封堵盾尾与洞口结构位置，注浆量按理论注浆量的 150%～200%，确保封住洞口结构位置。

注浆凝固后，打开钢套筒上预留的卸压口，测试有无水涌出，然后缓慢降低土舱压力，观察情况，如无异常，则将土舱压力降至零，确认无涌水后，打开钢套筒上的填料孔，观察注浆情况，确认后方允许割除过渡连接环。

钢套筒的拆除，首先进行钢套筒后端盖及上半部钢套筒拆解，再进行盾构机的拆解，最后进行钢套筒下半部的拆卸，如图 3-33 所示。

图 3-33　钢套筒拆解示意

### 3.2.10 车站盾构到达接收

#### 3.2.10.1 接收施工流程

盾构到达接收施工流程如图 3-34 所示。

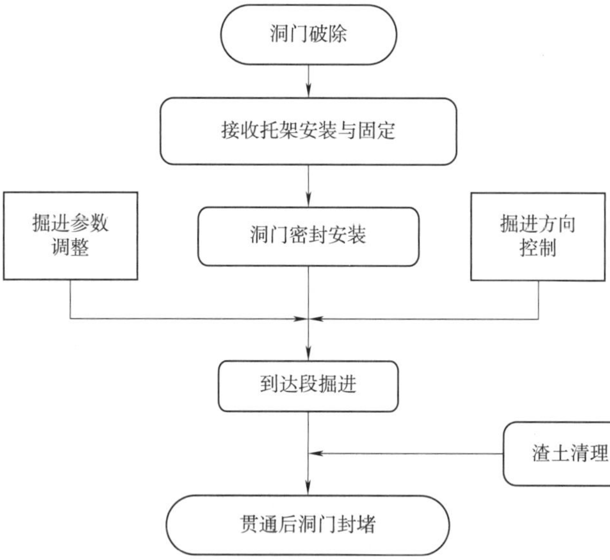


图 3-34　盾构到达接收施工流程

### 3.2.10.2　接收托架安装与固定

在盾构到达前，先在九水东路站盾构井浇筑混凝土垫层，沿隧道线路中线安放并焊接固定托架(固定与预埋钢板上)。接收托架的构造同始发托架，接收托架在准确测量定位后安装，其中心轴线应与盾构机进接收井的轴线一致。接收托架的轨面高程应适应盾构姿态，为保证盾构刀盘贯通后拼装管片有足够的反力，可考虑将接收托架的轨面坡度适当加大。接收托架定位放置后，采用Ⅰ25 的工字钢对接收托架前方和两侧进行加固，防止盾构机推上接收托架的过程中，接收托架移位造成盾构接收失败。

### 3.2.10.3　洞门密封安装

1. 密封、防水装置

(1)洞口密封安装。

(2)洞门采用橡胶帘布、B 环板、折页压板用螺栓按照一定顺序固定在洞门钢环上的方式进行洞门密封，在盾构通过处采用折页压板进行密封。

(3)在车站主体结构施工时，安装洞门预埋钢环(A 环板)。预埋钢环板加工时严格按照交底图纸说明进行，严格控制构件的加工精度以保证正常使用。预埋时由车站施工单位在车站主体结构施工时预埋，预埋时严格控制安装精度、洞门中心安装位置、垂直度等。

(4)在洞门第二次凿除前安装橡胶帘布、B 环板、折页压板。安装顺序：洞门圈预埋钢环(车站施工时已预埋)→安设双头螺杆→帘布橡胶板→圆环压板→折页压板→垫圈→螺母。洞门密封装置如图 3-35 所示。

2. 安装顺序

(1)检查螺栓丝扣，安装双头螺杆，双头螺杆安装时必须确保栓接牢固。

(2)双头螺杆栓接好后，安装帘布橡胶板，随帘布橡胶板的安装同时安装圆环压板和折页压板，加好垫圈后用薄螺母将帘布橡胶板与圆环压板和折页压板固定。

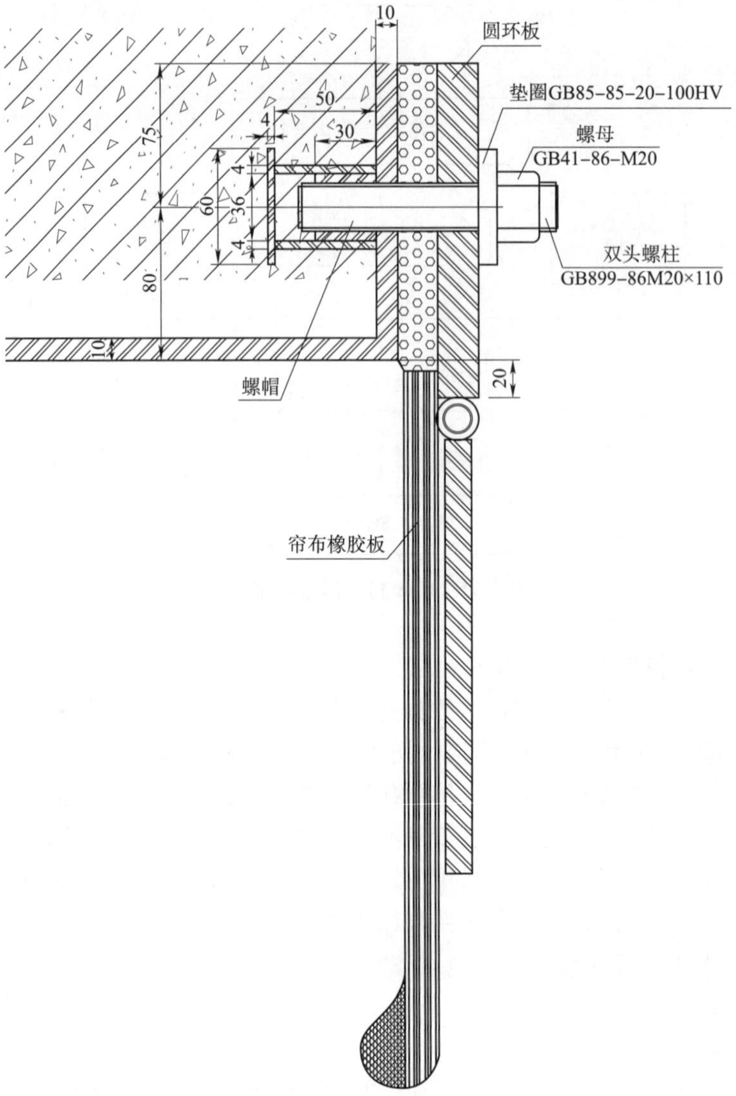


图 3-35　洞门密封装置(单位:mm)

(3)安装洞门密封装置依次从上往下、左右对称顺序进行。

(4)将折页压板逐个安装在螺栓上,最后将洞门范围内的螺帽拧紧,待拼装完零环后,再次拧紧螺帽,等待盾构机同步注浆。

3. 安装注意事项

(1)洞门预埋钢环在车站主体结构施工过程中预埋,洞门橡胶帘布及折页压板的安装为始发前 2 d,安装时间为 1 d。

(2)为防止盾构机推进时刀盘损伤帘布橡胶板,在盾构向前推进前应在帘布橡胶板外侧及边刀上涂抹黄油。

(3)在盾构机刀盘进入洞门圈后,要密切关注密封装置,发现帘布橡胶板受损要及时采取措施,使得折页压板压好帘布橡胶板,以保证能起到良好的密封效果。

#### 3.2.10.4　盾构机步上接收托架

在接收托架安装固定后，盾构机慢速爬上接收托架。在推进通过洞门临时密封装置时，为防止盾构刀盘和刀具损坏帘布橡胶板，在刀盘外圈和刀具上涂抹黄油。此过程还要拼装管片。拼装管片时，须在刀盘前部安装挡板，为刀盘提供反力，并确保刀盘不发生转动。

根据设计情况，预计安装完最后一环管片后，且将推进油缸伸到最长时，盾尾仍有可能在隧道内。此时用 200 mm×200 mm H 型钢加工两个支墩顶在油缸和管片之间提供支撑力，此时再向前推进，使盾体移动到位。此时拆除刀盘前的挡板，继续使用盾构机的推力千斤顶向前推进，直至盾体离开最后一环管片 0.5 m 以上、人可以进入隧道为止，停机。

盾构机在接收托架上推进时，每向前推进 2 环拉紧一次洞门临时密封装置，通过同步注浆系统注入速凝浆液填充管片外环形间隙，保证管片姿态正确。

#### 3.2.10.5　洞门圈封堵

在最后一环管片拼装完成后，拉紧洞门临时密封装置，使帘布橡胶板与管片外弧面密贴，通过管片注浆孔对洞门圈进行注浆填充。注浆过程要密切关注洞门情况，一旦发现有漏浆现象应立即停止注浆并进行封堵处理，确保洞口注浆密实，洞门圈封堵严密。

#### 3.2.10.6　盾构到达施工准备工作和注意事项

(1)盾构进入到达段施工时，工作人员应明确盾构实时里程及刀盘距洞门掌子面的距离，并按确定的施工技术方案施工。

(2)盾构到达前应检查确认端头地层加固情况和地基承载力是否达到要求。

(3)增加地表沉降监测的频次，并及时反馈监测结果指导施工。

(4)为防止因刀盘反力不足引起管片环缝接触松弛、张开并造成漏水，盾构到达段最后 10 环管片用 14b 槽钢将管片沿隧道纵向拉紧。

(5)在盾构贯通后安装的几环管片，一定要保证注浆饱满密实，防止引起管片下沉与错台。

(6)在盾构到达段施工时，要保证出渣量数据的正常，土压力缓慢降为最低限度。

(7)在盾构到达段施工时，通过膨润土系统向土舱内加入高吸水性树脂，待土舱内搅拌均匀后再转动螺旋输送机进行出渣，控制推力、土舱压力、螺旋输送机转速和后闸门开度等参数，降低掌子面含水量。

(8)密切观察洞门变形和刀盘力矩等参数的变化情况，一旦发现有异常情况应立即停止推进，采取相应对策。

(9)盾构刀盘抵达车站的围护结构或端头头墙时，再开始车站围护结构或端头墙的凿除工作，以防止地层的坍塌。

(10)当盾构破除洞门后，拼装最后几环管片时，须根据拼装管片行程在盾构刀盘前方焊接工字钢顶住刀盘，为千斤顶压紧管片提供反力。

### 3.2.11　盾构穿越复杂环境风险源

#### 3.2.11.1　盾构下穿建筑物

青岛地铁 4 号线土建 11 工区沿线房屋建筑大多建造于 20 世纪 90 年代，基础形式多为条形基础和毛石基础，埋深在1～2 m之间。盾构施工对上述房屋影响较大。因埋深较浅，须严格控制地表沉降，避免引起地面隆起等不利情况。

1. 盾构施工地面沉降

盾构施工地面沉降共分为五个阶段，如图3-36所示，为确保盾构下穿复杂环境风险源期间平稳掘进，须针对每个阶段采取不同的措施，控制地表沉降。

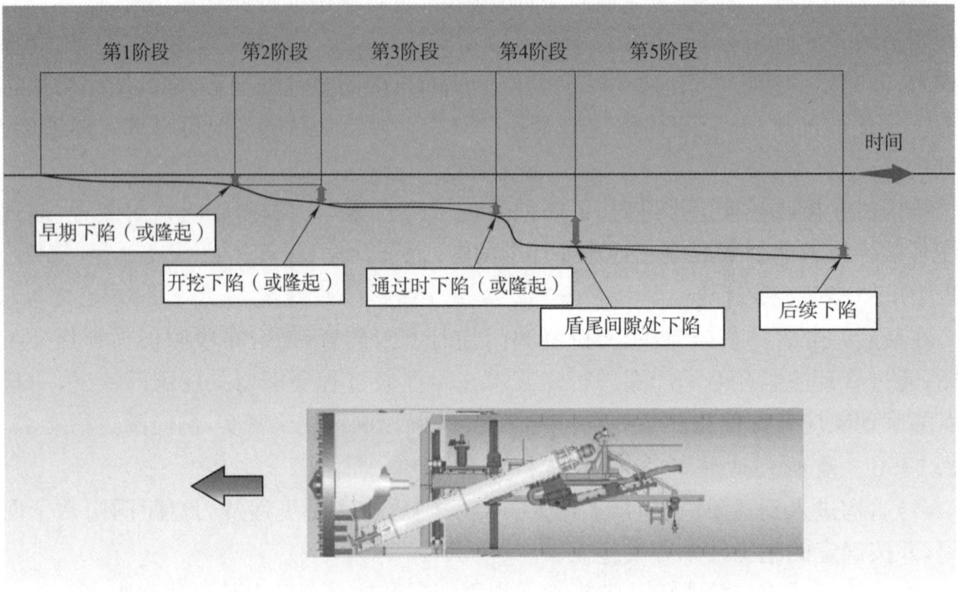


图3-36　盾构沉降五阶段示意

(1)初期沉降

盾构机开挖面到达某一位置之前，在盾构推进前方的土体滑裂面以外产生的沉降。

(2)开挖面沉降

盾构机开挖面到达某一测量位置时，在它正前方的那部分地面沉降。

(3)盾构通过时地面沉降

盾构通过时盾壳和地层之间的摩擦阻力作用会产生一个滑动面。临近滑动面的土层会产生剪切应力，当盾构刚通过受剪切破坏的地层时，因受剪切而产生的拉应力会导致土壤立刻向盾构后的空隙移动。为保持盾构能与隧道轴线一致，在盾构推进过程中，所经之处必须压缩一部分土壤，松弛一部分土壤。压缩的部分抵挡了盾构的偏离，而松弛部分则带来了地面沉降。

(4)盾尾间隙沉降

盾构机外壳、管片与开挖面之间存在的间隙如不及时注浆充填，就会被周围土体占领，最终形成较大的地表沉降。

(5)长期延续沉降

长期延续沉降是指盾构通过后在相当长一段时间内仍延续着的沉降。该段沉降起因是土层的本身性质和隧道周围土体受扰动。它的滞后时间与盾构的种类、地质条件、施工质量等因素有关。

2. 风险点

(1)隧道埋深较浅,拱顶为砂层,含水量大,盾构掘进期间控制不当易造成地表沉降塌陷。

(2)建筑物基础形式老旧,掘进期间存在建筑物开裂及倒塌风险。

(3)注浆压力控制不当易造成地表冒浆隆起。

3. 应对措施

(1)地面措施

地表进行袖阀管预注浆加固。在注浆过程中应严密监测建筑物基础,注浆时注浆压力不能过大,以免注浆压力影响建筑物基础等。渗透系数不大于 $10^{-6}$ cm/s,应在适当的位置检查注浆效果,并根据检查结果,调整注浆压力等有关施工参数。

(2)掘进措施

盾构穿越地层为粉质黏土及碎石土地层,强度较低,拱顶地层为中粗砂及粉质黏土,含水量大,盾构穿越期间刀盘低速运转,转速为 1.0～1.5 r/min。为了减小盾构穿越过程中对地下土体的扰动,及时调整盾构的姿态,根据监测结果及出渣情况动态调整控制速度,保证盾构连续匀速掘进。

(3)盾构措施

①同步注浆为每环 6.8～8 $m^3$。注浆压力以保证足够注浆量的最小值为佳,设定为 0.2～0.4 MPa,根据推进情况可适时调整。

②严格控制出土量,每环理论出土量为 46.44 $m^3$,确保不超挖。

③正穿建筑物时,实际土舱压力考虑建筑物的重量并根据实际监测情况进行调整。

④为防止掘进后的后期沉降,在管片脱出盾尾 2～5 环,通过管片上的吊装孔(兼注浆孔)进行二次注浆,加固土体。二次注浆采用 1∶1 的双液浆,注浆材料采用 P.O 42.5 级普通硅酸盐水泥,注浆压力小于 0.3 MPa。

⑤严格控制盾尾油脂注入量,防止盾尾铰接密封处出现涌水涌沙及泄压风险。

⑥穿越房屋的线型在圆曲线段,盾构要严格按照设计轴线推进,严格控制管片间隙,尽量减少纠偏量和频率,防止因扰动、超挖及地层损失过大而引起的地面沉降和变形。

(4)地下措施

①使用辅盾泥

中盾、前盾和盾尾均有预留径向孔,其中前盾 6 个,中盾 8 个,盾尾 6 个。选择在盾体径向注浆孔注入辅盾泥,注入点为上部两个径向孔单点连续注入,其余点位须多点注入。根据盾构开挖直径 6 280 mm,盾尾直径 6 230 mm,每推进 1 m 会产生 1.19 $m^3$ 的间隙,则每掘进一环约注入 1.8 $m^3$。根据盾构掘进的速度、掘进时间,适当调整辅盾泥注入速度、注入时间,保证掘进、注入同步,不注入、不掘进。

②二次深孔补强注浆

为有效控制第五阶段沉降,在同步注浆补注浆后,盾尾后 3～4 环(含盾尾内 2 环)位置进行小导管注浆,从管片预留孔向外打孔注浆(水平位置以上 3 块管片,每块一个孔),孔深 3 m,采用 $\phi$42 钢花管,压注水泥浆,水灰比 1∶1,注浆压力控制在 0.3～0.5 MPa。

加强对设备保养,备足易损件,保证盾构平稳掘进,避免停机。

4. 应急预案及措施

1)应急预案

(1)盾构机必须停止掘进的情况

①盾构前方发生坍塌或遇到障碍;

②盾构自转角度过大;

③盾构位置偏离过大;

④盾构顶推力较预计的过大;

⑤盾构掘进扭矩发生异常波动;

⑥管片防水、运输及注浆遇有故障等;

⑦动力系统、密封系统、控制系统等发生故障;

⑧当管片发生严重开裂或严重错台时。

(2)地面发生较大沉降

地面发生较大沉降分为两种情况,一是地面沉降发生在盾构前方,另一种是地面沉降发生在盾构经过区。

①沉降在盾构前方

a. 盾构司机应停机保压(根据地质条件确定保压压力、保压期间时刻关注地面沉降情况)。

b. 在第一时间将相关情况报告值班领导,值班工程师应各司其职,首先将地面较大沉降甚至坍塌部位进行封锁,并与政府相关部门联系,禁止车辆通行。

c. 组织人力及物资对较大沉降处进行填充,如有必要,进行加桩加固。

d. 在进行加固平整后,盾构机方可通过,在通过时,掘进速度不宜过快,控制好刀盘转速,以减小对土体扰动,同时加大同步注浆量,及时进行二次补偿浆液(具体配比根据地质进行调配)。

e. 盾构机通过后,对沉降地面进行恢复。

②沉降在盾构通过段(针对地面沉降较大甚至坍塌、冒浆)

a. 根据监测数据确定沉降量,如该地面下的洞内已进行二次注浆,同时地面进行填充恢复。

b. 如地下的洞内措施未进行到二次注浆,则应及时进行二次注浆,注浆的凝固时间应选较短的双液浆,同时地面进行填充恢复。

(3)建(构)筑物发生倾斜

如发生在盾构前方,则应立即停机,并进行保压,报告值班领导,封锁建筑物周边区域,减少对土体的扰动,防止建筑物的更大倾斜,同时采取措施,将建筑物进行暂时固定。另外应将建筑物进行恢复和加固工作。

如发生在盾构机已通过地带,除无须停机外,其他措施与同前。

盾构通过建筑物下方时,应控制好掘进参数、刀盘转速等,增加同步注浆、及时进行二次注浆。

(4)建(构)筑物裂缝

若发现建筑物裂缝情况,应立即进行建筑物监测。监测内容包括建筑物的四角、大转角处及沿外墙每 10～20 m 处,设置监测允许值及警戒值。

①在允许值内的措施：保持盾构开挖面的稳定，即调整掘进参数（刀盘和土舱压力、排土量和推进速度、螺旋机转速、千斤顶总推力、注浆方式、盾构姿态及管片拼装偏差等）；同步注浆和二次注浆，减小和防止地面沉降；盾构推进时控制好姿态，避免盾构上浮、叩头或后退等现象发生。纠偏时不宜操之过急，以减少地层损失和地面沉降量。

②在警戒值时的措施：加固盾构周围土体，防止土体松弛和扰动，控制盾构上部地层的变形；隔离因盾构掘进而引起的地基变形，可在建筑物与盾构之间施工隔离帷幕排桩；加固建筑物的地基，提高地基强度和承载力，控制建筑物沉降；严格控制盾构机出土量及掘进参数；同步注浆及二次注浆及时跟进；根据实际情况向土舱注膨润土或选择用聚合型泡沫剂改良渣土。

2)应急措施

(1)地面坍塌应急措施

当施工现场发现地面坍塌，在初步分析问题原因后，应果断采取以下措施，以制止地表沉降扩大化，确保盾构机安全通过沉陷区域。

①若地表存在水源，则尽快拦截塌陷四周的地表水，防止地下水进一步渗入隧道内，减少隧道内的涌水量；及时对塌孔进行回填，尤其是漏水口处，回填密实，形成相对隔水层。

②严格控制推进速度及出土速度，维持开挖面土压平衡，减少地表沉降量。

③加大注浆量，确保地面沉降范围不再向前扩展。增加辅助添加剂量，改善渣土的和易性。

④加强监控量测，特别是出土量、土舱压力、注浆参数等，并及时根据监测数据调整掘进参数。

(2)建筑物倾斜、裂缝、倒塌应急措施

当施工现场发现建筑物有裂纹、倾斜甚至倒塌时，应立即报告应急救援领导小组组长，并立即下令停止作业，组织施工人员快速撤离到安全地点。

当建筑物发生坍塌后，造成人员被埋、被压的情况下，应急救援领导小组全员上岗，除应立即逐级报告给主管部门之外，不应保护好现场，在确认不会再次发生同类事故的前提下，立即组织抢救受伤人员。

当少部分坍塌时，现场抢救组专业救护人员要用铁锹进行掘土，并注意不要伤及被埋人员；当建筑物整体倒塌造成特大事故时，由政府应急救援领导小组统一领导和指挥。要采用吊车、挖机进行抢救时，现场要有指挥并监护，防止机械伤及被埋或被压人员。

(3)建筑物下沉应急措施

建筑物发生下沉后，必须立即通知房屋内人员紧急疏散且进行封闭，并对周边 50 m进行封闭和设置警示标志，以免危及车辆或行人的安全。为防止车辆拥堵，道路封闭后，应立即组织人员在周围交通路口指挥交通。

若由于隧道下沉引起地面下沉，则立即组织应急小组根据应急预案对房屋进行注浆加固。在隧道内架设钢支撑，并对隧道四周进行双液浆加注，防止下沉继续加剧。

若由于市政雨水、污水、自来水管断裂，则须在事故发生后立即通知相关部门，迅速将水源切断，以免渗漏的大量水进入隧道周边土体，进而加快隧道、建筑物及地面下沉。并配合市政进行抢险。

对于下沉建筑物，应确保不再下沉后将塌陷处开挖，对塌陷位置进行恢复。恢复主要采用注浆加固、抬升。

(4)出渣超方应急措施

保持盾构连续均衡通过此段，避免因掘进速度过慢或停止掘进反复扰动土层导致掌子面和隧道上方土体失稳，进而影响正线上方管线和建(构)筑物周围土体的密度，提前做好地面跟踪注浆及洞内注浆的准备工作，根据盾构掘进参数的变化情况和出渣量等注浆，洞内注浆利用管片上的注浆孔向管片背后进行注浆。水泥、水玻璃浆液体积比为1∶1，水泥采用P.O 42.5普通硅酸盐水泥，水泥浆水灰比为1∶1，最大注浆压力控制在3 bar左右。

(5)管线沉降应急措施

①当管线发生沉降时(检测值达到黄色预警值)，应急救援领导小组应到现场及时处理，并制定相应的处理方案及采用注浆加固等有效措施，跟踪监测，控制事态发展。

②当管线发生较为严重沉降时(监测值达到橙色预警值)，项目部应及时组织人员进行抢险，停止盾构掘进，同时采取注浆加固等有效措施控制事态进一步恶化，并按汇报程序向业主、监理工程师和相关地方政府和行业部门汇报。

③当管线发生严重倾斜或沉降时(监测值达到红色预警值)，首先保护好现场，停止盾构掘进，立即向上级单位上报时间、地点、初步原因、范围、估计后果。应急领导小组指挥抢险人员赶赴现场，疏散人群，交通疏解，通知专业抢险人员，实施抢险。

#### 3.2.11.2 盾构下穿市政管线

九静区间位于李沙路下方，李沙路为青岛市交通主干道，埋深浅，自稳能力差，管线复杂。场地范围内存在给水、雨水、污水、路灯、热力、通信、燃气、电力等管线，地下管线主要沿线路及两侧绿化带敷设。盾构掘进地层大部分为角砾层，该层分选性差，颗粒级配差，均匀性差，隧道洞顶上5 m范围内覆较薄粉质黏土层和很厚的中粗砂层，水量大。通过地形地貌条件分析，该处为低洼山谷地段，周边均为山地，该段地下水补偿来源广，地下水丰富，承压。粉质黏土受地层水长时间浸泡，失去隔水作用，盾构掘进过程中地表极易沉降，控制难度大。

天然气管为DN273钢管，埋深1.11m；热力管为DN720×2钢管，埋深1.32 m；给水管为DN300铸铁管，设计压力0.6 MPa，流量800～1 000 $m^3/h$，埋深1 m；污水管线为DN300铸铁管，设计压力0.6 MPa，流量800～1 000 $m^3/h$，埋深1 m；雨水管为600 mm×800 mm和700 mm×700 mm两种混凝土管道，埋深1 m，所有管道都沿九水东路敷设。

应对措施如下：

(1)增加对管线监测点布置，盾构穿越时加强监测频率，同时也要及时对隧道内成型管片的拱顶拱底沉降、收敛变形等进行监测。

(2)合理设定推进参数，严格控制出土量，保证同步注浆量，确保不超挖。

(3)为确保管线不因盾构施工发生沉降原因造成管线破坏，对区间范围采用地面预加固注浆措施。加固方式：拱顶以上5 m，拱顶以下3 m，隧道正线两侧3 m，注浆孔间距为1.5 m×1.5 m，梅花形布置。注浆材料采用双液浆+单浆液组合，最外侧两排注浆孔采用水泥-水玻璃双液浆，内侧采用水泥浆，注浆压力0.2～0.5 MPa，浆液强度等级不小于 M10。有管线区域采取避开管线打孔和斜向打孔注浆。施工过程中增加管线沉降监测点，加强监测。

(4)盾构严格按照设计轴线推进，控制管片间隙，尽量减少纠偏量和频率，防止因扰动、超挖及地层损失过大而引起的地面沉降和变形。

(5)施工前探明核实管线的位置、埋深、材质等详情，做好管线交底工作。

(6)在管线下穿过程中，要及时同产权单位沟通联动，加强现场值班，确保管线安全。

(7)做好应急预案。

#### 3.2.11.3　盾构下穿排洪渠

左线盾构机于 ZDK23＋940～ZDK24＋110 下穿南九水河排洪渠。

1. 风险点

拱顶以上覆土为中粗砂、粉质黏土和素填土，河底以下素填土、粉质黏土和砂层一直在水中浸泡，地层中水在长期的流失和补给过程中把地层中的细小颗粒全部带走，导致河底以下地层土壤之间的孔隙变大，地层相对疏松。盾构机通过时对地层扰动大，尤其是自稳性极差的砂层，土压平衡盾构机施工时土舱压力过低易造成地面沉降或塌陷，且南九水河中的水向掌子面汇集，导致盾构施工过程中出现喷涌等，造成二次沉降或塌陷；土舱压力过高则易击穿拱顶覆土，导致南九水河中的水流向掌子面造成河底及周边地面沉降或塌陷，影响周为管线安全，引起连锁反应，风险极大。

2. 应对措施

区间侧穿南九水河排洪渠段先清淤 0.5 m，堆放沙袋一层，铺设 PVC 卷材，再在上堆放沙袋一层至原渠底高程。PVC 防水板的搭接焊缝应采用双焊缝，每条焊缝的有效宽度不应小于 10 mm；两幅 PVC 防水板的搭接宽度不应小于 100 mm，下部 PVC 防水板应压住上部 PVC 防水板。河底处理要在枯水季节完成施工。

#### 3.2.11.4　盾构下穿上软下硬地层

九静区间于 YDK23＋772～YDK23＋805、ZDK23＋866～ZDK23＋913、YDK24＋013～YDK24＋047、YDK24＋142～YDK24＋230 段穿越上软下硬地层，主要位于九水东路下方，长度约 202 m，岩石最大硬度 177 MPa。岩土类型主要有粉质黏土、中粗砂、碎石土、强风化凝灰岩、中风化凝灰岩、微风化凝灰岩。

1. 风险点

此段盾构区间洞身上部均为软土地层，下部均为微风化凝灰岩(岩石强度平均在 100 MPa 左右)，地层水量大。其中左线正穿热力管线，右线侧穿加油站、正穿市政管线和电力铁塔。盾构掘进过程中掘进速度慢，对地层扰动大，易造成超挖，地表极易沉降，导致建构筑物开裂倾斜及管线破损渗漏。地层上下强度不均可能导致盾构机偏移或被卡住、蛇行推进，注浆不及时易产生地面沉降甚至塌陷、隧道管片破损以及盾构机损坏等问题。此段盾构施工对刀具磨损大，增加换刀风险。

2. 应对措施

(1)地表进行袖阀管预注浆加固。

①地质特征：地表主要分布第四系全新统人工素填土、杂填土，厚度不大，一般 1.0～3.0 m，稍湿，松散～稍密，均匀性差，透水性强；陆相冲洪积粉质黏土，可塑状，局部呈硬塑状，土质较均匀，厚度中等，透水性差；陆相冲洪积中、粗砂，饱和，中密～密实，

连续分布，厚度较大，均匀性较好，富水性好，为场区范围内主要含水层之一，透水性强；上更新统陆相冲洪积粉质黏土，硬塑状，局部呈可塑状，土质不匀，混多量中粗砂，连续分布于场区范围内，透水性差，地层结构均匀。下伏基岩主要为白垩系青山群凝灰岩，包括强风化凝灰岩、中风化凝灰岩、微风化凝灰岩。受区域性构造运动的影响，场区范围内局部节理、裂隙密集发育，包括中风化凝灰岩（碎裂状）、微风化凝灰岩（碎裂状），承载力高，压缩性低。地下水为第四系孔隙水，局部可能具有微承压性，富水性好，水位高程 4.0～8.0 m，地下水对混凝土结构具有微腐蚀性，在长期浸水条件下，对混凝土中的钢筋具有微腐蚀性；在干湿交替条件下，对混凝土中的钢筋具有弱腐蚀性。

②地表注浆加固范围：横向，隧道结构线两侧 3 m；竖向，为避免对地下管线影响，加固范围为隧道拱顶以上至地面下 3.5 m；拱底以下 5 m，遇强风化岩即止。

③注浆参数：注浆孔扩散半径 1.1 m，注浆孔采用水泥-水玻璃双液浆，内侧采用水泥浆。注浆压力 0.2～0.5 MPa，浆液强度等级不小于 M10。注浆时压力逐步升高，当达到设计终压时继续注浆 10 min 以上，注浆结束时的进浆量一般在 20～30 L/min 以下，每 20 m 左右用双液浆分隔。经注浆加固的岩体渗透系数不大于 $10^{-6}$ cm/s。注浆完成后，应钻取检查孔进行验证，地面注浆 200 $m^2$ 以内取芯 3 孔，地面注浆面积每增加 50 $m^2$ 增加 1 个取芯孔，用于校验单孔出水量和岩体注浆的饱满程度；每 100 $m^2$ 选取 1 个检查孔进行压水试验，检查孔涌水量小于 0.2 L/m·min。加固后地层的无侧限抗压强度应不小于 0.8 MPa，若达不到要求，则需要对不合格区域重新注浆，并再次检验。检查孔取样位置宜选在浆液有效扩散半径中点，同一地层取样数量不应少于 3 组，每组试件不应少于 6 个。

(2)合理确定推进参数：盾构推力为 7 000～10 000 kN，刀盘扭矩为 2 500～4 000 kN·m；盾构穿越期间刀盘低速运转，转速为 1.0～1.5 r/min；土舱压力理论值为 0.7～1.0 bar。为了减小盾构穿越过程中对地下土体的扰动，便于及时调整盾构的姿态，并结合盾构施工经验，推进速度初步定为 5～10 mm/min，及时根据监测结果及出渣情况动态调整控制速度，保证盾构连续匀速掘进。

(3)同步注浆：采用盾尾壁后注浆方式。注浆要做到与掘进同步，即“掘进、注浆同步，不注浆、不掘进”，通过控制同步注浆压力和注浆量来确定注浆时间，注浆压力控制在 0.25 MPa 左右，每环注浆量不少于 6.5 $m^3$。

(4)二次注浆：由于同步注浆浆液凝固后体积会产生一定程度的收缩，为有效防止产生后期沉降，应根据地面沉降监测情况在隧道内采取二次注浆。二次注浆的具体方法是把管片上的注浆孔打开使用二次注浆机注双液浆，封堵管片背后的空腔。为保护成型隧道管片，注浆压力为 0.8 MPa，注浆配比为水泥∶水∶水玻璃＝1∶0.7∶0.2。注浆过程中要根据地面沉降数据的反馈情况，实时调整注浆参数。

(5)加强地面和隧道内的监测测量，沉降超过警戒值及时进行分析并采取措施进行处理。

(6)如果有条件可采用地质雷达对地面下的空洞进行探测，防止地面坍塌。

(7)及时了解施工区掌子面前方的地质条件，适时对不良地质体进行超前地质探测和超前地质预报。

(8)上软下硬地层易出现盾构“抬头”，施工时合理控制上下千斤顶的推进油缸，选用重型破岩刀具。

(9)加大发泡剂比例，以改善土体的流动性及土舱的温度，降低温度有利于刀具的磨损和偏磨。

(10)因掘进速度受限容易多出土，施工时以盾构机进尺来控制出土量防止超挖，同时保证盾尾回填注浆。

(11)建立项目部应急小组，制定防坍塌专项应急措施，每次作业前进行班前交底培训，与管线产权单位建立紧急联络机制。

(12)在掘进至上软下硬地层时，地面采用钢板跟随移动。

(13)盾构在软硬不均地层中掘进，渣土温度控制为(45±5) ℃，渣土温度每环要测量 3 次。盾构掘进过程中液压油的温度应小于 60 ℃。当渣土温度过高时，需要分析渣样，防止形成泥饼。当盾构液压油温度过高时，可采用向冷却塔内放置冰块等辅助措施来降低其温度。

(14)做好设备配件及物资供应工作。

①盾构机刀具和换刀工具提前落实到位，施工现场要备有一定数量的刀具。

②易损部件、盾构机上不通用部件要有备料。

③对于供货周期时间长、市场供货渠道少和非易损的配件，要做好相应的物资储备。

(15)掘进应注意控制盾构姿态的变化，并且在此段地层中尽量使盾尾间隙均匀。管片选型和盾构姿态要尽量符合设计线路的要求。在盾构纠偏时，要注意避免每次纠偏过大。当发生盾构机“抬头”无法下压姿态的时候，建议开舱检查边缘刀具的磨损情况。

#### 3.2.11.5　*盾构下穿浅埋砂层段*

九静区间于 YDK24+230～YDK24+452.5、ZDK24+100～ZDK24+489.4 段穿越浅埋砂层段，主要位于九水东路下方，长度约 798.9 m。

1. 风险点

(1)区间正穿地层为碎石土及少量粉质黏土，强度较小，盾构姿态不易控制。拱顶为厚度约 5 m 的中粗砂层，厚度较大，水量大，局部夹杂粉质黏土透镜体。通过地形地貌条件分析，该处为低洼山谷地段，周边均为山地，该段地下水补偿来源广，地下水丰富，承压。盾构掘进过程中极易沉降，控制难度大。

(2)该段区间位于 S211 省道正下方，现状道路为双向四车道，车流量较大，大型货车较多，路面在行车荷载、气候(雨水、雪水)等因素的共同作用下会形成裂缝。

(3)盾构穿越砂层段隧道上方存在燃气管线、热力管线、给水管线、雨水管线、通信管线，若地表发生沉降存在较大风险。

(4)盾构侧穿建筑物年代久远，房屋基础处于隧道斜上方，盾构施工时极易引起局部沉降，导致房屋开裂。

2. 应对措施

(1)袖阀管注浆：加固范围为拱顶以上 3 m，拱顶以下 1 m，隧道正线两侧 3 m。袖阀管注浆孔间距为 1 m×1.5 m，梅花形布置，扩散半径 0.75 m。注浆材料采用双液浆+单浆液组合，最外侧两排注浆孔采用水泥-水玻璃双液浆，内侧采用水泥单液浆。注浆压力 0.3～0.5 MPa，浆液强度等级不小于 M10，注浆范围长度每 20 m 左右用双液浆分隔，有管线区域采取避开管线打孔和斜向打孔注浆。

(2)拟定掘进参数:盾构穿越地层为粉质黏土及碎石土地层,强度较低,盾构推力为7 000～11 000 kN,刀盘扭矩为2 500～4 000 kN·m;拱顶地层为中粗砂,含水量大,盾构穿越期间刀盘低速运转,转速为1.0～1.5 r/min;土舱压力理论值为0.8～1.0 bar。为了减小盾构穿越过程中对地下土体的扰动,便于及时调整盾构的姿态,并结合盾构施工经验,推进速度初步定为30～50 mm/min,及时根据监测结果及出渣情况动态调整控制速度,保证盾构连续匀速掘进。

(3)加强对设备保养,备足易损件,保证盾构平稳掘进,避免停机。

(4)及时掌握开挖面的地质情况和出土量,防止超挖造成地表塌陷,每环出土量控制在46～48 $m^3$(松散系数1.1>渣斗车三斗)。掘进时应该严格按照一斗一记录,并对照实际行程量来检验出土量是否受控,若实际行程量比理论少于80 mm,在下次掘进时要加以控制,减少出土量,从而保证整环出土量受控。若出现出土量异常,应加强监测并及时采取注浆等补救措施。

(5)增加对建筑物及管线监测点布置,盾构穿越时加强监测频率。及时对隧道内成型管片的拱顶拱底沉降、收敛变形等进行监测。

(6)每环理论出土量为46.44 $m^3$,严格控制出土量,确保不超挖。同步注浆为每环6.8～8 $m^3$,注浆压力以保证足够注浆量的最小值为佳,设定为0.2～0.4 MPa,根据推进情况可适时调整。

(7)管线穿越后及时进行二次注浆,沿封顶块、邻接块注浆孔进行注浆加固。二次注浆采用1∶1的双液浆,注浆材料采用P.O 42.5级普通硅酸盐水泥,注浆压力小于0.3 MPa。

(8)盾构要严格按照设计轴线推进,严格控制管片间隙,尽量减少纠偏量和频率,防止因扰动、超挖及地层损失过大而引起的地面沉降和变形。

(9)施工前,探明核实管线的位置、埋深、材质等详情,做好管线交底工作。

(10)在管线下穿过程中,要及时同产权单位沟通联动,加强现场值班,确保管线安全。

#### 3.2.11.6 盾构下穿电力设施

1. 电力设施分布情况

区间沿线布设有10 kV和35 kV电力杆,分混凝土电力杆和电力铁塔两种,基本处于线路正上方和边缘。其中,10 kV混凝土电力杆长12 m,基础长1.5 m×宽1.5 m,埋深1.9 m;10 kV电力铁塔基础长4.2 m×宽4.2 m,埋深4.5 m;35 kV电力铁塔基础长6.9 m×宽6.9 m,埋深3.25 m。

(1)九静区间

九静区间地表沿线建立有19根高压电力杆(35 kV杆6根,10 kV杆13根),1座信号塔,1座变压器(500 kVA杆变)。其中,9根电力杆和1座变压器均在正线上方,10根电力杆和1座信号塔在线路边缘。

九静区间左线拱顶距离电力杆基础距离为2～7.9 m,电力杆基础在素填土和粉质黏土中;右线拱顶距离电力杆基础距离为3.5～7.9 m,电力杆基础在素填土和粉质黏土中。

(2)静沙区间

静沙区间地表沿线建立有6根高压电力杆(35 kV杆1根,10 kV杆5根),2座变压器(630 kVA 箱变 1 座，500 kVA 杆变 1 座)。其中，电力杆均在正线上方，2 座变压器在左线边缘。

静沙区间右线拱顶距离电力杆基础距离为 5.35～13 m，电力杆基础在素填土和粉质黏土中；左线拱顶距离变压器基础距离为 8.5～10.54 m，变压器基础在素填土和粗砂中。

2. 应对措施

(1)地表措施

①区间隧道通道开挖前，须对盾构下(侧)穿电力设施基础下埋设注浆袖阀管进行预注浆加固，袖阀管采用约 45°倾角斜向打设，注浆深度至基础以下 3 m，每次注浆后及时冲洗袖阀管，以便下次注浆使用。注浆管采用 $\phi$50 mm 袖阀管，间距 500 mm×500 mm，梅花形布置。

②注浆浆液为水泥浆液，初拟参数：水泥浆液水灰比 0.8∶1～1∶1，注浆压力0.2～0.4 MPa，施工中应根据地质情况，并通过试验确定相关施工参数。

③加固后地层的无侧限抗压强度应不小于 1 MPa，若达不到要求，则需要补注浆液。

④在注浆过程中应严密监测建筑物基础，注浆时注浆压力不能过大，以免注浆压力影响建筑物基础等；应在适当的位置检查注浆效果，并检查结果，调整注浆压力等有关施工参数。

⑤施工前应认真调查建筑物基础位置及埋深，确保施工不影响建筑物安全。施工中应随时记录钻孔及地层的有关地质参数，并根据地质参数确定及调整注浆压力和工程措施等。

(2)洞内措施

①采用优化盾构掘进参数，满土压掘进，掘进速度不应大于 0.5 m/h，以确保开挖面稳定。

②及时同步注浆，并加强洞内二次注浆，以减少盾构对土体的扰动影响。

③使用辅盾泥，中盾、前盾和盾尾均有预留径向孔，其中前盾 6 个，中盾 8 个，盾尾 6 个。选择在盾体径向注浆孔注入辅盾泥，注入点为上部两个径向孔单点连续注入，其余点位多点注入。由于盾构开挖直径 6 280 mm，盾尾直径 6 230 mm，每推进 1 m 会产生 1.19 $m^3$ 的间隙，则每掘进一环注入约 1.8 $m^3$。根据盾构掘进的速度、掘进时间，适当调整辅盾泥注入速度、注入时间，保证掘进、注入同步，不注入、不掘进。

④加强地面变形检测，做好信息化施工。

## 3.2.12　施工风险控制

### 3.2.12.1　盾构穿越断裂带

1. 风险因素分析

本区间穿越多条断裂带，由于断裂带中岩石破碎，地下水丰富，盾构穿越断裂带时易发生喷涌、掌子面坍塌等情况。为确保盾构安全顺利通过断裂带，在地表条件允许的情况下采取钻探方式进行补勘，条件不允许的情况下采取洞内超前地质预报方式进行补勘，补勘数据作为参考，便于盾构掘进过程中采取相应的控制措施，以防止地面沉降及喷涌的发生。

2. 盾构掘进技术措施

(1)在盾构穿越断裂带过程中，应采用连续掘进方式，在最短的时间内通过断裂带，把盾构掘进对地面的影响降到最低。

(2)采用微扰动掘进模式，将掘进速度控制在 15 mm/min 之内，同时将土舱压力变动幅度控制在±0.1 bar 之内，这样盾构机无论是掘进状态还是停机状态，均可以相对维持土舱压力与掌子面的平衡，避免土压大起大落，产生对掘削地层的扰动，从而达到控制沉降的目的。在此地层采用微扰动掘进模式，可在不扰动原始地层下改变地层原始结构，防止由于地层应力释放而发生沉降。

3. 控制措施

(1)施工前详细勘探断裂带的地质情况以及周边建(构)筑物情况，分析其地质情况是否与详勘报告相符，对其基础情况等建立分析表格，随时测量跟踪地表沉降情况。

(2)盾构机到达断裂带前，所有设备进行彻底的检查和维修，确保盾构机以良好的状态顺利穿过断裂带。

(3)盾构机掘进时，控制掘进速度，同时减小土舱压力变动幅度，主要是利用螺旋输送机排土机构进行与盾构推进量相应的排土作业。掘进过程中，通过对螺旋输送机速度的控制来维持开挖土量与排土量的平衡，以保持正面土体稳定，并防止地下水土的流失而引起地表过大的沉降。

(4)盾构在过断裂带中时采用每环进行壁后注双液浆的方式注浆。一是保证管片在短时间内稳定；二是保证管片壁后与隧道围岩之间短时间内凝固并充填密实，堵住后面来水，预防盾构机后面来水涌入刀盘前方造成喷涌的可能，造成出土量无法得到控制；三是保证盾构过后的后期沉降。在同步注浆不足的情况下，掘进结束后进行二次注浆进行补充，保证管片与围岩间充填密实。

(5)盾构在掘进过程中经常会遇到喷涌问题，造成出土量无法控制超过理论计算量，出土超量造成地面坍塌事故的发生。针对喷涌，可以采取以下几种措施防止：

①出现喷涌，立即关闭螺旋输送机后门，适当向前掘进，使土舱内建立平衡，通过刀盘的转动将土舱内的土体搅拌均匀，然后将螺旋输送机后门慢慢打开，开门度约为20%，流出的渣土随传送带带走，然后边掘进边出土，始终保持土舱内压力稳定。

②向刀盘前掌子面注入膨润土(膨润土以悬浮液的形式加入，其体积使用量为 25%～40%)，在刀盘前形成一层厚厚的泥膜，阻止地下水的涌入。同时，向土舱注入化学改良剂如高分子吸水材料，用刀盘充分搅拌以改良渣土。

③通过管片进行双液二次注浆，形成止水环，尽快封堵隧道背后汇水通道，阻断来自盾尾后方的水流。

④尽量保持连续掘进，避免掌子面前方土体内部形成流水通道。

3.2.12.2 高压电断电

1. 风险因素分析

本盾构机掘进施工为带压掘进，若发生断电情况，前舱压力不保，则可能造成掌子面塌方，以致地面塌陷。

2. 控制措施

(1)若遇到高压断电情况，断电时间短可用盾构机配备的储气罐为前舱提供压力补偿，若长时间断电，则须启动应急发电机，为盾构机提供临时电源。

(2)定期对应急发电机进行检查，确保燃料充足，随时可以启动。

(3)断电期间通过备用电源启动控制室内监控系统，随时注意掌子面压力变化，以便压力变化较大时采取可行的保压措施。

(4)在盾构机上配置必要的医疗设备，如担架、医药用品等。

#### 3.2.12.3　管片上浮

控制措施如下：

(1)施工期间严格控制隧道轴线，使盾构沿着设计轴线推进，每环均匀纠偏，减少对土体的扰动。

(2)提高同步注浆质量，要求浆液有较短的初凝时间，使其遇泥水后不产生劣化，并要求浆液具有一定的流动性，能均匀地布满管片一周，及时充填建筑空隙。

(3)加强隧道纵向变形监测，并根据监测结果进行针对性的注浆纠正，如调整注浆部位及注浆量，配制快凝及提高早期强度的浆液。

(4)当发现管片上浮量较大且波及范围较远时，应立即采取对已拼装完成管片补压浆措施，以切断泥水继续流失路径。补压浆要求均匀，压浆后浆液成环状。

#### 3.2.12.4　螺旋机喷涌

1. 风险因素分析

土压盾构喷涌的原因主要有富水断裂层开挖面充水、盾构不能连续掘进(时间)、已成盾构隧道同步注浆液没有完全充实衬背空隙以致留下流水通道等。

2. 控制措施

(1)在关闭螺旋输送机的情况下继续掘进，让切削下的土体挤出土舱内的水，但要预防舱内压力过高，造成盾构机前方隆起、冒浆等。

(2)提前采用气压平衡模式掘进，但要预防发生漏气事件。

(3)加入高浓度泥浆、泡沫或聚合物，改善土体和易性，使土体中的颗粒和泥浆成一整体。

#### 3.2.12.5　刀盘磨损严重

(1)加强刀具的日常检查与更换，严格按照刀具管理办法执行。

(2)掘进过程中随时观察刀盘的各项参数(转速、扭矩、推力、贯入度等)，发现异常及时停机检查刀盘，及时维修。

(3)一旦在不良地段进行刀具的检查和更换，或者对刀盘进行维修，需要确保前方地质安全，如果需要到刀盘外部进行作业，务必对围岩进行临时加固措施，对人员工作区域进行临时防护，确保人员安全。

#### 3.2.12.6　拱顶坍塌

1. 风险因素分析

本区间所处第四系地层较厚，地下水为基岩裂隙水，雨季地下水丰富。区间隧道基本处于中风化及微风化地层中，且局部区段围岩较破碎，易发生拱顶坍塌。

2. 控制措施

(1)保持盾构开挖面的稳定。盾构开挖面的稳定可以通过调整掘进参数来控制，根据不同的地层及周边环境状况设定相应的掘进参数。掘进参数主要有刀盘和土舱压力、排土量和推进速度、螺旋机转速、千斤顶总推力、注浆压力与时间、注浆量方式、浆体性能、盾构坡度、盾构姿态和管片拼装偏差等。调整施工参数必须熟练掌握盾构机的操作技能,根据地面变形情况进行监测反馈,以验证选择施工的合理性或再调整、优化施工参数。通过设定推进速度来调整排土量或者设定排土量来调整推进速度,以求得土舱压力与地层压力的平衡。

(2)同步注浆与二次注浆。为了减小和防止地面沉降,在盾构掘进中,要尽快在脱出盾构后的衬砌背面环形建筑空隙中充填足量的浆液材料。根据地质条件,浆液配比、注浆压力、注浆量及注浆起止时间对同步注浆达到预期效果起关键作用。浆液具有较快的凝固性,能够限制后期沉降,二次(或多次)注浆弥补了同步注浆的不足,是减小地表沉降的有效辅助手段,可使盾构在穿越建筑物、道路及地下管线时,大大减小地面沉降。在衬砌背后实施二次注浆,重点对拱部120°范围进行施作。

(3)根据建筑物的结构类型、建筑物对沉降的敏感程度及沉降的允许值制定建筑物及地面变形的警界值。建立完善的监测网,及时反馈信息,及时进行跟踪注浆或补充注浆,适当调整砂浆配合比,以加快其凝固时间。掘进过程确保砂浆注入量,开挖面与管片之间的间隙能及时得到填充;严格控制砂浆的注入速度,砂浆注入过程要均匀、连续,与掘进同步进行。

(4)盾构在曲线上推进时,土体对盾构和隧道的约束力差,盾构轴线较难控制,因此推进速度要放缓、纠偏幅度不要过大、加大注浆量、加强纠偏测量工作等,减少超挖、减小地层损失,降低地面沉降量。

(5)加强机械检修养护,建筑物下进行快速掘进。

(6)控制好盾构姿态,避免盾构大幅纠偏、上浮和"嗑头"等现象发生。

(7)掘进过程中注意发泡剂及水的合理使用,加强对刀具的润滑,保证掘进顺利,同时泡沫中的水有冷却刀盘作用,能有效阻止泥饼的形成。

#### 3.2.12.7 卡盾体

盾构机掘进过程中若需长时间停机,则停机前通过盾构机身预留注浆孔有计划地向盾壳外注入膨润土、泡沫等润滑机身,避免因盾构停机时间过长造成盾体抱死。在恢复施工前重复注入润滑浆液后开始试推进,推进过程中缓慢加力,直至推进速度开始增加。

## 3.3 特殊地层复杂环境下长区间盾构单向掘进施工

### 3.3.1 工程概况

青岛地铁1号线起于峨眉山路站,连接黄岛区、市南区、市北区、李沧区和城阳区五个市辖区,止于东郭庄站,总体呈南北走向。青岛地铁1号线线路全长60.11 km,全部为地下线;共设置41座车站,全部为地下车站。其中,汽车北站～流亭机场站盾构区间全长3.1 km,为青岛地铁1号线最长机械作业区间和关键线路,盾构始发区与接收区地质复杂、地下管网密集、地下水丰沛且水位高,沿线地质为破碎带、富水砂层及上软下硬等特殊地层,下穿青岛市水位线最高的白沙河、多条城市主供水管线、加油站及建筑群等复杂环境;同时,复杂环境及地质条件下长区间地铁盾构单向掘进施工中,对盾构本体关键部件、施工工序、姿态控制及定向等方面都有着极高的挑战。

青岛地铁 1 号线土建二标 07 工区线路总长 4.105 km，总投资 5.08 亿元，主要包括“一站两区间”，其中盾构区间全长 4.1 km，地质复杂，技术难度大，施工风险高。本节基于青岛地铁 1 号线中最长机械作业区间和关键线路（汽车北站～流亭机场站盾构区间）施工中所面临的技术难题，对特殊地层复杂环境下地铁复合式盾构长区间单向掘进关键技术展开深入研究，研究成果将有助于复合式盾构机在城市复杂环境中的推广应用。

1. 特殊地层及复杂环境

地铁汽车北站是青岛地铁 1 号线第 33 个车站，位于双流高架南侧，沿重庆中路南北方向设置。站位东侧主要有青岛汽车北站、如家快捷酒店、青岛正康实业有限公司，跨重庆中路有新建过街天桥；西侧主要有青岛中法海润供水公司、工艺品公司及大量农田；南侧路西有加油站；北侧为双流高架路。车站主体结构为地下三层双柱三跨钢筋混凝土框架结构，地面平缓高差不大。车站长度为 153.0 m，车站标准段宽度为 22.1 m，站台宽度 13 m，总建筑面积为 14 741.3 $m^2$，覆土厚度 1.9～2.32 m，底板埋深 21.946～22.186 m；车站小里程端接瑞金路站～汽车北站区间，大里程端接汽车北站～流亭机场站区间，车站大小里程两端分别为相邻区间提供盾构始发条件。车站主体基坑南侧 7.7～19 m 范围盾构始发区域内有东西方向 1 条 DN1000、2 条 DN1200 铸铁上水管线。

汽车北站～流亭机场站区间（以下简称汽流区间）采用盾构法施工，起始里程 K58＋309.210，终点里程 K61＋344.255，左线包含长链 0.626 m，左线总长 3 035.671 m，右线包含长链 3.970 m，右线总长 3 039.015 m。在右 K58＋792.000、右 K59＋804.000、右 K60＋304.00、右 K60＋810.000 处设置联络通道，在右 K59＋250.000 处设置区间风井兼泵站及联络通道。线路南段位于重庆路西侧，现状道路宽约 65 m，区间出汽车北站向北穿越双流高架路基段、变电所、白沙河、机场用地等，止于流亭机场站。地形起伏不大，南高北低。白沙河为一级水源保护地，河道宽度约 238 m，河底裸露未硬化，河道两岸为砌石护堤，岸高 4～5 m，河道水深约 2～4 m。区间主要穿越中、微风化安山岩及流纹岩，含卵石粗砾砂层。沿线地下水主要赋存在第四系松散砂土层及基岩的裂隙中。填土层、砂层是主要含水层，并且均为强透水层，富水性中等。基岩裂隙水分布在基岩风化裂隙和构造裂隙之中，以构造裂隙水为主。

汽流区间隧道结构为圆形断面，管片外径为 6 m，内径 5.4 m，采用两台直径 6.28 m 复合式土压平衡盾构机自汽车北站向流亭机场站方向掘进，完成后吊出运回至汽车北站小里程，自汽车北站向瑞金路站二次始发掘进。

2. 长区间单向掘进

青岛地铁汽流区间长度 3.1 km，线路出汽车北站后先沿直线敷设，大约 800 m 后以半径 1 200 m 的曲线右拐进入区间风井，出风井后继续沿直线敷设约 1 110 m，该段线间距由 16 m 减小至 13 m，经过 4 号联络通道后以半径 800 m 的曲线左拐后沿直线进入流亭机场站。

区间纵断面整体呈 V 字形，出汽车北站后左、右线同时先以 26‰的坡度下坡 575 m，后以 5‰的坡度下坡 450 m 后在里程右 K59＋359.000 处达到线路最低点，经过最低点后线路先以坡度 5‰上坡 1 490 m，后以左线 27.942‰和右线 27.744‰的坡度上坡至流亭机场站。区间隧道拱顶埋深约 9.4～29.4 m。

该盾构区间全地层变化极大，复合式盾构机在长区间单向掘进过程中面临的难题可概括如下：

(1)特殊地层及复杂环境下复合式盾构机选型优化及快速施工是项目前期的重点及难点；

(2)施工过程中运输系统管理及盾构机易损件洞内更换是控制施工进度的关键点；

(3)长大隧道单向掘进过程中姿态控制及定向是施工过程控制中的难点。

## 3.3.2 关键技术

### 3.3.2.1 盾构机选型及本体关键部件优化创新技术

针对区间特殊地层及复杂环境特点，量身订制了两台复合式土压平衡盾构机投入施工，并对盾构机的重要系统和关键技术进行优化再设计。

1. 螺旋输送机第一节底部 120°可拆卸结构

(1)优化设计

螺旋输送机是土压平衡盾构机的重要组成部分之一，其作用是将盾构机最前端的刀盘切削下的渣土排出盾体，同时通过控制螺旋输送机的转速来调节前开挖舱内的压力，达到防止地表沉降的目的。由于螺旋输送机使用频繁，渣土经过螺旋输送机时会造成输送机的管壁磨损，尤其是当渣土中含有小颗粒材料时，因重力集中在管内的下端对管壁造成磨损，又因输送机为倾斜向上输送渣土，因此在螺旋输送机的第一节管道的底部磨损尤为严重。

现有土压平衡盾构机的螺旋输送机仅在第一节管道上部开有检查孔，用以检查螺旋叶片以及管道内部的状况，由于受盾构机内空间范围的限制，上部的检查孔对于管道底部的检查很难实现，只能待管道底部磨薄或磨穿后才能确认底部状况，造成底部检查困难，并且当底部需要修理时应将防涌门关闭，还须将螺旋输送机的螺旋叶片抽出，才能对磨薄或磨穿部位进行相应的维修如补焊等，修理难度极大，同时耗费时间长，效率慢，降低施工的整体效率。磨损严重的管道底部焊接质量也不能得到保证，使用时有可能出现渗漏水，影响盾构施工。

为了解决上述技术难题，对螺旋输送机进行优化设计，其底部为可拆卸结构，方便检修，同时设置有磨损检验装置，能及时查验磨损状况，更加方便、及时地进行检修。

螺旋输送机可拆卸结构包括管壁和封板。管壁的下端开有矩形窗口，窗口的四周边缘设有一圈开口朝向管壁外侧的止口，封板的周向截面为弧形，并且封板的四周设有一圈法兰，封板卡接在止口上，封板上的法兰紧贴在管壁的外侧通过若干紧固螺钉旋紧固定。封板与止口的底面之间设有一圈密封垫，封板的最低处母线上设有若干丝堵，丝堵密封连接在封板上，并且丝堵的前端面与封板的内壁平齐。

封板的四角位置均设有螺纹通孔。螺纹通孔与止口的底面相对，并且螺纹通孔位置对应的密封垫上设有垫孔，螺纹通孔上密封连接有封口螺钉。当封板正常使用时，封口螺钉密封连接在螺纹通孔上，当封板需要拆卸检修时，将封口螺钉拧下，另将长螺栓旋进螺纹通孔内直至顶在止口的底面上，然后将紧固螺钉全部卸下，继续旋转长螺栓使之顶在止口底面上，将封板在长螺栓的带动下反向顶出，直至封板从窗口的止口滑落，将封板卸下。封板的周截面内的圆弧侧壁夹角为 120°。封板的外壁上还设有板筋，板筋上设有吊装孔，以方便封板装卸。封板内壁的圆弧半径与管壁的圆弧半径相同。

止口的内侧壁上设有一圈凹槽，凹槽内设有密封圈，止口的内侧壁与封板的侧壁通过密封圈密封连接。密封圈进一步将封板与管壁之间密封的同时起到增加两者之间摩擦力的作用，同时还起到缓振的所用，防止紧固螺栓松动，增加封板与管壁的贴合紧固性。

丝堵的数量为 3 个，均布在封板上。丝堵的前端面与封板内壁平齐，当渣土流经封板表面产生磨损时，丝堵的前端面作为封板的一部分同样受到渣土的磨损。在盾构机例行的检修中，将 3 个丝堵取出观察丝堵的前端面磨损情况即可得出封板内壁的磨损情况。丝堵的设置方便工作人员对管壁下端即封板内壁的查验，确保封板内壁能得到及时的修补，提高检修的工作效率。

螺旋输送机结构如图 3-37 所示。

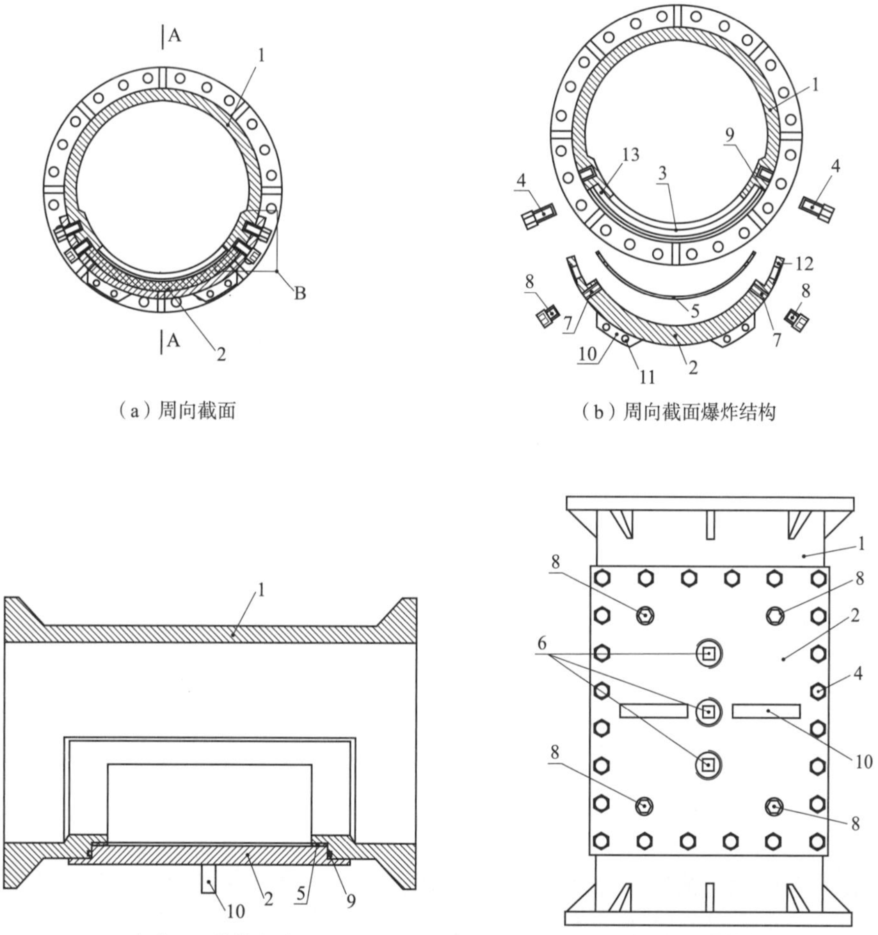


（a）周向截面

（b）周向截面爆炸结构

（c）A–A结构立面

（d）A–A结构俯视

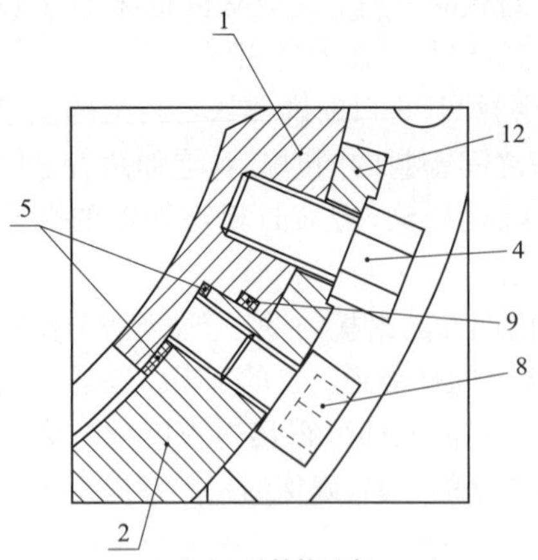

(e) B处结构示意

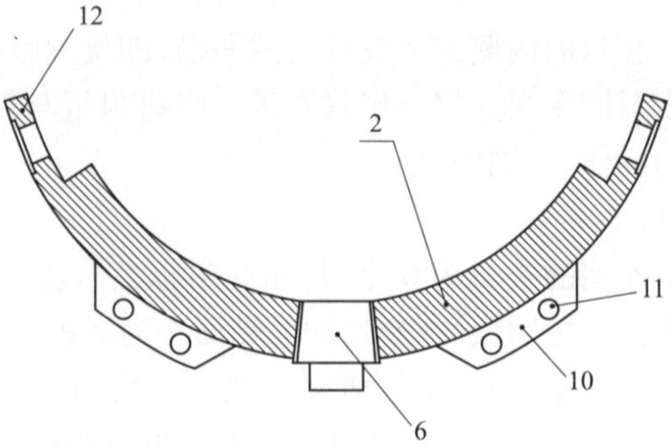

(f) 封板结构

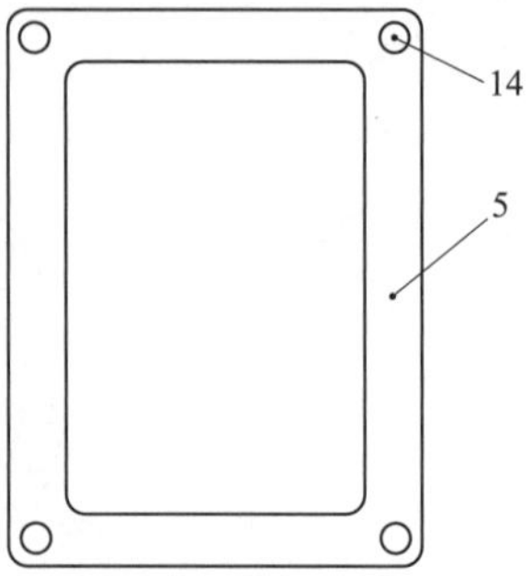

(g) 密封垫

图 3-37　螺旋输送机结构示意

1—管壁;2—封板;3—窗口;4—紧固螺钉;5—密封垫;6—丝堵;7—螺纹通孔;
8—封口螺钉;9—密封圈;10—板筋;11—吊装孔;12—法兰;13—止口;14—垫孔

(2)使用方法及原理

在例行盾构机检修中,工作人员将封板上的丝堵拆下,观察丝堵前端面的磨损状况并记录,根据磨损状况确认封板是否需要维修。

不需要维修时,将三个丝堵按照原先的排列位置重新密封安装在封板上即可。

需要维修时,将封口螺钉卸下后,在螺纹通孔内安装长螺栓备用,然后将封板一周的紧固螺钉卸下,旋转长螺栓将封板反向顶出,将封板卸下,随即对封板内壁磨损的部位进行及时补焊等维修操作。焊接完成后,将封板用千斤顶顶紧窗口的止口内,取下长螺栓,将封口螺钉重新密封连接在螺纹通孔内,丝堵安装在封板上,最后旋紧螺钉将封板固定在管壁的下端,即可正常运输渣土。

(3)使用效果

螺旋输送机优化构造部分简单合理,使用方便。将螺旋输送机的下端开设窗口,并用可拆卸的封板密封安装,同时在封板上设有丝堵,根据丝堵前端面的磨损度判断封板的内壁磨损度,同时丝堵方便拆卸,因此能对封板内壁磨损状况进行随时检查。封板的可拆卸密封结构保证封板需要维修时能更加方便,缩减了拆装整个管道的时间,提高维修的效率。丝堵与封板的配合使用保证管道底部能及时检验与维修,确保封板能在磨损度较低时即可进行维修，保障了维修后的质量，同时也降低了维修的难度系数。此外，封板的双重密封结构确保管道的密封性，进一步保证管道内的压力值准确。

2. 盾构机台车车轮

(1)优化设计

对盾构机台车车轮进行优化设计，在台车驶过隧道转弯处时，消除轮组与轨道因轨道转弯弧度造成的两者之间的扭矩力，确保台车安全行驶，提高安全系数。

优化后的盾构机台车车轮包括支撑架、两个轮轴和两个车轮。支撑架的上端通过螺纹与台车框架底面固定连接，两个轮轴平行设置固定连接在支撑架上。车轮包括轴套、轮毂和轮面层，轴套转动套接在轮轴上，轮毂固定套接在轴套上，轮毂的圆柱面两侧边处设有止动环，轮面层套接在轮毂上并且位于两个止动环之间，轮毂的圆柱面上设有与轮轴平行的通槽，轮面层的内壁上设有与通槽位置相对的限位键，限位键插接在通槽内滑动连接。轮面层内孔的两端均设有限位环，止动环的内侧设有一圈缓冲槽，限位环位于缓冲槽内。轮毂的圆柱面两侧位置还设有卡槽，卡槽与缓冲槽连通，卡槽内设有拉伸弹簧，拉伸弹簧的另一端固定连接在限位环的内侧壁上。

轮面层沿周截面分为左半环和右半环，左半环与右半环的对接面为锯齿状互相啮合。左、右半环内壁上的限位键数量均为 6 个并且圆周均布。弹性挡圈由橡胶材质制成。

限位环的外侧设有一圈外止口，外止口与止动环的内侧壁之间嵌接有一圈弹性挡圈。弹性挡圈能缓冲轮面层的位移量，确保轮面层两侧始终与轨道的两侧紧贴，进一步确保车轮行驶时不脱轨。

通槽数量为 6 个，圆周均布在轮毂的圆柱面上。

盾构机台车车轮结构如图 3-38 所示。

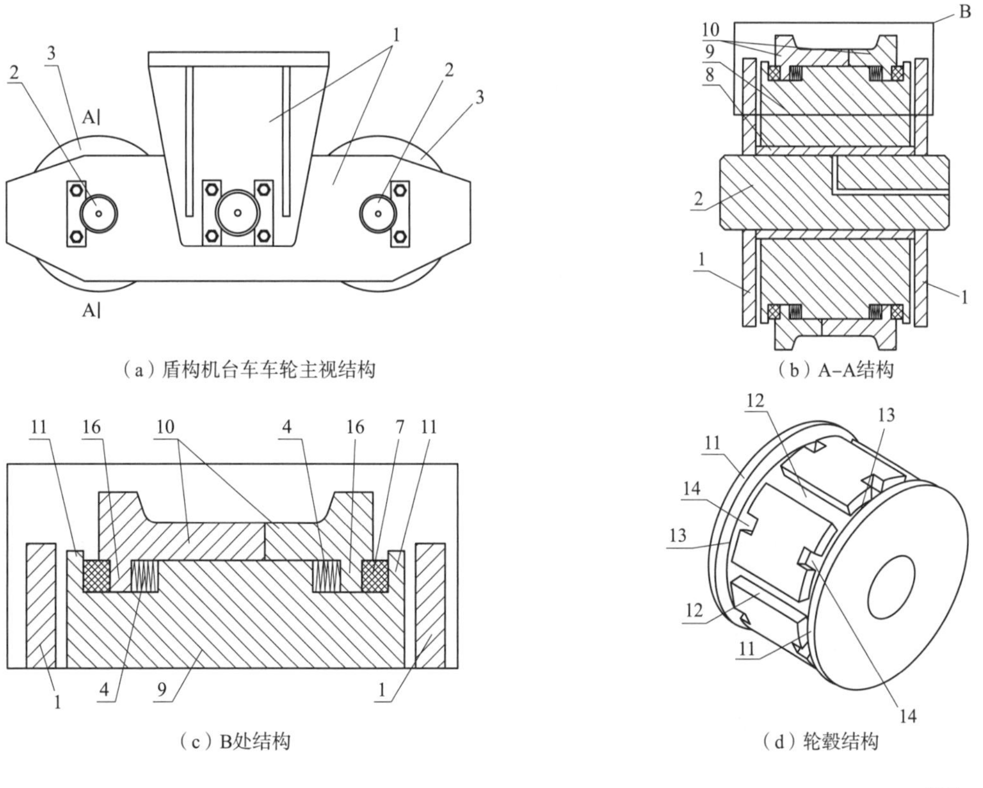


(a) 盾构机台车车轮主视结构

(b) A–A结构

(c) B处结构

(d) 轮毂结构

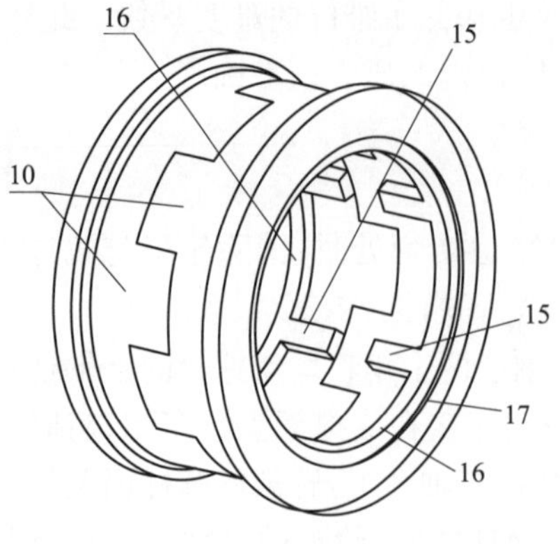


（e）轮面层结构

（f）左半环结构

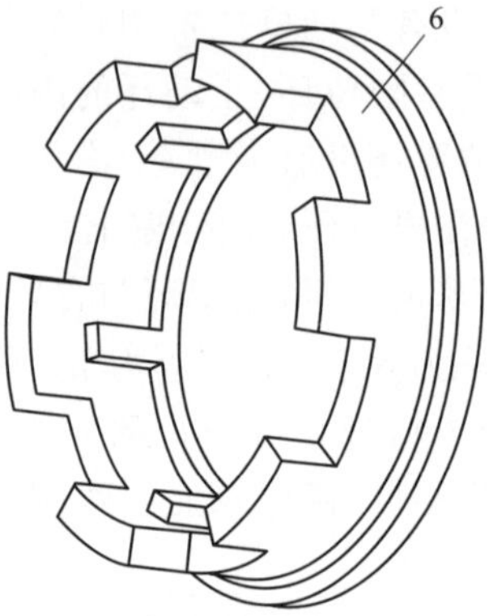


（g）右半环结构

图 3-38　盾构机台车车轮结构示意

1—支撑架；2—轮轴；3—车轮；4—拉伸弹簧；5—左半环；6—右半环；7—弹性挡圈；8—轴套；9—轮毂；10—轮层面；11—止动环；12—通槽；13—缓冲槽；14—卡槽；15—限位键；16—限位环；17—外止口

(2)使用原理

当台车在隧道转弯时，台车前后的车轮与轨道接触的位置具有一定的转弯弧度，因此车轮与轨道之间产生横向的扭矩力，此时左半环与右半环在扭矩力的作用下沿着中心轴方向向外侧滑动，限位键在通槽内滑动确保轮面层仅沿着中心轴方向滑动并且与轮毂同步转动，轮面层的宽度加大，消除轮面层与轨道接触的扭矩力，确保台车行驶过隧道弯道时平稳、安全不脱轨。当台车驶过隧道弯道后，在直线轨道上行驶时，拉伸弹簧将左半环和右半环向回拉直至啮合合并，同时弹性挡圈对轮面层的两侧施加向内的推力，进一步使轮面层的左半环和右半环啮合合并，确保轮子能正常行驶在轨道上。

(3)使用效果

优化后的台车轮构造简单合理，使用方便，在台车驶过隧道转弯处时，确保台车行驶的安全性，不发生脱轨现象，此外，也消除了车轮长时间停止在轨道弧度位置时的静疲劳损伤，确保车轮不脱轨，同时设置拉伸弹簧和弹性挡圈使得在接触面宽度变大的同时能紧卡在轨道上，提高了安全系数。

3. 盾构机台车走道板

(1)优化设计

盾构机在施工作业时，后方台车需要定期检修维护，因此在台车两侧安装走道板，方便施工人员走动作业。走道板通常采用法兰与台车的框架连接，盾构机在始发车站内组装时，因为车站尺寸问题走道板无法安装，需要将走道板拆卸下来，盾构机以及台车进入隧道后才能安装，拆装频繁，由于隧道空间狭小，导致走道板在安装过程中易磕碰甚至变形，造成台车上其他部件的磕碰伤以及损坏，同时还存在造成人员因磕碰受伤的安全隐患，增加施工作业时间和施工成本，效率低。

优化后的盾构机台车走道板可以在车站组装盾构机时先将走道板板面紧贴台车侧壁安装完成，进入隧道后，直接打开走道板使用，操作方便、安全，施工效率高。

盾构机台车走道板结构如图 3-39 和图 3-40 所示。

优化后的盾构机台车走道板包括踏板、围栏和若干连接支架。连接支架分别固定焊接在台车的两侧边，连接支架的外侧竖向连接耳板一，耳板一上竖向排列两个销孔一；踏板的一个侧边下端连接有若干耳板二，耳板二上竖向排列两个销孔二。销孔一之间的圆心距与销孔二之间的圆心距相同，并且销孔一之间的圆心距比销孔二距离耳板二竖向外侧边的距离大一个销孔一的半径。销孔一与销孔二重合后通过销钉一固定连接。踏板的另一个侧边竖直设有若干组耳板三，围栏的下侧边设有若干组耳板四，耳板三与耳板四通过铰接轴转动连接。耳板三上横向设有两个销孔三，位于铰接轴的两侧，耳板四上沿铰接轴圆周均布四个销孔四，销孔三与其中两个销孔四对齐后通过销钉二固定连接。

连接支架上设有两个耳板一，每组耳板二数量为一个，耳板二插入两个耳板一之间连接。每组耳板三数量为两个，每组耳板四数量为一个，耳板四插入两个耳板三之间连接。

耳板一位于连接支架的上端外侧位置。连接支架等间距均布，耳板三等间距均布。踏板板面为花纹钢板，能起到防滑的作用，钢板下板面焊接有方钢管。销钉一与销钉二均为螺栓，并通过螺母配合固定。

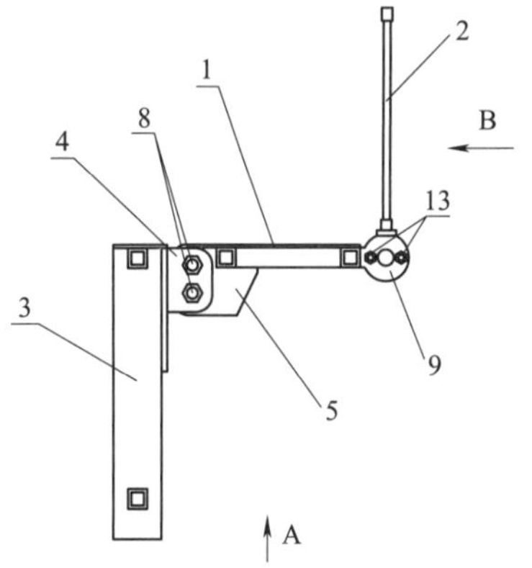


（a）盾构机台车走道板使用状态

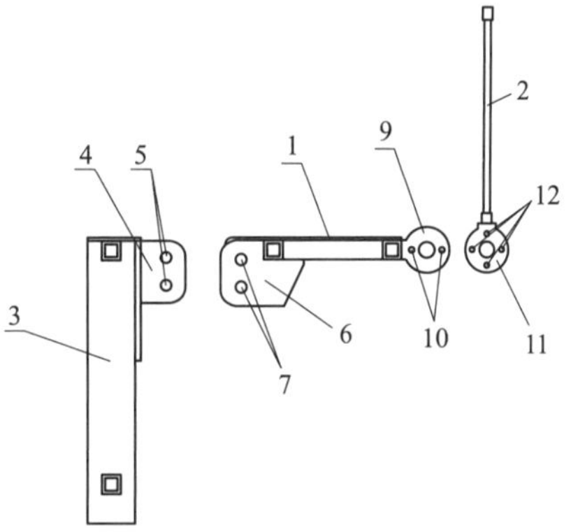


（b）盾构机台车走道板爆炸结构示意

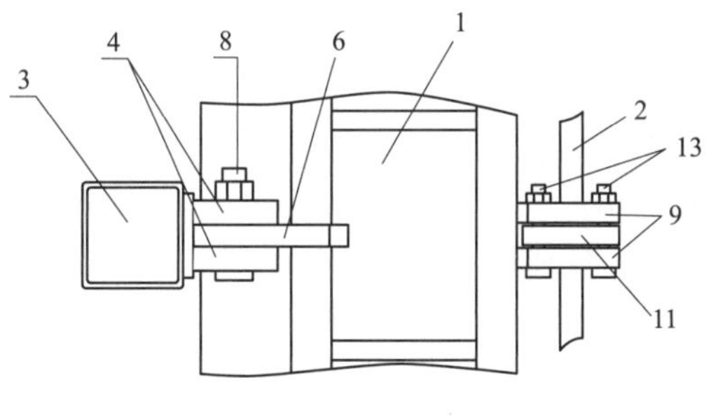


（c）盾构机台车走道板A向结构示意

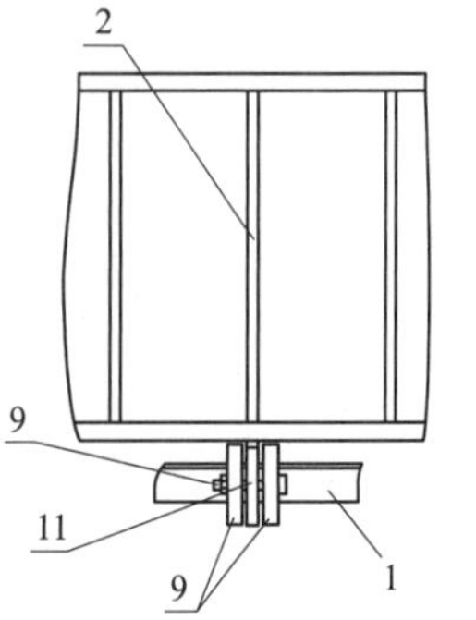


（d）盾构机台车走道板B向结构示意

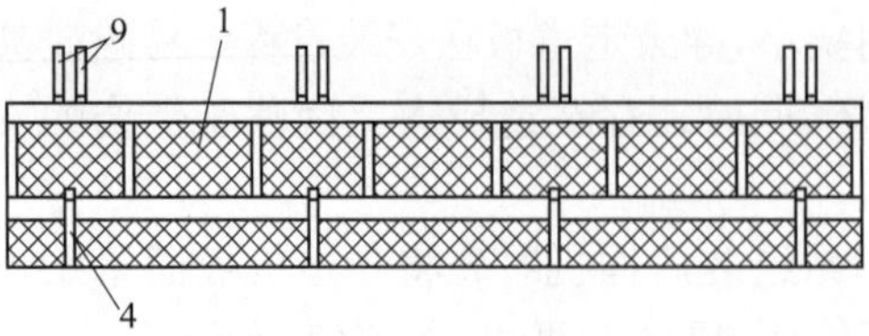


（e）踏板结构示意

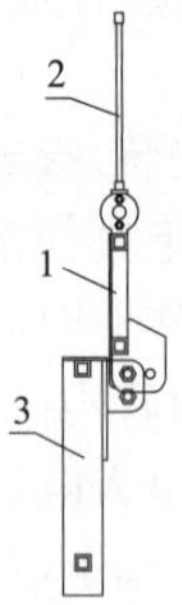


（f）盾构机台车走道板初始状态

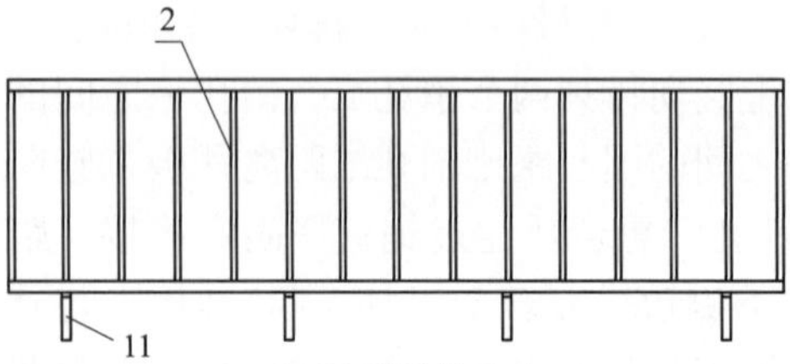


（g）围栏结构示意

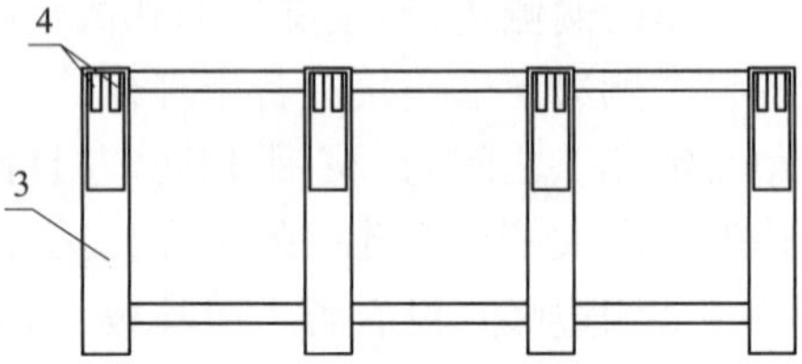


（h）连接支架结构示意

图 3-39　盾构机台车走道板结构示意

1—踏板；2—围栏；3—连接支架；4—耳板一；5—销孔；6—耳板二；7—销孔二；8—销钉；
9—耳板三；10—销孔三；11—耳板四；12—销孔四；13—销钉二

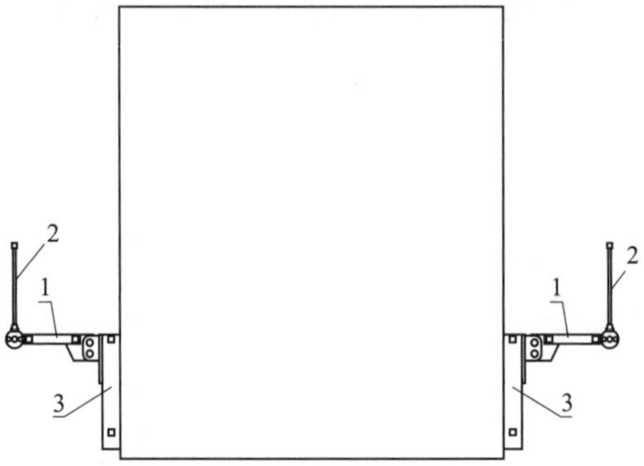


图 3-40　盾构机台车走道板的安装在台车两侧的结构示意

1—踏板；2—围栏；3—连接支架

(2)使用安装

在车站组装盾构机时，先将两个销钉二取下拔出，将围栏沿着铰接轴旋转至水平位置，此时耳板四上原本竖向排布的两个销孔四转成横向排布并且与销孔三重合，将销钉二插入销孔三中并固定，将围栏放平至与踏板平面重合。

将耳板一下端的销钉一取下拔出后，以耳板一上端的销钉一为转轴，向上翻转踏板和围栏，直至踏板和围栏贴合在台车的侧面，此时耳板二原本竖向的外侧边变为横向并且与下端销孔二最上方的切线重合，将拔出的销钉一重新插在耳板一上并固定，下端的销钉一便将耳板二固定，阻止耳板二向下转动，如此便将踏板与围栏固定贴合在台车的两侧壁上。

待走道板随着盾构机进入隧道后，先将销钉二取下，使围栏与踏板处于自由转动的铰接状态，然后将耳板一下端的销钉一取下，向下旋转踏板二，在旋转的过程中，围栏的上端始终搭在台车的侧壁上。当踏板二旋转至水平位置时，耳板一与耳板二上的销孔一与销孔二对齐，将拔出的销钉一插入销孔一，将耳板一与耳板二固定住，进而将踏板水平固定在台车的两侧。

最后，将围栏绕铰接轴旋转至与踏板垂直，将销钉二沿着销孔三插入后并固定，将围栏竖直固定安装完成，整个走道板安装完成。

(3)使用效果

优化后的盾构机台车走道板构造简单合理，使用方便，在车站组装盾构机时，直接将走道板通过连接支架结构安装在台车的两侧，并且通过耳板一与耳板二互相旋转固定、耳板三与耳板四互相旋转固定，将踏板与围栏固定成平面结构并且紧贴台车侧壁安装，同时在进入隧道后，将踏板通过销钉一的连接状态不同将踏板向下翻转至水平状态固定，将围栏通过销孔四的连接位置变化将围栏固定成与踏板垂直状态，避免走道板的拆卸复杂，操作方便简单，施工安全系数高，同时提高施工的作业效率，降低了施工成本。

4. 盾构机撞击防倾倒装置

(1)盾构机撞击防倾倒装置设计

盾构机撞击防倾倒装置结构如图 3-41 所示。

盾构机撞击防倾倒装置包括撞击框架和防护框架。撞击框架的侧边铰接在台车的防撞柱上，撞击框架上固定安装有液压杆一和液压杆二，液压杆一与液压杆二内的液压油路互相连通，液压杆一垂直安装在撞击框架的中间位置，液压杆二垂直安装在撞击框架的两侧边位置，液压杆一的伸缩杆为伸出状态并且伸缩杆的末端固定连接有顶柱一，液压杆二的伸缩杆为收回状态并且伸缩杆的末端固定连接有顶柱二。防护框架固定安装在电瓶车车头的前端，防护框架外侧固定安装有插块一和缓冲组件，插块一的端面设有插孔一，插孔一与顶柱一的位置对应，缓冲组件包括缓冲筒和插块二，插块二滑动连接在缓冲筒内，插块二的底面与缓冲筒的底面之间固定连接有压缩弹簧一，插块二的端面设有插孔二并且插孔二与顶柱二的位置对应。

液压杆一的伸缩杆上固定套接压缩弹簧二，液压杆二的伸缩杆上固定套接拉伸弹簧。压缩弹簧二确保顶柱一在初始状态时处于伸出的状态，拉伸弹簧确保顶柱一在初始状态处于收回的状态。

顶柱一的端面距离撞击框架的距离小于顶柱二的端面距离撞击框架的距离。插块一的端面距离电瓶车车头的距离大于插块二的端面距离电瓶车车头的距离。

顶柱一与顶柱二均为圆台型并且圆台的底面与伸缩杆连接；插孔一与插孔二形状分别与顶柱一与顶柱二相同。圆台的锥形侧面具有导向作用，确保顶柱一与顶柱二分别能准确插入插孔一与插孔二内。

缓冲筒的内径大于顶柱二的最大外径。当顶柱二插入插孔二内将插块二向缓冲筒内挤压时，顶柱二能顺利滑入插筒内。

液压杆一数量为两个，横向分布在撞击框架的中心位置；液压杆二的数量为四个，分布在撞击框架的四角位置。

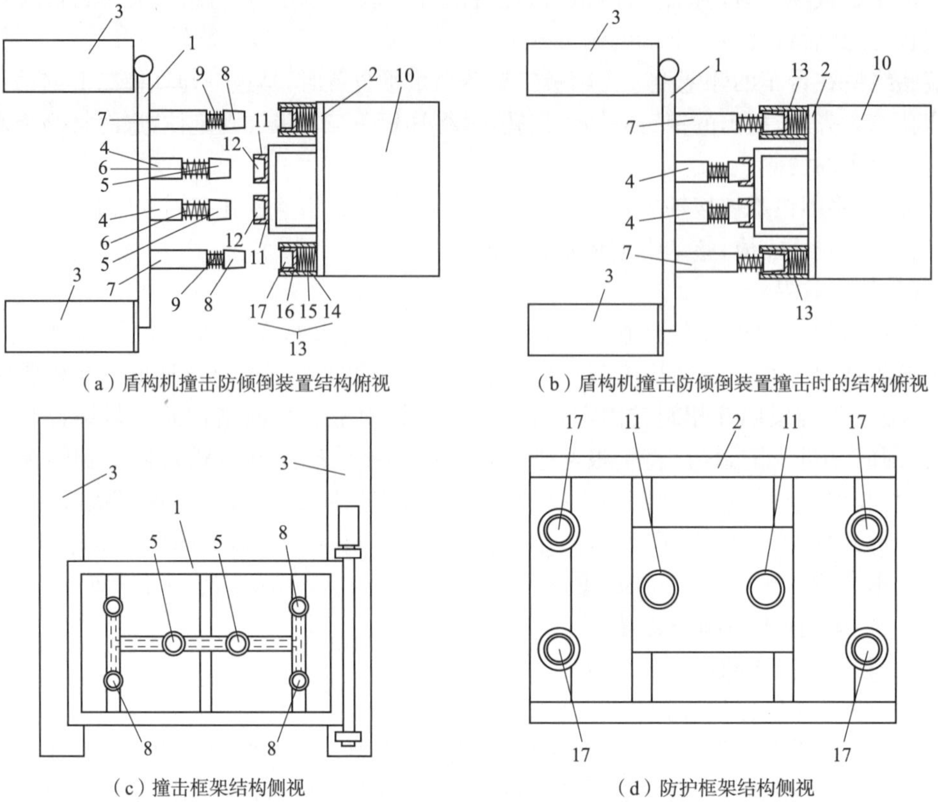

（a）盾构机撞击防倾倒装置结构俯视

（b）盾构机撞击防倾倒装置撞击时的结构俯视

（c）撞击框架结构侧视

（d）防护框架结构侧视

图 3-41　盾构机撞击防倾倒装置结构示意

1—撞击框架；2—防护框架；3—防撞柱；4—液压杆一；5—顶柱一；6—压缩弹簧二；
7—液压杆二；8—顶柱二；9—拉伸弹簧；10—电瓶车；11—插块一；12—插孔一；
13—缓冲组件；14—缓冲筒；15—插块二；16—压缩弹簧一；17—插孔二

(2)应用原理

①初始状态：液压杆一的伸缩杆在压缩弹簧二的作用下伸出，从而顶柱一处于伸出状态。液压杆二的伸缩杆在拉伸弹簧的作用下收回，从而顶柱二处于收回状态。另外，插块二在压缩弹簧一的作用下滑动至缓冲筒的筒口位置。

②当电瓶车发生溜车时：将撞击框架关闭，使撞击框架的两侧边搭在台车末端的防撞柱上，此时当电瓶车的车头撞向撞击框架时，首先顶柱一插接在对应的插孔一内，顶柱二插接在对应的插孔二内，顶柱一受压缩导致液压杆一的伸缩杆收回，液压杆一内的液压油被挤出流向液压杆二，液压杆二的伸缩杆在涌入的液压油的作用下伸出，从而顶柱二顶着插块二沿着缓冲筒滑动，此时压缩弹簧一受压缩变短，因此液压杆二与缓冲组件的插接深度变大，又由于液压杆二分布在撞击框架的两侧边，因此能都起到防止电瓶车脱轨或翻车的情况发生。

③撞击后：电瓶车倒退，顶柱一与顶柱二分别从插孔一与插孔二中抽离，插块二在压缩弹簧一回弹的作用下回到初始状态，液压杆一的伸缩杆在压缩弹簧二回弹力的作用下伸出至初始状态长短，液压杆二的伸缩杆在拉伸弹簧的回弹力的作用下收回至初始状态长短，此时液压油从液压杆二内涌入液压杆一内。

(3)使用效果

盾构机撞击防倾倒装置构造简单合理,使用方便,撞击框架与防护框架分别安装在台车末端与电瓶车车头位置,当电瓶车因事故溜车时,顶柱一与顶柱二插分别插接在插孔一与插孔二内,同时通过撞击发生时液压杆一的收缩和液压杆的伸出插入将电瓶车的两侧定位固定,确保电瓶车仅发生前进方向的缓冲位移,以及撞击为柔性撞击,在减缓撞击力的同时又将电瓶车定位为仅有一个自由度,确保电瓶车不会因为巨大的冲击力导致脱轨或翻车倾倒,确保现场设备以及工作人员的安全性。

#### 3.3.2.2　盾构始发、接收区域加固关键技术

1. 始发区及接收区加固施工难点分析

(1)端头加固施工

盾构始发区距离基坑 8～20 m 范围内有 3 条东西侧向自来水管道,该管道为自来水厂向市区供水的主管道,为市区提供 2/3 的供水量。两侧管道直径为 1.2 m,中间管道直径为 1 m,管道顶埋深为 1.5 m、1.8 m 和 2.8 m,管道材质为铸铁管、球墨铸铁管,接口形式为承插式,管道距离基坑最近处为 8.0 m,从北向南编号依次为①②③。始发区自来水管道平面位置如图 3-42 所示。

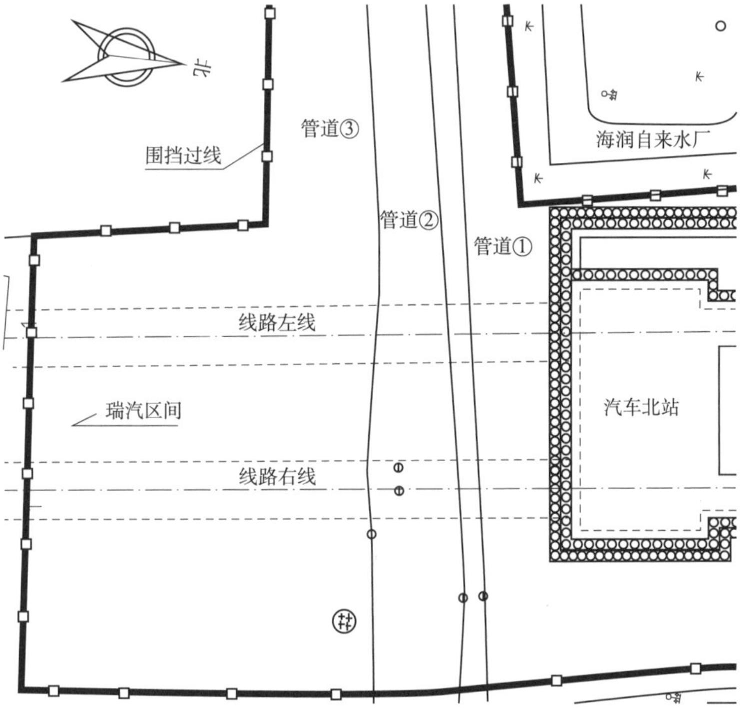


图 3-42　始发区自来水管道平面位置

始发区地层自上而下分别为素填土、粉质黏土、中砂～粗砂、强风化安山岩、安山岩(块状碎裂岩)、中等风化安山岩、微风化安山岩。场区地下水主要类型为第四系孔隙水和基岩裂隙水。基岩裂隙水单井用水量一般小于 20 $m^3/d$,渗透系数 $k<4$ m/d,影响半径十数米。

汽车北站基坑开挖、石方爆破、渣土及其他运输车辆通行、盾构机始发吊装、盾构掘进下穿均可能对该部分水管造成损坏，须进行加固处理。

(2)接收区施工

盾构接收区位于人工填湖区，人工湖为机场消防储备用水，平时水深保持在 2.5 m 左右。目前回填材料以砂和黏土为主，含少量石块，压实度不高。该区域地层自上而下分别为素填土、杂填土、粉质黏土、中砂～粗砂、粗砂～砾砂、粉质黏土、含卵石粗砾砂层、强风化安山岩。地下水主要为第四系孔隙水及基岩裂隙水，第四系孔隙水广泛分布于砂层中，多与其他水层相互连通，形成径流补给、排泄关系，水量较大。地下水位埋深为 2.00～7.50 m，绝对高程为 4.34～7.56 m。盾构吊装属于危险性较大的工程，须对其提前进行加固。

接收区加固平面位置如图 3-43 所示。

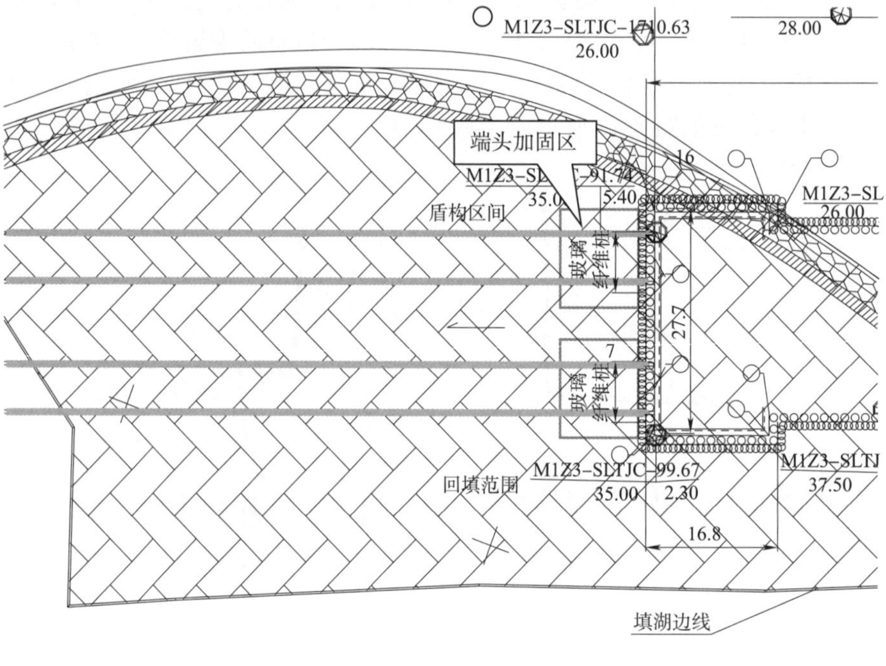


图 3-43　接收区加固平面位置(单位：m)

2. 加固方案比选

(1)降水法

降水法是通过在土体内安设一定量的滤水管，利用水泵等设备排出地下水，使土体保持稳定、提高强度，防止地下施工过程中流砂的产生。井点降水法施工简单、造价相对较低，一般需要提前 15 天左右开始实施降水，并贯穿整个施工过程。降水会引起地表的大幅沉降。盾构始发区存在重要自来水管道，地面环境控制要求较高，不易采用。

(2)注浆加固

深孔注浆加固施工设备小，便于移动，既可以垂直注浆，也可以倾斜注浆，对管道影响较小。但由于土体中的缝隙是不可预知的，而浆液是沿着土体中裂隙流动的，因此注浆量和浆液的流动方式无法很好地控制，故土体加固质量的可靠性不高，如果单独使用，在土质较差的土层中容易发生事故。

(3)混凝土支撑桩与钢结构便桥、旋喷桩、袖阀管组合加固

该方案采用桩基支撑冠梁作为支座，上部横向采用工字钢作为受力主梁，表面敷设钢板作为桥面的钢结构地下便桥，水管周围土层采用旋喷桩结合袖阀管加固。该方案特点为：

①钻孔灌注桩与冠梁组合作为承重结构的方式施工工艺成熟，可用于端头加固施工，旋喷桩注浆范围和浆液部位可控，可调节注入参数(切削土体压力、固化材注入速度、注入量等参数)以达到设计要求(强度和抗渗性)的固结体；

②设备轻便、施工方便易操作、所需空间小、适用范围广；

③袖阀管注浆能较好地控制注浆范围和注浆压力，可进行重复注浆，且发生冒浆与串浆的可能性很小；

④工字钢和满铺钢板的组合可以将力均匀传递给支撑，避免在盾构吊装期间水管上部土体受力，保证管线安全。

采用此方案虽然增加投资较大，但从可靠性、安全性及适用性方面综合考虑，采用该种加固方式是最优选择。

(4) TRD 水泥土搅拌墙与旋喷桩、降水组合加固

该方案采用 TRD 水泥土搅拌墙对加固区周边进行加固，左右线接收区采用旋喷桩进行加固，在两个加固区之间进行降水施工。

TRD 工法连续性刀具向垂直方向一次性挖掘、混合搅拌及横向推进，在复杂地层也可以保证均一质量的地下连续墙，确保墙体高连续性和高止水性。

旋喷桩注浆范围和浆液部位可控，可调节注入参数(切削土体压力、固化材注入速度、注入量等参数)以达到设计要求(强度和抗渗性)。

通过降水井对 TRD 范围内进行降水，避免了大面积降水引起沉降的可能性，达到了加固的效果。

3. 加固区施工方案

1)加固方案概述

(1)始发区加固方案

始发区自来水管道承插口采用承插口哈夫节预先加固，在管道两侧沿着管道方向采用 $\phi$800 mm@4 000 mm 桩基支撑冠梁作为支座，上部横向采用工字钢作为受力主梁，主梁上部铺设 40 mm 厚钢板铺面，覆盖范围为给水管外缘 2.5 m。钻孔桩距离管道外侧 1.5 m。水管周边土体采用 $\phi$600 mm@500 mm 旋喷桩加固，东西向加固范围为 36.8 m，南北向加固范围为 14.1～16.3 m。水管正下方采用袖阀管注浆补强。

(2)接收区加固方案(TRD＋旋喷桩＋降水井)

在对既有端头加固工法进行大量调研的基础上，综合考虑工期、质量及当地地质特点，拟定了 TRD 与旋喷桩组合工法对汽车北站～流亭机场站盾构到达区端头进行加固。

流亭机场站盾构到达区端头加固范围为拱顶上 3 m 至隧道底板下 3 m，隧道外轮廓两侧 3 m，纵向加固长度 10 m，总加固深度为 21.23 m，横向加固宽度为 30 m，竖向分为弱加固区(深 6.236 m)与强加固区(深 14.994 m)，其中盾构从强加固区中心区域穿越。

在加固施工完毕后，需要通过钻芯取样的方式对不同加固区域的加固效果进行检验验收，以确保后期施工的安全性。

接收端端头加固区外围采用 0.85 m 厚 TRD 水泥搅拌墙止水，墙底深入强风化岩层不小于 0.5 m，TRD 墙水泥用量及水灰比等参数根据墙体性能要求和土质条件由试验确定，水泥强度等级不低于 P. O 42.5 级普通硅酸盐水泥，掺入比根据土质条件要求的水泥强度确定且不小于 20%，水灰比取 1.0～2.0。

盾构接收端头井采用 $\phi$600 mm@450 mm 旋喷桩进行加固处理，桩间咬合 150 mm，采用双重管高压旋喷钻机施工。旋喷桩施工将根据 TRD 水泥搅拌墙的施工情况考虑是否在该施工区域进行换填。加固范围为出车站 10 m、区间中线两侧各 12 m；加固深度为地面以下 18.3 m，弱加固区深度 6.236 m，强加固区深度 12 m，隔桩跳打。固化剂为 P. O 42.5 普通硅酸盐水泥，水泥浆液采用 1∶1 水灰比，双重管高压注浆的压力应大于 20 MPa，流量应大于 30 L/min，气流压力宜大于 0.7 MPa，提升速度宜为 0.1～0.2 m/min。加固后的土体 28 d 无侧限抗压强度 $f_{qu} \geqslant 0.8$ MPa，渗透系数 $k \leqslant 10^{-7}$ cm/s。

为了在盾构接收前疏干加固区域水体，在左、右线旋喷桩加固区域之间增加两口降水井。降水井深以井底入区间底以下 5 m 控制，井孔垂直度应控制在 1%以内，井点井孔直径 0.7 m，井管直径 0.4 m。

2)管道接口加固施工

由于管道接口为刚性接口，强度及密封性不足，为保证管道在加固施工、地铁后续施工中的安全稳定，对管道接口使用承插口哈夫节进行加固。

承插口哈夫节是对管道连接处的承口处漏水进行抢修的装置，其结构简单，由两件本体和两件橡胶垫组成，将两本体对合在漏水处拧紧螺母即可完成对管道的抢修。既可减少停水时间，又可降低抢修成本。

3)旋喷桩施工

(1)施工流程

旋喷桩使用旋喷钻机施工，采取隔桩跳打，分序施工。整体施工方向为由北向南，施工工艺采用二重管高压旋喷注浆方式，如图 3-44 所示。高压旋喷桩施工流程如图 3-45 所示。

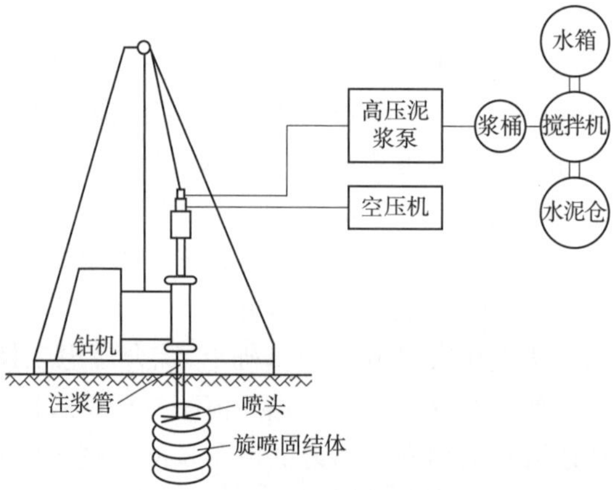


图 3-44　二重管高压旋喷注浆示意

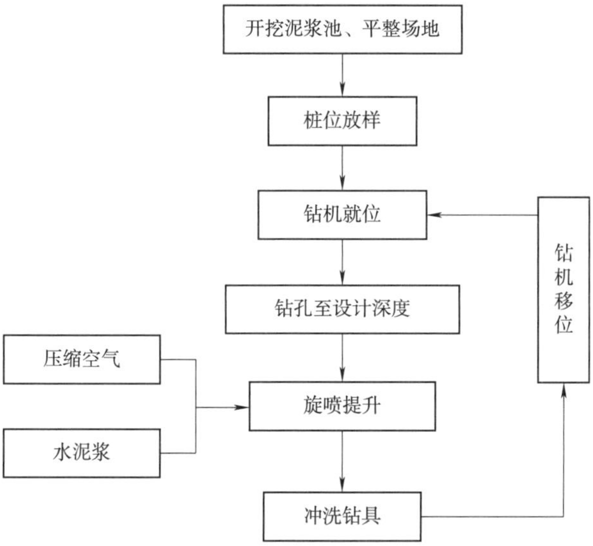


图 3-45 高压旋喷桩施工流程

(2)施工工艺

①定位放线

施工前对旋喷桩桩位进行放样,并根据放样位置及时进行引桩,将控制点引至不受破坏的位置,且加以保护;采用钢尺拉线、插竹签或焊条定桩位的方式进行桩位点的测放。

②钻机就位

钻机就位应平稳,立轴、转盘与空位对正,高压设备与管路系统应密封良好,并无杂物,防止管路堵塞。

③钻孔

钻机就位后,对钻机进行调平、对中,调整钻机的垂直度,保证钻孔垂直度误差在允许范围内。钻孔前应调试空压机、注浆泵,确保设备运转正常;校验钻杆长度,并用红油漆在钻塔旁标注深度线,保证桩体顶底高程满足设计要求。

钻机就位后,首先应进行低压(0.5 MPa)射水试验,用以检查喷嘴是否畅通,压力是否正常。

钻进时,启动泥浆泵对钻孔供水,防止喷嘴堵塞,喷流钻头以 1 m/min 的速度下钻至设计高程。

④喷射提升

钻孔到设计深度后,接通高压注浆泵,由下向上旋喷,同时将泥浆清理排出。喷射时,应先达到预定的喷射压力、喷浆量后再提升旋喷管,以防扭断旋喷管。为保证桩底端的旋喷质量,喷嘴下沉到设计深度时应在原地旋转 10 s 左右,待孔口冒浆正常后再旋喷提升。

在旋喷提升过程中,应根据不同地层的水泥掺量及时调整旋喷参数。

注浆应连续不间断,以保证成桩质量。因故停喷后重新恢复施工前,应将喷头下放 50 cm,采取重叠搭接喷射处理后,方可继续向上提升及注浆。停机超过 3 h 时,应对泵体及输浆管进行清洗后重新钻孔注浆施工。

水泥浆液应严格按预定的配合比拌制。制备好的浆液不得停置过长,超过 2 h 的浆液应废弃处理。

旋喷桩施工主要参数：水灰比 1∶1，提升速度 10～20 cm/min，气流压力大于 0.7 MPa，注浆压力大于 20 MPa，水泥浆液流量大于 30 L/min，旋转速度 10～15 r/min，强加固区水泥用量 400 kg/m³，弱加固区水泥用量 180 kg/m³。

⑤回灌

喷射注浆作业完成后，由于浆液的析水作用，一般均有不同程度的收缩，使固结体顶部出现凹穴，要及时用水泥浆静压补灌，直到孔内浆液面不再下沉为止。

⑥芯样检测

旋喷桩施工完成后应进行取芯检测，加固土体应满足无侧限抗压及抗渗等设计相关要求。

4)袖阀管施工

(1)施工流程

管道①和管道②下方土体采用斜向袖阀管注浆方式进行加固，如图 3-46 所示。

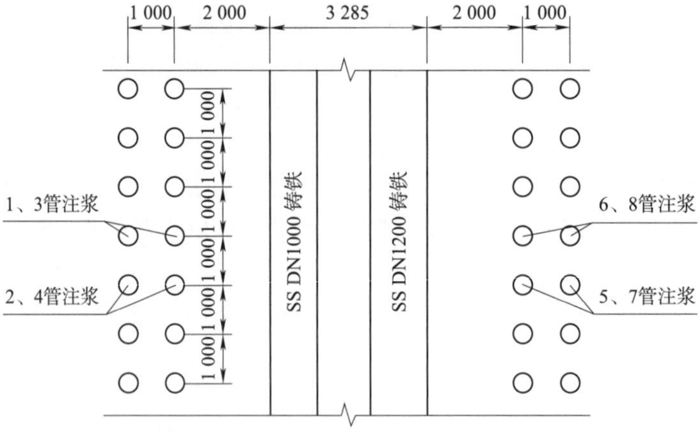


图 3-46　袖阀管平面位置(单位：mm)

袖阀管施工采用 XY-100 地质钻机钻孔，套壳料配料采用水泥、黏土、水，配比试验室通过现场试验确定。袖阀管施工流程如图 3-47 所示。

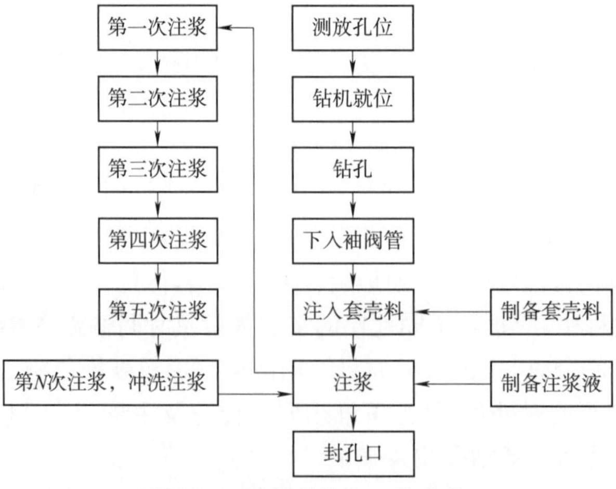


图 3-47　袖阀管施工工艺流程

(2)施工工艺

①测放孔位

定出注浆孔孔位,与旋喷桩要求一致。

②安装钻机

根据设计孔位和注浆孔角度调整钻机位置和钻进角度。根据本段地质情况,采用常规地质合金钻头。

③钻孔下管

钻进打设注浆孔,注浆孔打设到位后退出钻具,安装袖阀管,袖阀管应尽量安装在孔中央。

钻进深度应达到注浆固结段高度。在钻孔过程中要做好记录,以供注浆作业参考。

④注套壳料

将注浆管沿袖阀管的外侧送到孔底,用泥浆泵向孔内注入套壳料,使套壳料填满注浆套管四周。

套壳料凝固后(10～13 h)即可开始注浆。根据试验孔参数确定注浆压力,注浆采用分段注浆。终注标准:在注浆压力升至 1.2 MPa 后终注,或者在 1.0 MPa 压力条件下每延米注浆加固吸浆量小于 2 L/min,稳压 15 min 后终止注浆。

注浆时将注浆器送至袖阀管底,然后进行分段后退式注浆,每次注浆长度为 50 cm 左右,直到注满整根袖阀管为止。每次注浆都必须跳开一个孔进行。

水泥浆液若发生沉淀、离析现象,应进行二次搅拌。

在靠近管道位置时,应适当降低注浆压力,以减少对周边土体和管道的扰动。

袖阀管施工过程中应严格控制各参数,确保土体加固达到预期效果。

5)钻孔灌注桩施工

(1)施工流程

由于旋喷桩施工对土体进行了加固,并起到了止水效果,钻孔灌注桩采用旋挖钻机干作业法快速成孔施工,整体施工方向由东向西。钻孔灌注桩施工流程如图 3-48 所示。

(2)施工工艺

①定位放线

按"先控制后细部,从整体到局部"的原则进行桩基位置放样,进行钻孔的高程应及时复核。采用全站仪准确放样各桩点的位置,使其误差符合规范要求。

②钻机就位

钻机就位时,要事先检查钻机的性能状态是否良好,保证钻机工作正常。钻机就位后应进行调平对正,施工中随时通过平衡仪检查钻机水平,开孔对深度仪进行归零,并在施工中随时校核深度仪。根据本段地质情况,钻头采用双层底旋挖钻斗。

③钢护筒埋置

根据桩位点设置护筒。护筒内径应大于钻头直径 200 mm。护筒位置应埋设正确稳定,护筒中心和桩位中心偏差不得大于 50 mm,倾斜度的偏差不大于 1%。护筒与坑壁之间应用黏土填实,并在护筒外壁增设水平防垮落装置,保证护筒不坠落、周围土体不垮塌及施工作业人员安全。护筒埋设后再将桩位中心通过四个控制护桩引回,使护筒中心与桩位中心重合,并在护筒上用红油漆标识护桩方向线位置。在保证护筒稳定的前提

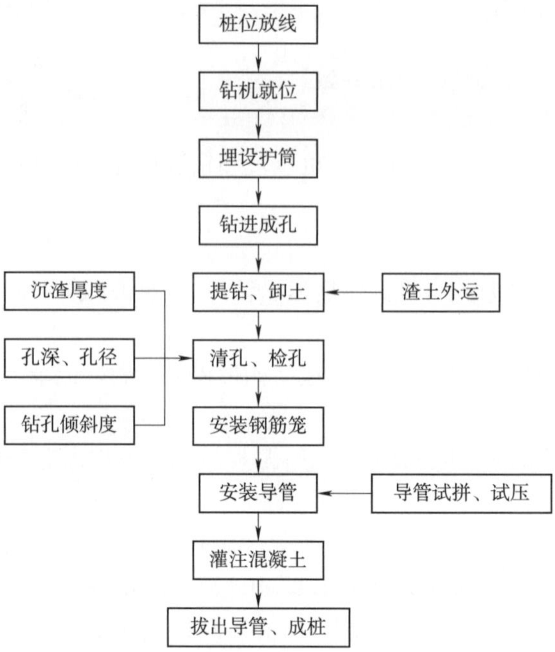


图 3-48 钻孔灌注桩施工流程

下，护筒埋深应高出地面 20～30 cm。

④钻进成孔

当钻机就位准确后即开始钻进，钻进时每回次进尺控制在 60 cm 左右，刚开始要放慢旋挖速度，并注意放斗要稳，提斗要慢，特别是在孔口 5～8 m 段要注意通过控制盘来监控垂直度，如有偏差及时纠正。开始钻进时采用低速钻进，主卷扬机钢丝绳承担不低于钻杆、钻具重量之和的 20%，以保证孔位不产生偏差。钻进护筒以下 3 m 可以采用高速钻进。

⑤清孔

钻进到设计孔深后，将钻斗留在原处机械旋转数圈，将孔底虚土尽量装入斗内，起钻后仍须对孔底虚土进行清理。一般用沉渣处理钻斗(带挡板的钻斗)来排出沉渣。

⑥钢筋笼制作与安装

经检验合格后的钢筋应根据其规格、型号分别堆放，并做标识。钢筋笼焊接前应先进行钢筋调直、钢筋切割、箍筋制作、螺旋筋制作、钢筋清污处理。焊接质量外观检查包括焊点处熔化金属均匀，压入深度符合要求，焊点无脱落、漏焊、裂纹、明显烧伤等缺陷。钢筋笼制作允许偏差：主筋间距±10 mm，箍筋间距或螺旋筋螺距±20 mm，钢筋笼直径±10 mm，钢筋笼长度±50 mm。

由于本加固工程桩基较短，钢筋笼制作成整体，一次吊装就位。

⑦安放导管

混凝土灌注采用钢导管灌注，导管内径为 250 mm，螺丝扣连接。导管使用前应进行试拼、水密性及承压试验。根据桩基长度，挑选所需长度的导管并编号，最上端导管用单节长度较短的导管，最下端导管采用单节长度较长的导管。导管采用吊车配合人工安装，导管安放时，使其位置居钢筋笼中心，沉放过程防止卡挂钢筋骨架和碰撞孔壁。安装时用吊车先将导管放至孔底，然后再将导管提起，使导管底距孔底 30～40 cm。导管高度确定后，用枕木调整导管卡盘高度，用卡盘将导管卡住。

⑧混凝土灌注

首批混凝土灌注数量应能满足导管埋置深度 1 m 以上。灌注开始后，应连续进行，准备好导管拆卸机具，缩短拆除导管的时间间隔，防止塌孔。灌注将近结束时，核对混凝土的灌入数量，以确定所测混凝土的灌注高度是否正确。灌注混凝土应达到一定的充盈系数，以保证桩顶范围内混凝土密实。

6）牛腿梁及抗滑挡块施工

牛腿梁位于钻孔灌注桩上方，在凿除桩头后进行施工。凿除桩头必须在桩体混凝土达到设计强度 100％后方可进行。牛腿梁高 1 000 mm、宽 1 400 mm，横截面如图 3-49 所示。

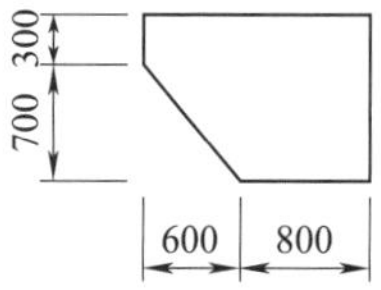

图 3-49　牛腿梁横截面（单位：mm）

桩头凿除后，人工清除四周土方，并按设计要求平整出牛腿梁轮廓面。之后使用 M10 砂浆对底面和四周坡面进行找平，防止混凝土浇筑时浆液损失。牛腿梁钢筋与抗滑挡块预埋钢筋、预埋件等绑扎固定完成后，浇筑混凝土。

抗滑挡块在牛腿梁施工完成 1～2 天后进行，支模采用钢模板，钢管、方木支撑加固。抗滑挡块横截面为矩形，北侧两道挡块高 470 mm、宽 300 mm，南侧两道挡块高 270 mm、宽 300 mm。为保证混凝土质量，新旧混凝土界面必须凿毛处理。

混凝土浇筑完毕后及时养护，养护时间不少于 2 周，达到设计强度的 95％以上方可行驶车辆。

7）工字钢及钢板加工安装

工字钢及钢板现场提前加工，采用吊车进行吊放安装，工字钢与牛腿梁上部预埋螺栓连接牢固。为方便上方车辆行驶平稳，工字钢下部加设橡胶垫板。

钢板分块布置，每块钢板宽 1.5 m，长度根据牛腿梁间距确定。钢板扣入工字钢上焊接的固定圆钢上，防止移位。

所用钢材、焊条型号必须符合设计标准，加工误差在允许范围内，焊缝饱满，符合相关验收规程。

8）TRD 水泥土搅拌墙施工

（1）施工流程

水泥土搅拌墙采用三循环施工方法：先行挖掘、回撤挖掘、成墙搅拌，即锯链式切割箱钻至预定深度后，首先注入挖掘液先行挖掘，松动土层一段距离，然后回撤挖掘至原处，再注入固化液向前推进搅拌成墙。

TRD 水泥搅拌墙施工流程如图 3-50 所示。

（2）施工工艺

①施工区域开挖及回填

对 TRD 水泥搅拌墙刀盘切割区域放出边线，沿边线进行开挖，挖至湖底混凝土面时，采用破碎锤进行破除。将破除后的混凝土块运至场地外后，采用砂和黏土进行回填，

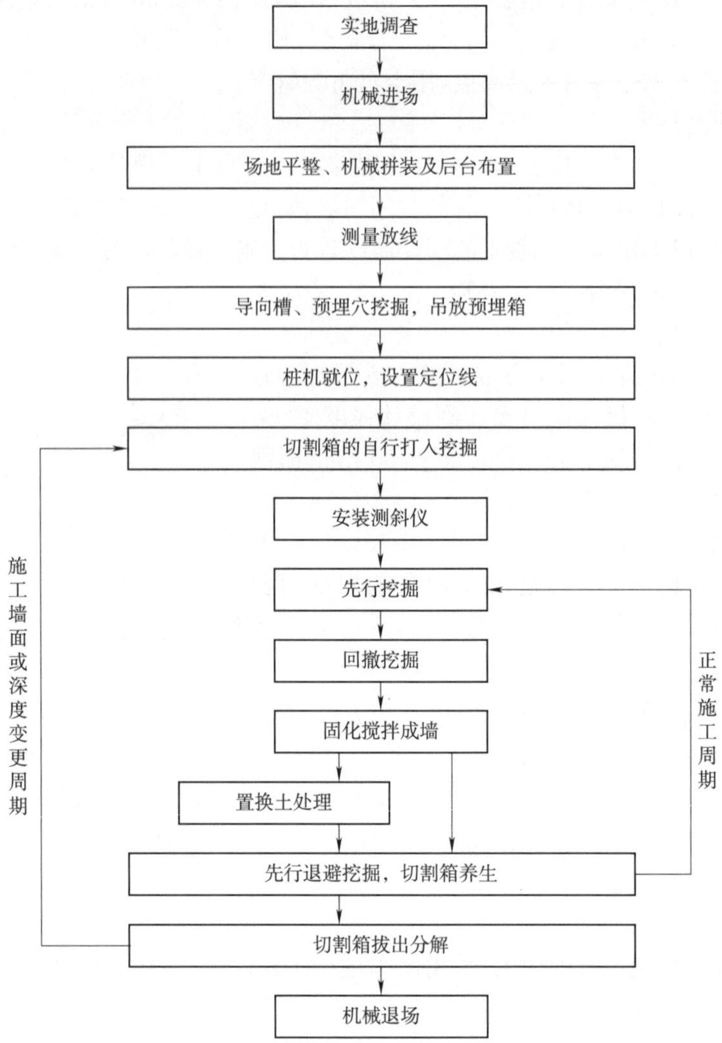


图 3-50　TRD 水泥搅拌墙施工流程

并使用挖机进行压实。

②平整场地

机器进场前，须对原地面做地基承载力试验，承载力未达到设计标准地段，须将原地面以下 2 m 进行换填并铺设钢板。

③测量放线

施工前，先根据设计图纸和业主提供的坐标基准点精确计算出 TRD 工法止水帷幕（试成墙）中心线角点坐标，利用测量仪器放样，并进行坐标数据复核，同时做好护桩，通知相关单位进行放线复核。

④开挖导向槽

根据 TRD 工法设备重量，TRD 工地止水帷幕（试成墙）中心线放样后，对施工场地进行铺设钢板等加固处理措施，确保施工场地满足机械设备对地基承载力的要求，确保桩机的稳定性。用挖掘机沿试成墙中心线平行方向开挖导向槽，槽宽约 1.0 m，槽深约

1.0 m。

⑤吊放预埋箱

用挖掘机开挖深度约 4.9 m、长度约 2 m、宽度约 1 m 的预埋穴，利用吊车并将预埋箱吊放入预埋穴内。

⑥桩机就位

由当班班长统一指挥桩机就位，移动前看清上下左右各方面的情况，发现有障碍物应及时清除，移动结束后检查定位情况并及时纠正。桩机应平稳、平正。

⑦切割箱与主机连接

用指定的吊车将切割箱逐段吊放入预埋穴，利用支撑台固定。TRD 主机移动至预埋穴位置连接切割箱，主机再返回预定施工位置进行切割箱自行打入挖掘工序。按设计深度要求，将一节一节相连接的切削箱体垂直向下切削压入地中。在确保垂直精度的同时，将切削液的注入量控制在最少范围内，也要在黏性高的混合泥浆中防止急剧的地层变化。

⑧安装测斜仪

切割箱自行打入到设计深度后，安装测斜仪。通过安装在切割箱内部的多段式测斜仪可进行墙体的垂直精度管理，通常可确保 1/250 以内的精度。

⑨TRD 工法成墙

测斜仪安装完毕后，主机与切割箱连接。在切割箱底部注入挖掘液预先切割土层一段距离，再回撤挖掘至原处，注入固化液使其与挖掘液混合泥浆强制混合搅拌，形成等厚水泥土搅拌连续墙。挖掘液注浆压力控制在 1～1.5 MPa，固化液注浆压力 2 MPa。

⑩置换土处理

将等厚度水泥土搅拌连续墙施工过程中产生的废弃泥浆统一堆放，集中处理。

⑪拔出切割箱

试成墙及 TRD 工法止水帷幕各工作段施工结束后，利用吊车将切割箱分段拔出，设备转移至下一工作面准备施工。

4. 端头加固效果检验

在进行盾构端头加固设计时，需要同时考虑周围土体强度指标、稳定性指标、渗透性指标，以及变形指标等多项要求。结合现场场地及土质条件，合理选取加固设计理论及计算方法，对加固范围和强度进行合理设计，确保施工期及后期的安全性及稳定性。

(1)数值模拟分析

为进一步研究盾构施工至到达区时周围土体的稳定性及加固方案的可靠性，基于 ABAQUS 软件建立盾构区间双管道管片及到达区周围土体模型。考虑到边界效应的影响，整体模型纵向取 40 m，横向取 50 m，竖向取 35 m，结构整体有限元模型如图 3-51 所示。结合现场土质情况，从上至下分别赋予杂填土(1.5 m)、素填土(1.443 m)、粉质黏土(1.865 m)、中粗砂(1.9 m)、粗砾砂(5.693 m)、粉质黏土(1.942 m)、含卵石粗砾砂(5.158 m)、强风化安山岩(2.5 m)、强风化安山岩-砂土碎裂岩(9 m)共计 9 层土体土质参数，其中土体采用摩尔库伦本构。

基于整体有限元模型分别研究对端头土体不加固和加固两种工况下盾构掘进至端头到达区时周围土体的变化情况，此处以土体竖向位移云图为例进行分析。图 3-52 为对端部土体未加固时盾构到达穿越的土体竖向位移云图，图 3-53 为按照既定方案对土体进行加固后盾构到达穿越的土体竖向位移云图。

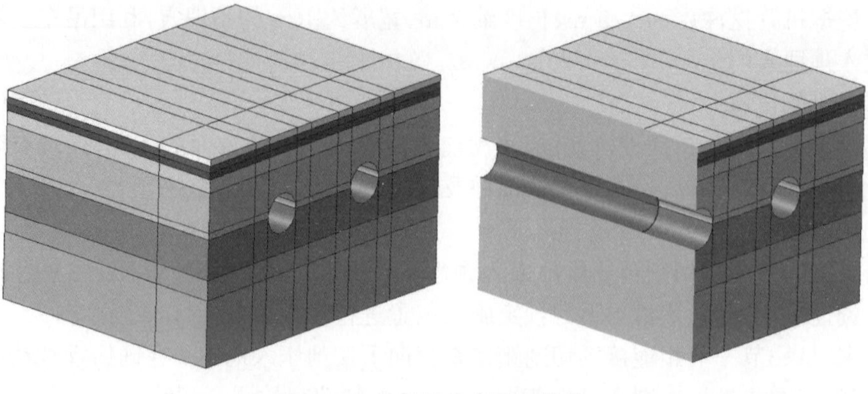

图 3-51　结构整体有限元模型

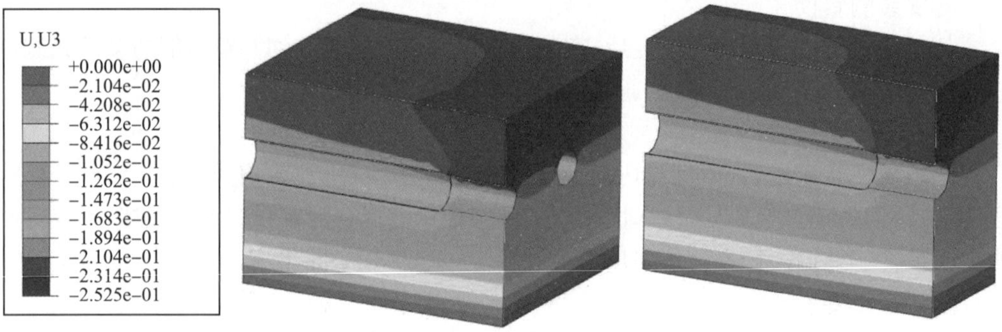


图 3-52　未加固时土体竖向位移云图

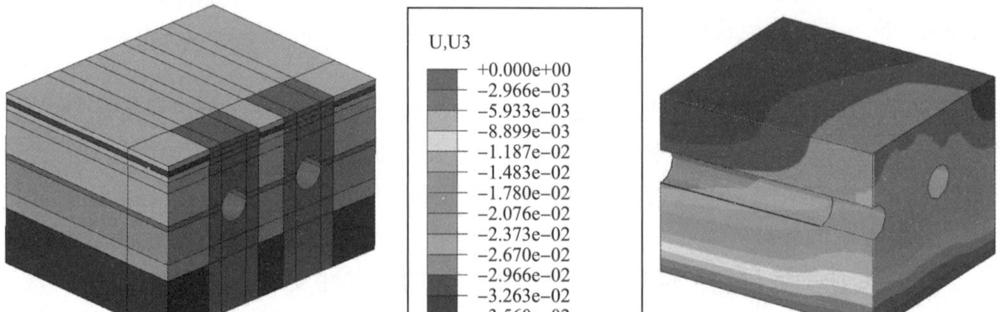


图 3-53　加固区及加固后土体竖向位移云图

从图中可以看出，在未对盾构到达端土体进行加固时，端部土体竖向位移达到了 25 cm，即土体强度和稳定性不满足要求，容易发生土体及周围建筑物的过大沉降变形、塌陷、涌水等安全事故，需要采取措施对接收端进行加固处理。在按照既定的 TRD 与旋喷桩组合工法对土体进行加固后，接收端部土体竖向位移可减小至 1.3 cm，满足盾构施工期土体变形要求。

(2)现场钻芯

按照既定方案对到达区端头土体进行加固后,为了检验施工效果,现场在距离左线盾构区间边缘 1.5 m 处进行了钻芯取样。钻芯取样结果如图 3-54 所示。

图 3-54 加固区芯样

从加固区芯样结果来看,在既定加固范围内基本上完成了土体不同区域的加固,盾构按照既定方案顺利完成了到达区的安全穿越。

### 3.3.2.3 盾构下穿河流关键技术

1. 难点分析

盾构在 K58+953～K59+200 处(对应 425 环～590 环)穿越白沙河。白沙河宽约 241.5 m,勘察区域河底裸露未硬化,河道两岸为砌石护堤,岸高 4～5 m。白沙河其发源于崂山最高峰巨峰北麓,由东向西流经北宅、夏庄、黄埠、洼里、流亭,于西后楼处入胶州湾,全长 35 km,流域面积 202.9 $km^2$,属国家一级水源保护区,环境风险等级二级。河床底距隧道顶高度 21.5～23 m。该穿越段为下坡,下坡坡率左右线均为 5‰。

根据地质勘探资料,穿越白沙河段地质基本为微风化安山岩,掘进过程因刀具偏磨、渣土改良不好,存在盾构扭矩增大、推力加大、速度降低的风险。

针对性措施:

(1)盾构掘进至 K58+899.909 处,对盾构左右线刀具进行开舱检查,对偏磨在 5 mm 以上的单刃边缘滚刀和单刃正面滚刀、20 mm 以上的双刃中心滚刀全部进行更换。

(2)对盾构的泡沫管路和泵机进行检查更换确保盾构在掘进过程中正常工作,同时对在掘进过程中所需使用的泡沫剂由试验人员对膨胀率进行测试,选择最佳的膨胀率和原液,流量则按 200 L/min 左右进行动态调整。

(3)施工过程中实施监测渣土温度,一旦渣土温度超过 36 ℃或中有连续较大块状渣土时,加大泡沫剂注入比例,提高渣土流塑性。

2. 施工方法及技术措施

借鉴前期盾构掘进参数,结合白沙河段地质、埋深、线型等具体情况,在盾构穿越白沙河期间主要采取以下措施。

(1)推进土压及出土量控制

隧道穿越白沙河范围,主要位于微风化安山岩层中,隧顶最小埋深 21.5 m。在盾构到达河床前,推算盾构过河段每一环管片的实际埋深,并对照地质勘察报告及实测水深。计算实际的水土压力。在计算当前环的土压时,应特别注意盾构机长度,施工时应明确刀盘、盾尾到达河床(第 425 环)与离开河床(第 590 环)对应的实际管片环号,以便适时调整土舱压力。

根据前期施工出土量统计及分析情况,设计出土量为 46.4 $m^3$,实际出土量平均约为 65 $m^3$,出土松散系数基本为 1.4。盾构每环的出土量由跟班技术员根据渣土斗存方实际测量得出,保证出土量测量精度。

出土量的控制通过调整螺旋机转速实现,与土舱压力直接关联,必须由盾构司机、跟班技术员针对刀盘扭矩、总推力、掘进速度等参数进行综合权衡,最低要求为:盾构掘进刀盘扭矩不大于 3 500 kN·m,总推力原则上不大于 15 000 kN。

(2)推进速度、刀盘转速与扭矩

盾构机过河段快速均匀推进,建立土压平衡,土舱上部压力 1.2～1.8 bar,,土舱下部压力 1.6～1.9 bar,严格控制出土量,严禁超挖,推进速度控制在 20～40 mm/min,以保证盾构迅速过河为目的。刀盘转速控制在 1.3～1.7 r/min,同时扭矩不高于 3 500 kN·m,一旦发现扭矩加大,应立即上报进行处理。

刀盘距河堤南岸 20 m 时降低推进速度,控制在 20～30 mm/min,扭矩不超过 2 100 kN·m,刀盘转速 0.8～1.5 r/min,以减少刀盘对地层的扰动,达到控制河床变形的目的。

在掘进施工过程中,根据监测数据、地质情况和渣土改良效果等对掘进参数进行优化,保证平稳快速掘进。

(3)换刀

分析掘进参数和地层情况,判别刀具磨损情况。若盾构掘进推力较大、刀盘扭矩较小、掘进速度慢(个位数)、渣土温度高等,则判定刀具磨损较大,需要开舱检查刀具或更换刀具。开舱位置选择地层承载力特征值较大、岩石单轴饱和抗压强度相对较大、岩土自立性能稳固的位置,若不具备条件,选择地层相对较好的位置考虑带压换刀。

(4)盾构姿态

盾构穿越前应将姿态向轴线靠拢,穿越过程中应控制盾构机的纠偏量,每环应不大于 3 mm,加强对自动测量控制点的复测,并控制盾构姿态的纠偏量,确保盾构姿态在 ±40 mm 之内。一般情况下,推进千斤顶压力分布应均匀,需调整姿态时,可对千斤顶做适当区压调整,以达到调整姿态的目的,但相对千斤顶区压差一组不得超过另一组的 80%。严禁纠偏过急,要勤纠偏、慢纠偏。

推进油缸的行程原则上控制在 1 700～1 800 mm,行程差控制在 0～50 mm。若行程过大,则盾尾刷容易露出,管片脱离盾尾较多,管片与盾尾之间的约束力较小,易导致管片姿态变化。行程差过大,易造成盾体与盾尾之间夹角增大和铰接油缸行程差加大,致使盾构机推力增大,同时造成管片选型困难。铰接油缸行程为 40～80 mm,行程差为 0～30 mm。为防止铰接漏水,在直线段过河堤、河底掘进时,可将铰接油缸行程调整为 10～40 mm,在曲线段过河堤、河底掘进时,可将铰接油缸行程适当增加。

螺旋机的转速应与掘进速度相适应，具体原则是与土舱压力相结合，以保证土舱压力。同时，扭矩大小也反映了土舱内渣土的干湿程度，一般在 24.5～35.0 kN·m 时，表明土体干湿合适，如果大于 35 kN·m，表明土体较干，需要多加泡沫并在土舱内加水，以改善土质，保证出土顺畅。

(5)管片拼装

管片衬砌是隧道防水的重要环节，特别穿越河道的地层，严格控制管片安装质量至关重要。

①防水材料安装

弹性密封垫、自黏性橡胶薄板以及传力衬垫的安装使用必须按设计要求进行，避免错用漏用。

在弹性密封垫粘贴安装前应清除管片上预留凹槽接触面的灰尘，防止安装后剥离、脱落。弹性密封垫必须精确粘贴在凹槽的正中位置，以保证管片拼装时弹性密封垫有最大接触面积。

在存放管片进行密封垫粘贴的场地应配备防雨、防潮设备，避免密封垫或软木传力衬垫淋雨、受潮而损坏。在管片拼装前，若因故导致弹性密封损坏或遇水膨胀条发生了预膨胀，则必须重新更换弹性密封垫。

管片均采用错缝拼装方式，拼装时先拼装底部标准块，然后按左右对称顺序逐块拼装两侧的标准块和邻接块，最后拼装封顶块。封顶块拼装时先搭接 1/2 环宽，径向推入，再纵向插入。

②纵、环向螺栓连接

本区间穿越河道地段采用 M27 弯螺栓，每环纵向 10 根，环向 12 根，计 22 根/环。

管片连接是保证管片拼装质量的重要环节，管片螺栓的质量十分重要。施工时对管片螺栓应按 0.2%的比例进行抽查，管片螺栓还应经防腐处理。

为防止管片拼装时产生错台，紧固螺栓前必须认真进行对位。

管片连接螺栓必须拧紧，螺栓紧固采取多次紧固的方式。对管片连接螺栓进行 3 次复紧，即拼装完成、油缸推进行程至 1/2、脱出盾尾，保证管片连接密实。隧道贯通后须对所有环纵向螺栓进行复紧。

③环面超前量控制

定期检查管片环面超前量，当超前值过大时应用转弯环给予纠正，保证管片整环环面与隧道轴线的垂直度。

④注意事项

在管片拼装之前要清除盾尾拼装部位的渣土等异物，并检查管片的型号、外观以及密封材料的粘贴情况，若型号与管片运送指令不符应立即更换，有损坏必须修复后才可拼装。

拼装时应避免损坏管片和密封条，若意外造成管片损伤，应更换完好的管片拼装并对受损管片进行修补。密封条受损也必须更换。

(6)同步注浆与二次注浆

盾构穿越河底时，由于地层含水量高、水压力高，注浆时必须遵循“同步注入，快速凝结，信息反馈，适当补充”的原则注浆。

①同步注浆

根据隧道洞身穿越地层的特点，为能尽早充填盾尾建筑空隙，及时支撑管片周围岩体，防止地层产生过大变形而危及周围环境安全，采用盾构边掘进边注浆方式。通过盾构机自设的同步注浆系统及管片预留注浆孔，注浆在盾构尾建筑空隙形成的同时进行。同步注浆过河遵循无浆不推进原则，原则注浆采用方量与压力双控措施，方量设定在6.4～7.2 $m^3$，控制同步注浆压力1.5～2.5 bar，压力0.3 MPa，但瞬时不得超过0.6 MPa，并优化砂浆配合比，缩小砂浆的初凝时间。每方浆液材料用量为水泥110 kg、粉煤灰200 kg、砂700 kg、膨润土67 kg、水279 kg，凝结时间控制在5～6 h。

②二次注浆

同步注浆使盾尾建筑空隙得到及时填充，地层变形及地表沉降得到控制，在浆液凝固后，强度得到提高，但可能有局部不够均匀或因浆液固结收缩产生空隙，因此为提高背衬注浆层的防水性及密实度，必要时再补充以二次注浆，进一步填充空隙并形成密实的防水层，同时也达到加强隧道衬砌的目的。根据前期在类似地层的掘进和相应的监测数据情况，注浆动态压力控制在0.3～0.4 MPa，注浆结束标准采用注浆压力单指标控制，静止压力控制在0.5 MPa，同时在过程中坚持无浆不推进的原则。

为防止管片上浮，在管片脱出盾尾5～8环，选取两个点位进行二次注浆，注浆量为1 $m^3$。二次注浆采用水泥-水玻璃双液浆，浆液配比为1∶1∶0.6(水玻璃波美度为25)，凝结时间控制在30～40 s。

③注浆材料、性能

为保证盾构快速穿越白沙河，防止注浆管堵塞造成注浆不及时、河床沉降，在穿越过程中要加强对同步注浆原材料的控制，保证原材料性能达标。注浆浆液要流动性好，便于盾构移动过程中持续不停地注浆，二次注浆材料要可注性强，能补充同步注浆的缺陷，对同步注浆起充填和补充作用。

(7)盾尾油脂和泡沫加注

①盾尾油脂

为防止盾构推进时地下水及同步注浆浆液从盾尾窜入隧道，须在盾尾钢丝刷位置注盾尾油脂，以达到盾构的密封功能。为了能安全并顺利地完成区间隧道的掘进任务，必须切实地做好盾尾油脂的压注工作，并选用优质盾尾油脂。

由于过白沙河段处于微风化安山岩层且处于破碎带中，透水性较强，施工时应勤注油脂。结合前期在过断裂带等地层水较丰富段掘进经验，盾尾油脂压力设定为3.0 MPa，较正常段约高0.5 MPa，用量不低于60 kg/环，每桶保证四环用量。

②泡沫

由于过白沙河盾构机在微风化安山岩层中，刀盘扭矩增加，为确保土体改良效果，防止盾构机在河中因结泥饼导致盾构停机，必须加强盾构的土体改良。土体改良主要以从刀盘前方加入泡沫和水为主，选用优质泡沫，泡沫的发泡率和原液用量根据现场检测选择最佳配比，流量根据前期的施工经验总结，按每路200 L/min的流量控制，过程中根据各参数动态调整。

3. 施工监测

(1)监测内容

盾构穿越白沙河期间，除日常的洞内管片收敛与隧道沉降监测外，重点监测施工影响范围的河堤沉降。

(2)监测点布设

①隧道隆陷监测点布设

按照规范和设计要求,隧道隆陷监测点不大于 100 m 设置一断面,在穿越白沙河的盾构区间加设监测断面,间距为 20 m。隧道隆沉监测点布置如图 3-55 所示。

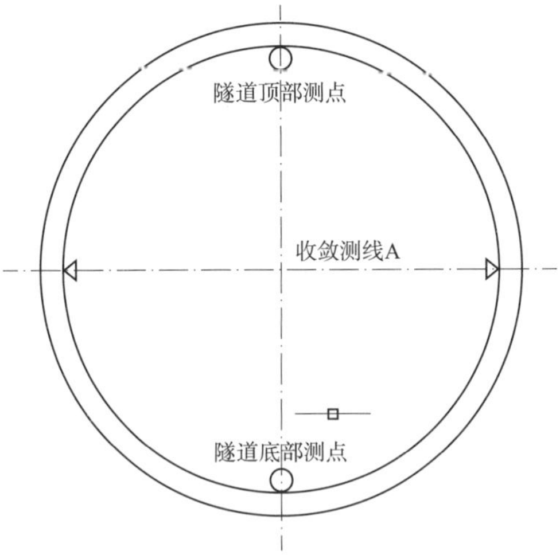


图 3-55　隧道隆沉监测点布置断面

(3)监测频率与报警值

盾构穿越期间,对河堤的监测按照每天 2 次的频率进行,上午 9 时、下午 4 时各 1 次;穿越后按照每天 1 次的频率,沉降稳定(单次变化值小于±0.3 mm)后逐渐降低频次至每月 1 次。

河堤沉降的单次允许值为±3 mm,累计允许值为−20 mm～+20 mm;预警值为允许值的 70%,即单次±2.1 mm,累计−14 mm～+14 mm。

(4)监测数据处理与反馈

在穿越白沙河期间,项目部测量人员负责一天两次监测,及时对监测数据进行分析,并将分析结论和控制措施以电子信息形式发至各盾构主要管理人员。

当河堤沉降监测值达到报警值时,在隧道内对应河堤范围,通过管片上部注浆孔压注单液浆,单液浆配比为水(kg)∶水泥(kg)=1∶1。压注过程中加强监测,直至沉降稳定。

(5)监测技术保证措施

在盾构到达白沙河前完成监控量测点的布设,提前测得初始读数。监测点的设置根据规范和设计要求进行,避免监测数据失真。各监测仪器按照有关规定由具备资质的机构定期检定,使用时处于有效检定期内。

项目部测量主管作为与监测单位的联系人负责督促、协调和收集监测日报、周报等相关监测报表,并负责将监测日报报至项目经理、项目总工程师处,以便项目经理、总工程师对当天上报的监控量测数据进行认真分析,并确定下一步施工意见,一旦发现异常或超过报警值,及时分析原因并采取措施,并上报监理、业主及上级主管单位。

由项目部指定专职安全员在穿越期间对白沙河进行每日不间断巡视。安全员巡视时主要观察河水气泡现象、有无旋涡现象，并随时上报结果，必要时，租赁船只在水面上进行观察。

#### 3.3.2.4 盾构下穿建筑群关键技术

汽车北站～流亭机场站区间在 K59＋194～K61＋012 范围内下穿修建于 20 世纪 50～90 年代的建筑群，环境风险等级为Ⅲ级。房屋基底以上地层主要为素填土、中砂～粗砂和黏土～粉质黏土层。建筑基础多为毛石基础和砖基础，结构多为砖混结构。盾构掘进期间，存在不均匀沉降、影响房屋正常使用的风险。

1. 穿越建筑物措施

(1)建筑物发生倾斜

①如发生在盾构前方，应立即停机，并进行保压；报告值班领导，封锁建筑物周边区域，减少对土体的扰动，防止建筑物的更大倾斜；同时采取措施，将建筑物进行暂时固定。另外，应将建筑物进行恢复和加固工作。

②如发生在盾构机已通过地带，除无须停机外，其他措施同前。

③盾构通过建筑物下方时，应控制好掘进参数、刀盘转速等，增加同步注浆，及时进行二次注浆。

(2)建筑物裂缝

若发现建筑物裂缝情况，应立即进行建筑物监测。监测内容包括建筑物的四角、大转角处及沿外墙每 10～20 m 处，高低建筑物、新旧建筑物、纵横墙等交错处的两侧，不同结构的分界处及填挖分界处。设置监测允许值及警戒值。

①允许值范围内措施

保持盾构开挖面的稳定，即调整掘进参数(刀盘和土舱压力、排土量和推进速度、螺旋机转速、千斤顶总推力、注浆方式、盾构姿态及管片拼装偏差等)。

同步注浆和二次注浆，减小和防止地面沉降。盾构推进时控制好姿态，避免盾构上浮、叩头或后退等现象发生。纠偏时不宜操之过急，以减少地层损失和地面沉降量。

②警戒值范围内措施

加固盾构周围土体，防止土体松弛和扰动，控制盾构上部地层的变形，隔离因盾构掘进而引起的地基变形，可在建筑物与盾构之间施工隔离帷幕排桩。加固建筑物的地基，提高地基强度和承载力，控制建筑物沉降。严格控制盾构机出土量及掘进参数，同步注浆及二次注浆须及时跟近。根据实际情况向土舱注膨润土或选择用聚合型泡沫剂改良渣土。

2. 施工方法及技术措施

此区段隧道对应的岩土层为主要为微风化安山岩和中等风化安山岩，其整体强度中等，均匀性一般，岩层较破碎，且含有裂隙水。根据地层和地表建筑物情况，为了保证盾构机在此区段的各个地段都具有良好的地质适应性，采用土压平衡掘进模式。

对此区段内下、侧穿建筑物进行调查，与产权单位对接，根据重要程度对部分房屋进行加固，采用地表袖阀管注浆加固的方法对建筑物基底进行加固。

3. 监测措施

(1)监测项目及控制值

监测项目及控制值见表 3-17。

**表 3-17　监测项目及控制值**

<table>
<tr><th>序号</th><th>监测项目</th><th>方法及仪器</th><th>测点布置</th><th>监测频率</th><th>建议控制指标</th><th>监测精度</th></tr>
<tr><td>1</td><td>管片净空收敛</td><td>收敛计</td><td>与竖向、水平位移设置在同一断面</td><td rowspan="4">开挖面后方：$L \leqslant 3D$，1～2 次/d；$2D < L \leqslant 8D$，1 次/1～2 d；$L > 8D$，1 次/3～7 d（$D$ 为盾构开挖直径，$L$ 为开挖面至监测点或监测断面水平距离）<br>开挖面前方：$5D < L \leqslant 8D$，1 次/3～5 d；$3D < L \leqslant 5D$，1 次/2 d；$L \leqslant 3D$，1 次/1 d</td><td>12 mm；3 mm/d</td><td>0.06 mm</td></tr>
<tr><td>2</td><td>地表沉降</td><td>水准仪</td><td>见图纸</td><td>30 mm；2 mm/d</td><td>1 mm</td></tr>
<tr><td>3</td><td>拱底沉降</td><td>全站仪</td><td>与竖向、水平位移设置在同一断面</td><td>20 mm；3 mm/d</td><td>1 mm</td></tr>
<tr><td>4</td><td>建筑物沉降与水平位移</td><td>水准仪、经纬仪或全站仪</td><td>建筑物四角及承重部位，点间距一般不超过 15 m，砌体承重结构基础局部倾斜测点的纵向间距应为 6～10 m</td><td>建筑地表沉降≤15 mm，2 mm/d，房屋差异沉降≤0.001$L$（$L$ 为相邻基础中心净距）</td><td>1 mm</td></tr>
</table>

注：①当出现异常情况时，应增大监测频率；②邻近房屋的变形监测应与初期支护同步进行；③表中尚未明确的监测要求，具体监控量测应参考 GB 50911—2013《城市轨道交通工程监测技术规范》。

（2）监测分级

监测项目应按“分区、分级、分阶段”的原则制定监控量测控制标准，并按黄色、橙色和红色三级预警进行反馈和控制，见表 3-18。

**表 3-18　预警控制**

| 预警级别 | 预警状态描述 |
| --- | --- |
| 黄色预警 | “双控”指标（变化量、变化速率）均超过监控量测控制值的 70%时，或指标之一超过监控量测控制值的 85% |
| 橙色预警 | “双控”指标均超过监控量测控制值的 85%，或指标之一超过监控量测控制值 |
| 红色预警 | “双控”指标均超过监控量测控制值，或实测变化速率出现急剧增长 |

①发出黄色预警时，监测组和施工单位应加密监测频率，加强对地面和建筑物沉降动态的观察，尤其应加强对预警点附近的雨污水管和有压管线的检查和处理。

②发出橙色预警时，除应继续加强上述监测、观察、检查和处理外，应根据预警状态的特点进一步完善针对该状态的预警方案，同时应对掘进进度、掘进参数等做检查。

③发出红色预警时，除应立即向上述单位报警外，还应立即采取补强措施，必要时立即停止掘进，进行施工处理。

④当实测数据出现任何一种预警状态时，监测组应立即向施工主管、监理和建设单位报告，获得确认后应立即提交预警报告。

（3）信息反馈

地面及隧道内监测数据每天以监测日报形式进行信息反馈。每天定时的巡视情况在监测日报内反馈，其他时间进行巡视时，无情况不进行反馈。若发现地面出现裂缝、塌陷情况等情况，则在第一时间内电话反馈监控中心，由监控中心通知各部室及分管领导、应急小组。

### 3.3.2.5　盾构长区间单向掘进姿态控制及定向技术

1. 盾构长区间单向掘进定向控制测量技术

（1）地面控制点布网及复测

地面控制点的测量精度等级直接关系到隧道贯通误差的大小，提高地面控制点精度可有效提高隧道贯通精度。地面控制测量的导线边越多、越短，对误差的影响越大。对汽流区间的控制点进行现场查看，选取通视条件良好、测量边长、点位精度高的控制点，如图 3-56 所示。利用此种控制网，可以降低地面导线测量误差，同时可以在车站和风井之间进行两井定向，提高已贯通隧道的地下测量控制点精度，从而减小贯通误差。

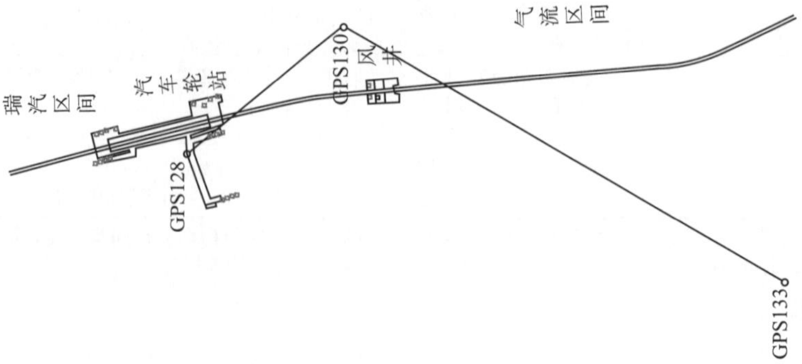


图 3-56　地面控制点位示意

地面控制网是隧道贯通的依据，由于受施工和地面沉降等因素的影响，这些点有可能发生变化，所以，在测量时和施工中应先对地面控制点进行复测，确定控制网的可靠性。工作内容包括相应精密导线点复测、高程控制点复测等。

在观测实施之前，按照规范要求在国家计量认证单位对所有的观测设备进行检定，且均在有效周期内。在观测实施过程中，严格按照国家相关规范进行作业，所有记录计算要求按规范相关条款进行，现场作业严格遵守有关操作规程。根据“青岛地铁集团有限公司地铁 1 号线控制测量成果表”中所示各控制点类型，导线点用全站仪按照精密导线的标准复测，水准点用电子水准仪按照二等标准施测。

(2)联系测量

联系测量包括地面近井点测量、竖井联系三角形的测量、高程传递测量，以及地下近井平面控制测量、地下近井高程控制测量。

①近井点测量

竖井联系测量前，应先确定近井点，即设置固定标识。近井平面测量采用附合导线形式。地面近井导线应附合在精密导线点上。近井导线测量按照精密导线测量的技术要求施测，近井导线长度控制在 350 m 以内，不多于 5 条边，最短边不应小于 50 m，其点位中误差应在±10 mm 之内。由于近井点位置处在施工影响的变形区内，经常发生变化，因此每次进行联系测量时都要重新做近井点测量。

近井高程测量应附合在地面的精密水准点上，且满足二等水准测量的技术要求。近井高程点位置处在施工影响的变形区内，经常发生变化，因此每次进行联系测量时都要重新做近井点测量。

②竖井平面联系测量

竖井联系三角形测量亦称一井定向测量，即通过竖井悬挂两根钢丝，在地面近井点与钢丝组成三角形，并测定近井点与钢丝的距离和角度，从而计算出两钢丝的坐标以及它们之间的方位角。井下近井点同样与钢丝构成三角形，并测定井下近井点与钢丝的距离和角度，由于钢丝处于自由悬挂状态，钢丝的坐标和方位角与地面一致，通过计算便可得出地下导线的坐标和方位角，从而将地上和地下联系起来。

（3）地下导线网布设及测量

地下控制包括地下平面控制测量和通过联系测量传递到地下的近井点。地下导线只能布设支导线，随着隧道的开挖向前延伸，导线形状完全取决于隧道形状。导线测量宜使用Ⅰ级精度全站仪施测，左右角各观测两个测回，左右角平均值之和与360°较差应小于4″，边长往返观测各两个测回，往返平均值较差小于4 mm，测角中误差为±2.5″，测距中误差为±3 mm。在隧道内设置通视效果好并且稳定的导线点，直线隧道施工控制导线点平均边长150 m，曲线隧道控制点间距，一般边长不小于60 m，如图3-57所示。

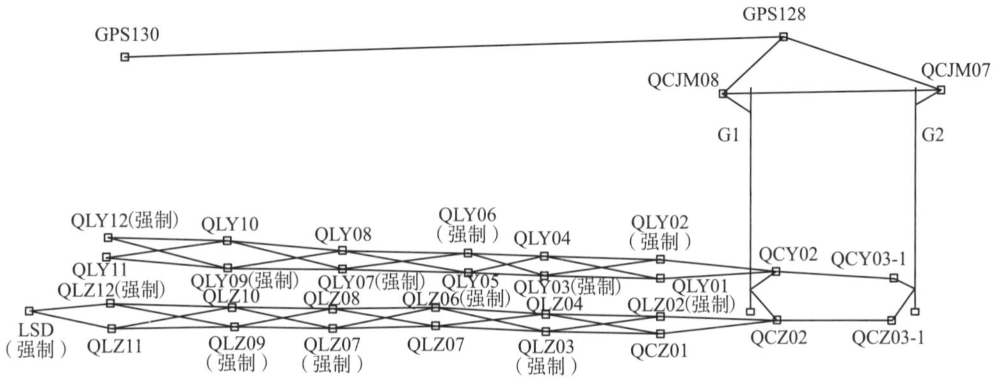


图3-57　地下导线网示意

地下平面控制点布设要定期检查洞内各导线点，如发现误差超限，及时改正，确保隧道高精度贯通。施工导线其边数不应超过3条，总长不应超过180 m。

导线布点应注意控制点之间视线不应距管片过近，以免发生光线折射，不应有障碍物、水雾、冷热明暗相差过大。

因为支导线是随着隧道的开挖面而向前延伸的，为了保证横向贯通误差不超过限差，应减少导线转折角数，即导线边越长越好。

在隧道洞口处，控制点要布置在洞口，不要让视线穿过洞口向内传播，这样造成的方位角误差很大，能达到15″左右。

高程传递时应采用三角高程传递，对向测量，满足条件时使用水准仪测量。在环境相对差的情况下（粉尘多、水汽大、中间温差大，如风井），全站仪高程测量存在极大的误差。

（4）陀螺定向校核

在隧道掘进2 700 m处加测陀螺定向，对隧道掘进方位角进行校核，确保掘进方向的准确性。陀螺设备采用索佳陀螺全站仪，精度为15″，以完成真北方向的精确定向。

①选取地面控制点应贴近隧道掌子面，投影面距离一般不超过200 m，以免对子午线收敛角造成大的影响。

②选取的地面控制点边长应尽量长，以提高地面方位角测量精度。

③地下控制点应靠近掌子面，且边长不宜小于150 m。

2. 盾构长区间单向掘进姿态控制技术

1)盾构导向测量

(1)控制点引测

由于后配套至前盾内控制点均采用强制对中装置,而掘进时对其影响较大,故每次搬站时不使用相邻控制点引测,应重新从车站底板或者经过多次复测的管片底部点位引测,至少要保证引测控制点距离后配套 50 环以上,如图 3-58 所示。

控制点使用前须对控制点间的角度和距离进行校核,以保证控制点位的相对稳定性。

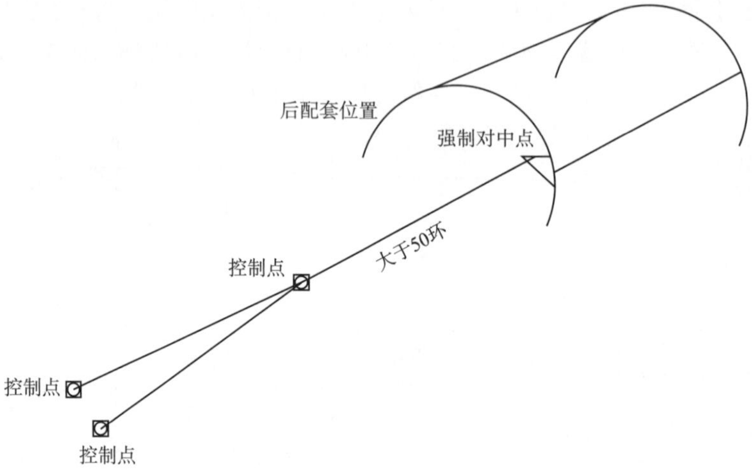


图 3-58　盾构导向控制点引测示意

(2)测量搬站

①使用专门的搬站记录簿,包括全站仪托架和后视棱镜托架编号、坐标和高程(搬站前后)、机器姿态数据(搬站前后)、搬站前后各项姿态数据较差的限差等数据。

②搬站前应提前做好准备工作。

③关闭导向系统前应保证其在正常工作状态,记录下搬站前机器姿态并截屏保存。如因洞内通视条件不佳或其他原因,导向系统不在正常工作状态时,应待其正常工作后再关闭搬站。

④从关闭导向系统到搬站结束后再开机直到导向系统工作正常的过程中,盾构(TBM)位置不能变化,刀盘不能转动,不可进行调向操作,更不可盲推。

⑤搬站时可以利用已有的全站仪托架向前传递坐标、高程,但仅限一次,下一次搬站应从地面控制点用导线测量托架和后视棱镜坐标。

⑥利用已有的托架传递时,可按导向系统搬站程序(自动测量)进行,也可用导线方式测量。建议不采用坐标法直接测量记录新托架坐标,坐标法只用来校核导线测量结果。

⑦搬站结束、导向系统开机正常工作后,再次记录搬站后的机器姿态并截屏保存。

⑧对比搬站前后机器姿态数据,如果各项偏差小于限差,则说明搬站成果合格,否则应查找原因,必要时重测。

搬站前后的姿态数据对比是盾构现场测量一项重要的复核工作。如果搬站过程中出现错误,或导向系统硬件存在较大的系统误差,或上一搬站期间托架发生了位移等情况,则可以立即发现并及时改正。

如果连续在托架上向前传递坐标，中间某一次出错而没发现，则后面的全错，因此不能用吊篮连续搬站。

(3)搬站间隔和后视距离控制

搬站后视距离过短会造成误差累积大、出错概率大、测量工作量大等问题。搬站距离过长会造成系统误差和偶然误差大（如每次搬站前后数据较差大、较差符号相同、机器姿态数据跳动大）、视线阻挡次数多或测量信号较弱等问题。

条件允许时应尽量加大搬站距离，必要时可对后配套影响净空的部分结构件移动位置，尽量加大测量窗口。但应注意全站仪尽量不安装在管片（围岩）变形较大地段，视线不要过于贴近边墙和设备，姿态数据跳动较大时（振幅由掘进偏差限差来具体决定）应及时搬站。

因各种原因造成搬站距离较短且不易加长时，应尽量增加全站仪托架到后视棱镜的距离，可连续搬几站使用同一个后视点，但应及时检查全站仪托架坐标高程。

2)盾构姿态测量及复核

盾构机始发前应确定盾构机的姿态，即盾构机和设计隧道轴线的吻合情况。盾构机就位后，测定盾首和盾尾的空间几何状态（被动铰接时测定盾中）。

(1)分中法

分中法如图3-59所示，分别找到盾首和盾尾外壳的中点，然后反算盾首和盾尾的坐标。

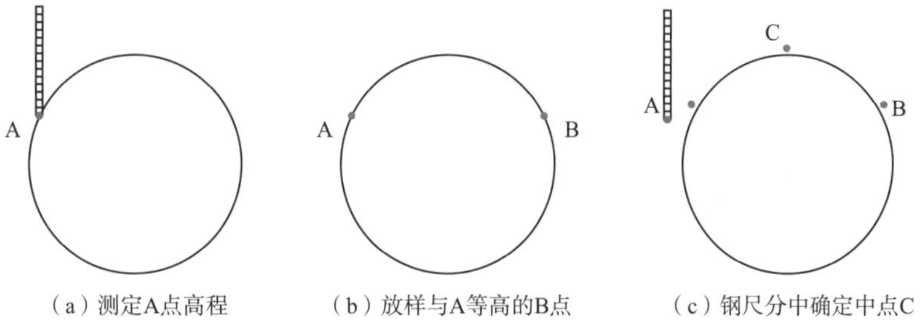


（a）测定A点高程　（b）放样与A等高的B点　（c）钢尺分中确定中点C

图3-59　分中法示意

(2)侧边法

侧边法如图3-60所示，分别测量盾首、盾尾得到如下数据：

盾首反射片：($x_{首}$，$y_{首}$)，距离 $D_{首}$；

盾尾反射片：($x_{尾}$，$y_{尾}$)，距离 $D_{尾}$。

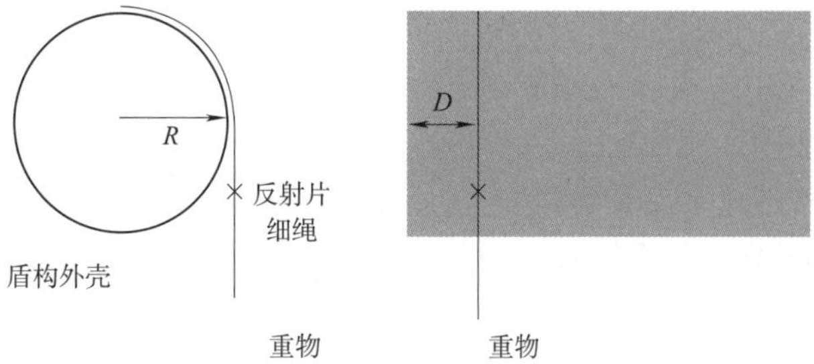


图3-60　侧边法示意

(3)圆心拟合法

盾构机圆心拟合法类似于隧道断面测量,在盾构机盾首及盾尾外壳处每隔 0.3 m 测定一个空间三维坐标,测量点位应处于同一断面处,如图 3-61 所示。根据测量的外壳点位拟合出盾首及盾尾的圆心空间三维坐标,再反算所在轴线位置的偏差,即为盾构姿态,如图 3-62 所示。

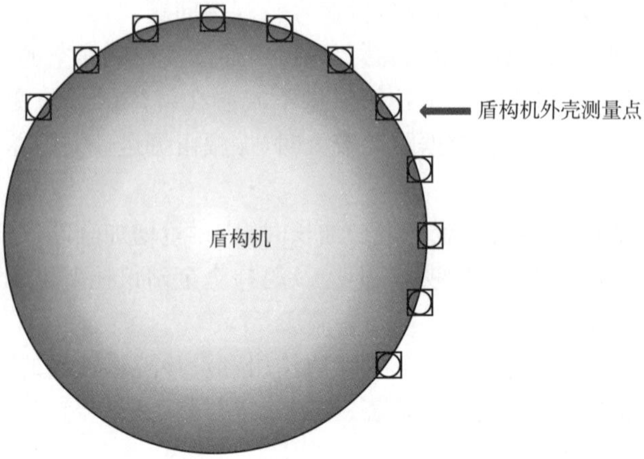


图 3-61　圆心拟合法示意

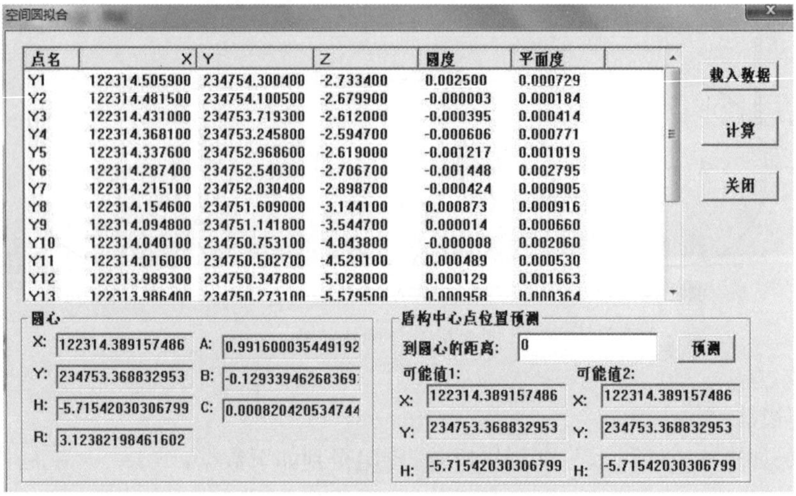


图 3-62　圆心拟合坐标计算

(4)特征点测量与姿态复核

特征点测量是利用特征点和激光靶、盾首盾尾圆心的空间三维相对关系来确定盾构的姿态准确与否,如图 3-63 所示。盾构机掘进过程中无法测量外壳来核对激光靶的测量信息,需要测量特征点来反算盾构姿态,用以校核激光靶。

实测激光靶和特征点数据计算示例截图如图 3-64 所示。

刚体坐标系如图 3-65 所示。

刚体坐标系零位计算截图如图 3-66 所示。

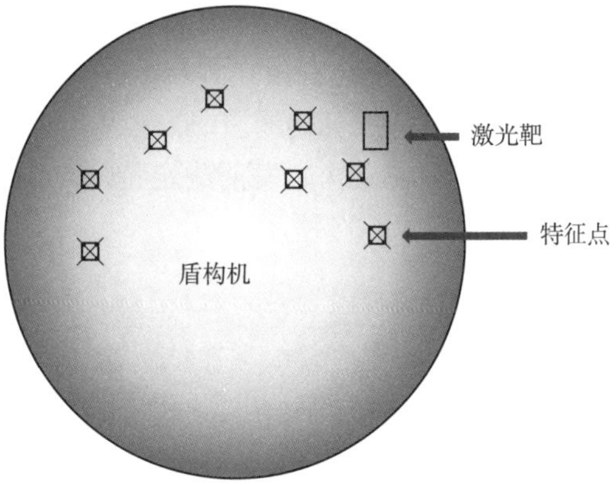


图 3-63 特征点测量示意

| 点号 | X（m） | Y（m） | Z（m） |
|---|---|---|---|
| T1 | 122 310.66 | 234 755.696 9 | –4.536 |
| T2 | 122 310.649 2 | 234 755.748 1 | –4.414 |
| T3 | 122 310.586 7 | 234 755.222 4 | –3.701 |
| T4 | 122 310.552 8 | 234 754.661 9 | –3.367 |
| T5 | 122 310.442 9 | 234 753.848 1 | –3.253 |
| T6 | 122 310.242 4 | 234 752.629 | –3.572 |
| T7 | 122 310.219 5 | 234 752.360 2 | –4.259 |
| JGB | 122 310.573 9 | 234 755.325 2 | –3.822 9 |
| 激光靶角度 | –0.310 1° | 1.035 9° | 354.116 0° |

图 3-64 激光靶及特征点计算示例

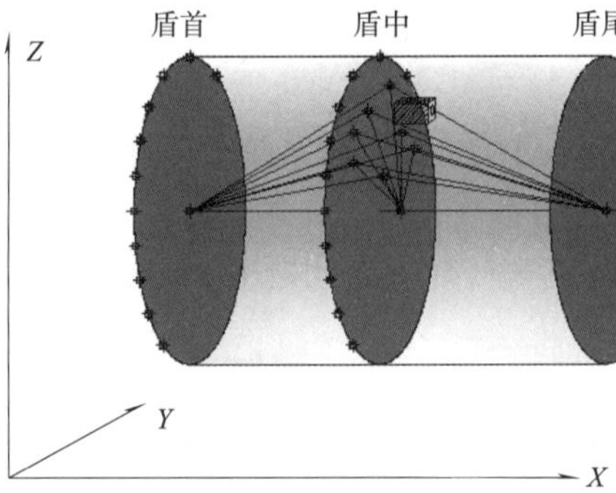


图 3-65 刚体坐标系

● SPM 零位计算：

| 点号 | CX（m） | CY（m） | CZ（m） |
|---|---|---|---|
| T1 | 0.088 7 | 1.829 8 | 1.182 9 |
| T2 | 0.071 6 | 1.879 2 | 1.304 9 |
| T3 | 0.077 7 | 1.349 8 | 2.017 9 |
| T4 | 0.116 4 | 0.789 6 | 2.351 9 |
| T5 | 0.112 | –0.031 6 | 2.465 9 |
| T6 | 0.069 5 | –1.266 3 | 2.146 9 |
| T7 | 0.080 7 | –1.535 8 | 1.459 9 |
| 01 | 4.085 | 0 | 0 |
| 02 | 0 | 0 | 0 |
| 03 | –3.895 | –0.000 1 | –0.000 6 |
| JGB | 0.051 7 | 1.450 1 | 1.896 1 |
| 激光靶角度 | 0.311 418 16° | –0.985 424 46° | 1.495 683 40° |

图 3-66 刚体坐标系零位计算示例

一般情况下盾构机出厂前都会测量出特征点与盾首、盾尾的相对三维坐标关系，即厂内零位。盾构机下井后可以通过吊篮或者预先焊接好的全站仪支座测量出这些特征点的大地坐标，再通过专业的测量软件反算出盾首、盾尾的大地坐标。

如果出场时没有测定特征点，须在盾构始发前测定特征点。

测量特征点反算盾构机姿态如图 3-67 所示。

图 3-67　反算盾构机姿态

(5)人工导向系统

所有盾构都必须建立人工导向系统，作为机器自身导向系统的检查和备份系统。

出现以下情况时，须进行人工导向：导向系统故障不能工作，需要继续掘进时；激光靶/马达棱镜安装托架变形、位置改变或修理、替换后重新安装时；掘进方向或高程偏离设计轴线较大时；怀疑导向系统测量结果有问题时；区间隧道贯通前。日常应按照一定的频率对导向系统进行检核校正。

测量要求如下：

①最少测量三个人工测量点(特征点)；如能找到机器上理论的垂直面或水平面，也可用垂球或水平尺准确测量机器的滚动角和坡度做更直接的校核。

②所有人工测量点应在同一测站上测量，以减小测量误差引起的刀盘偏差数据误差的成倍放大。

③人工测量点间距离应尽可能大，三点形成的空间形状尽量接近等边三角形，决不能近似一条直线(任意一点到其他两点连线的距离不宜小于 1 m)。

计算方法有：AutoCAD 配合 Excel 或计算器进行坐标转换和曲线反算、编制 Excel 表格计算、近似计算方法、用计算器现场计算。

3)盾构姿态控制

(1)管片姿态测量

管片安装后，应及时对管片位置进行检测，检测是对导向系统显示姿态的一个复核，内容主要包括管片的横向和高程变化。通常情况下，监测间隔为每掘进 10 环一次，搭接复测上一循环的 5 环管片。当管片姿态与导向系统显示的姿态有较大出入时，应人工复测全站仪和后视棱镜的坐标，人工复测盾构机姿态，找出偏差的原因，避免隧道轴线与设计轴线产生大的偏差。管片总位移量大于 20 mm 时应提高监测频率，每掘进 5 环监测一次，直到管片上浮量恢复正常为止。

管片姿态测量方法：采用 4 m 铝合金刮尺在中心处贴好反射片，再用一把水平尺固定在刮尺中间控制其水平。把刮尺放在所要测环的底部，使刮尺水平放置，全站仪安置在井下控制导线点上直接测量反射片的空间三维坐标，从而得出本环的平面中心坐标。用钢尺垂直量测反射片与管底的距离，从而算出本环管片的管底高程，反算出管片的中心高程，如图 3-68 所示。

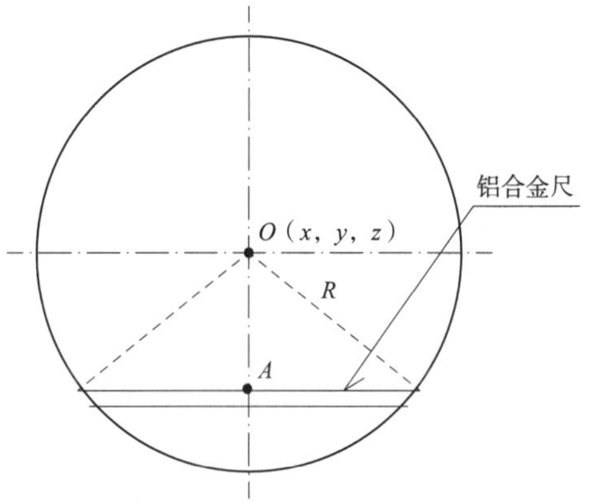


图 3-68　盾构管片测量示意

(2)管片断面测量

采用全站仪配备的断面扫描软件扫描管片的断面，导出至 CAD 图，在同一里程测量管片环向的空间三维坐标，每隔 50 cm 测取一个点，计算每个点位的超欠挖，并拟合圆心来计算管片整体的偏移现状，如图 3-69 所示。

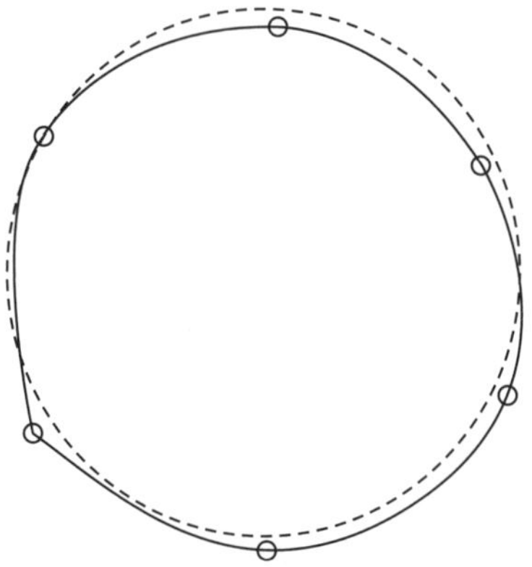

图 3-69　盾构管片断面测量示意

(3)油缸行程

首先确定四个油缸行程传感器的位置，通过四个油缸行程来计算上下左右油缸的行程，从而简要计算出上下左右的盾尾间隙。

推进油缸对角两组行程之和应相等，若不相等说明个别油缸没有顶到位或者是管片拼接截面不平整。

(4)盾尾间隙

在还未量取盾尾间隙的情况下，可以根据油缸行程进行估算。

在曲线上根据曲线半径来计算一环管片所能形成的油缸行程差，再根据楔形量配置转弯环来调整行程差。

管片姿态大体等于盾构姿态和左右(上下)盾尾间隙的一半之和。

# 3.4 盾构空推施工

## 3.4.1 盾构平移空推过站

### 3.4.1.1 平移空推过站流程

静港路站设计站台中心里程为 Y(Z)DK24＋658.400，起点里程为 YDK24＋463.40(ZDK24＋500.30)，终点里程为 Y(Z)DK24＋739.40，车站左线长 239.1 m，右线长 276 m，有效站台长 118 m，为 11 m 岛式站台，车站形式为地下两层双跨(局部两层三跨)矩形框架结构，车站标准段结构宽 19.70 m，车站结构外包高度 13.69 m。车站范围现状地面高程 6.2～6.9 m，场平高程 6.59 m，顶板覆土 3.4～4.1 m。车站标准段基坑深度为 18.35 m，宽度为 19.9 m，盾构段基坑深度为 18.5 m，宽度为 23.8 m。静港路站采用明挖局部盖挖施工，盾构机在静港路站空推过站，空推过站流程如图 3-70 所示。

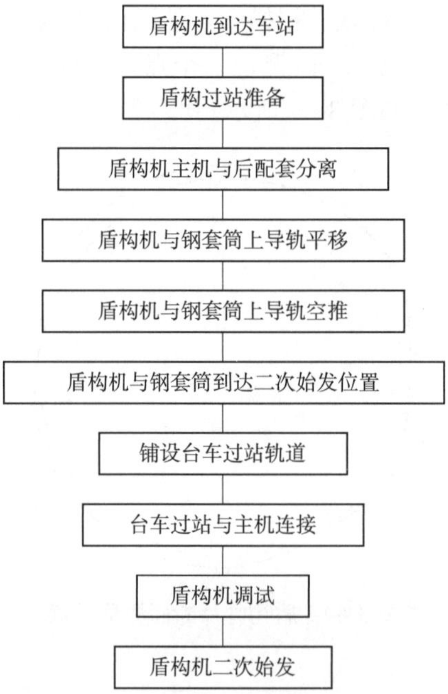


图 3-70 盾构机空推过站流程

3.4.1.2　空推施工准备

为保证盾构机及钢套筒在车站内顺利空推，静港路站底板施工时须提前在左右线各预埋四排 43 kg/m 轨道，轨道间隔 1 m，钢轨之间使用交错布置的对拉拉杆保持轨距，盾构机及钢套筒在轨道上空推过站，空推前提前在轨道上涂抹黄油。

3.4.1.3　平移空推线路

左线盾构机接收后，盾体及钢套筒先向右线方向平移 1.33 m，沿预埋轨道空推 225.7 m 至静港路站小里程端头后向左线方向平移 1.33 m，到达始发位置；右线盾构机接收后，盾体及钢套筒先向左线方向平移 1.33 m，沿预埋轨道空推 262.6 m 至静港路站小里程端头后向右线方向平移 1.33 m，到达始发位置。

后配套台车拆解后利用内燃机车运输至小里程始发端头，左右线空推线路如图 3-71 所示。

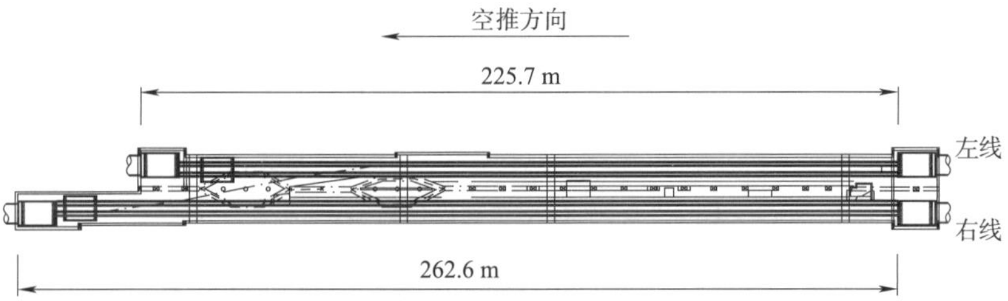


图 3-71　空推线路

3.4.1.4　平移及空推施工

1. 盾构机与后续台车分离

当钢套筒接收完毕后，断开主机与桥架的连接，并在管片车上放置 25b 工字钢作为桥架的支撑平台。

2. 盾体及钢套筒横移

盾体与台车分离后，在钢套筒左右两侧各焊接两个 200 t 电动液压千斤顶的基座，基座位置左右距钢套筒中心 2 260 mm，前后距盾构重心（距刀盘面板 2 675 mm）位置 1 000 mm。然后在基座上安装 4 个液压 200 t 千斤顶，作为盾体及钢套筒顶升装置，如图 3-72 所示。

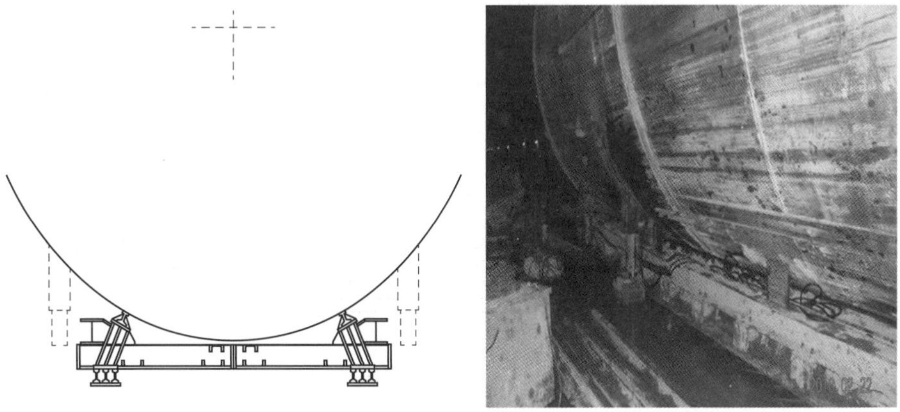

图 3-72　盾体顶升

利用 4 个 200 t 液压千斤顶将盾体顶升 200 mm,然后将平移钢轨(43 kg)插入钢套筒底部,1 m 间隔一根,方向垂直于盾构过站线路中心线,如图 3-73 所示。

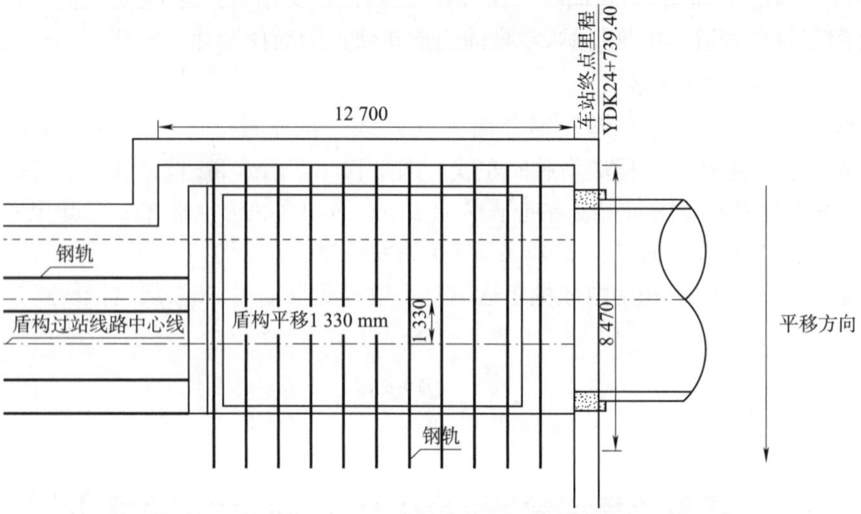


图 3-73　平移钢轨铺设(单位:mm)

盾体及钢套筒总重不大于 400 t,有润滑钢对钢的滑动摩擦系数小于 0.1,需要的推力大约为 40 t,平移采用 2 组 100 t 液压千斤顶动力完全可以满足要求。盾构机在钢轨上平移采用 2 组 100 t 液压千斤顶作为动力,液压千斤顶的反力由固定在车站侧墙上的反力点提供,利用千斤顶在反力点上横向顶推钢套筒,从而达到盾体垂直车站方向平移的目的,如图 3-74 所示。盾构始发端盾体在平移钢轨上移动与接收端钢轨上平移方法相同。

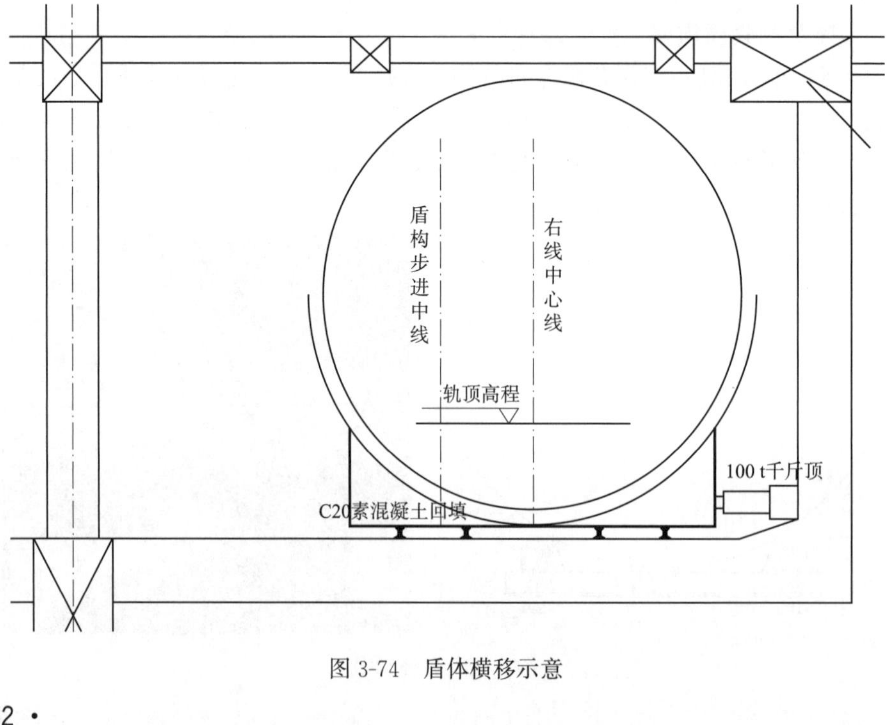


图 3-74　盾体横移示意

3. 盾体前移

盾体及钢套筒平移到位后，利用 4 个 200 t 液压千斤顶将盾体顶升 200 mm，将平移钢轨(43 kg/m)拆除并更换为空推钢轨(43 kg/m)，方向平行于盾构过站线路中心线，与车站内预埋钢轨连接，如图 3-75 所示。

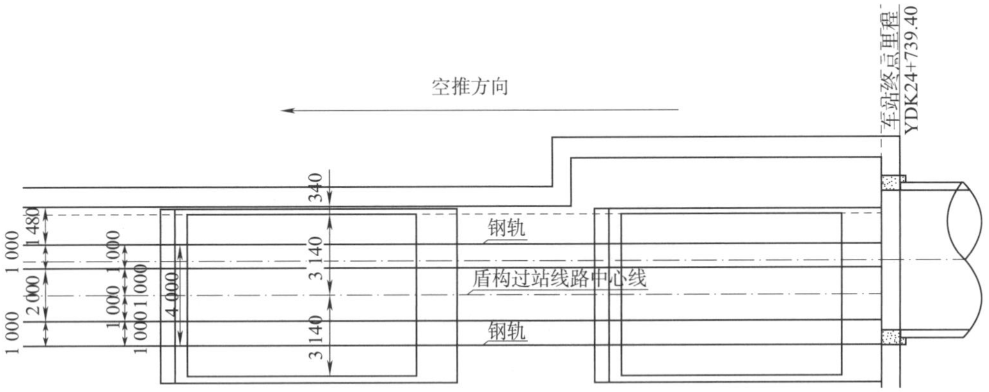


图 3-75　轨道连接(单位：mm)

将盾体及钢套筒落在空推轨道上，利用 2 台 100 t 千斤顶将盾体沿大断面向前顶推，液压夹轨器作为 100 t 千斤顶的反力点，盾体前移时在钢轨上涂抹润滑油，盾体顶推千斤顶每个行程均为 1 m，千斤顶前端固定在托架上，后端与夹轨器相连，盾体前移时夹轨器夹紧，当盾体前移 1 m 后松开夹轨器并回收千斤顶，如此循环直至将盾体前移到静港路站小里程端头。液压夹轨器及推进形式如图 3-76 所示。

图 3-76　液压夹轨器及推进形式

4. 盾构机后配套台车过站

盾体前进 60 m 后即可开始台车的过站施工。台车过站之前须铺设台车过站轨道，轨道铺设方法同始发台车轨道铺设。台车过站采用电瓶车牵引，过站速度要慢，如图 3-77 所示。

图 3-77　台车过站

### 3.4.1.5　盾构空推平移过站技术措施

(1)盾体平移时,预先将平移钢轨打扫干净并涂抹一层黄油,以减少托架移动时的摩擦阻力。

(2)过站所采用的钢轨宜采用完好的钢轨,不得采用事先开洞的钢轨。

(3)台车过站轨道高度须仔细计算,作为后期电瓶车运输轨道。

(4)在施工过程中注意导轨基面的现场检查,确保四条钢轨的基面在同一个里程上的高程一致。

(5)盾体在钢轨上移动时宜事先在钢套筒上焊接 4 个卡槽,卡槽尺寸略大于钢轨,可有效防止托架掉落钢轨。

### 3.4.1.6　常见问题及对策

1. 盾体无法移动

由于平移钢轨及钢套筒在盾构机到站之前即已放置完成,并且车站施工中可能存在积水的情况,导致托架与钢轨锈蚀,盾体无法移动。对此,可用千斤顶反复顶推托架,或可增设一台液压站,用 4 组液压千斤顶顶推托架。

2. 托架移动时钢轨断裂

当托架在平移钢轨上移动时,可能发生钢轨断裂。

(1)如果钢轨断裂处在托架之后,可采取如下措施进行处理:

①将断裂的钢轨重新用接头夹板连接在一起;

②在车站底板用 $\phi$25 mm 钻头冲击钻打 15 cm 深度的孔,孔间距 15 cm,插入 $\phi$22 mm 螺纹钢,用钢筋将钢轨卡住,防止钢轨再发生移动;

③在断裂区及断裂区域以外 2 m 的范围内浇筑混凝土,混凝土高度略低于钢轨上表面,以进一步固定钢轨,待混凝土凝固后即可继续盾体前移。

(2)如果钢轨断裂处发生在托架下方,可用 200 t 千斤顶将盾体顶升,而后更换断裂的钢轨。断轨处理完成后,落下盾体,继续进行盾体前移施工。

## 3.4.2　盾构空推拼管片过暗挖段

### 3.4.2.1　施工流程

静沙区间位于青岛市崂山区静港路站至沙子口站之间,起止里程 DK24＋739.400～DK25＋879.000。左线(短链 16.069 m)全长 1 123.531 m(矿山段 452.1 m,盾构段 687.5 m),右线(长链 3.746 m)全长 1 143.346 m(矿山段 504.8 m,盾构段 634.8 m)。本区间隧道拱顶埋深 9.6～25.8 m,均为单线单洞隧道,主要采用盾构法施工,局部受地质条件影响采用矿山法施工后,盾构平推拼管片通过。左线 ZDK24＋739.400～ZDK25＋075.900 段、ZDK25＋528.000～ZDK25＋879.000 段为盾构区间;ZDK25＋075.900～ZDK25＋528.000 段为盾构平推段。右线 YDK24＋739.400～YDK25＋063.200 段、YDK25＋568.000 ～YDK25＋879.000 段为盾构区间;YDK25＋063.200～YDK25＋568.000 段为盾构平推段。

暗挖盾构空推段总体施工流程如图 3-78 所示。

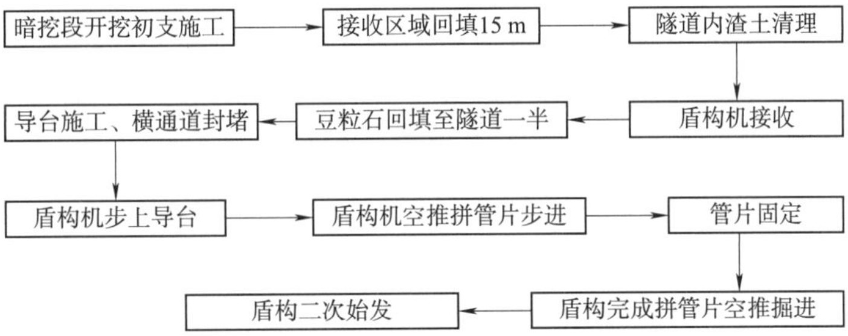


图 3-78　暗挖盾构空推段总体施工流程

### 3.4.2.2　施工工艺

1. 空推段端头回填施工

空推与实推接口全断面回填 15 m 素混凝土,能有效地为盾构机提供反作用力及保证接近空推段的地质安全。

2. 矿山法暗挖段导台施工

矿山法隧道开挖完成初支后,在隧道底部 60°范围内施工钢筋混凝土导台;钢筋采用单层钢筋网,纵向 $\phi$10 mm@200 mm,横向 $\phi$8 mm@200 mm。钢筋混凝土导台的内、外径根据所选用的盾构机直径确定,本例导台内径为 3 000 mm,外径为 3 400 mm。钢筋混凝土导台的中心线与隧道中心线重合,且钢筋混凝土导台对称于隧道中心线。钢筋混凝土导台如图 3-79 所示。

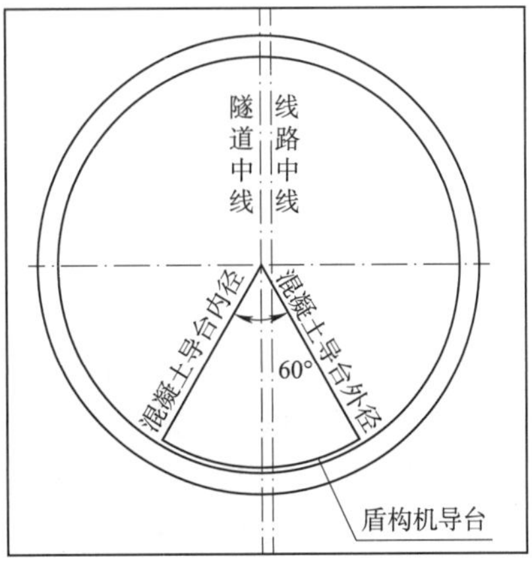


图 3-79　钢筋混凝土导台示意

导台是盾构机空推过矿山法隧道的下部支撑,并起着导向作用,其施工精度直接影响盾构的推进姿态和管片的拼装质量。在导台施工高程定位后必须进行测量复核，混凝土喷锚后应进行高程的复测，确保导向平台的高程施工精度在 0～+15mm 以内。导台施工完成后，由测量人员对导台的高程、弧度及中心线等进行联系测量，误差超过设计规范要求的，须重新施作。

为保证推进过程中盾构机刀盘具备转动的条件，混凝土导台不设导轨。

由于矿山法隧道采用爆破施工，较难控制隧道断面的尺寸，容易产生超挖或欠挖的情况。若欠挖部位未处理到位，在盾构机通过时，刀盘易被卡主，阻碍盾构机前进。若超挖未处理，隧道环后存在较大间隙，成形隧道易上浮或偏移。为保证隧道断面尺寸，在初期支护施作后，应对断面进行复测，每隔 5 m 进行一个断面测量，每个断面测量 10 个点。若有超挖或欠挖现象，则提前处理。

3. 回填豆粒石施工

矿山法隧道初期支护完成后，在隧道底部回填 40 cm 厚 C15 素混凝土，防止盾构机通过时“栽头”，然后回填豆粒石至隧道高度一半，盾构空推拼装管片通过矿山法隧道段。

回填能够给盾构机提供足够反力，推进千斤顶顶推管片使管片三元乙丙橡胶止水条密贴，达到良好止水效果；在刀盘前方形成密闭堆载体，让盾构机形成正常推进的土压平衡模式。

导台施工完成后，待混凝土强度达到设计强度的 90%后，方可在隧道内进行豆粒石回填施工，所需豆粒石从区间竖井向下投放至区间内，通过汽车运输到预定施工地段，采用装渣机进行堆填，从暗挖段竖井向大小里程区间分界线方向回填。隧道碎石回填如图 3-80 所示。

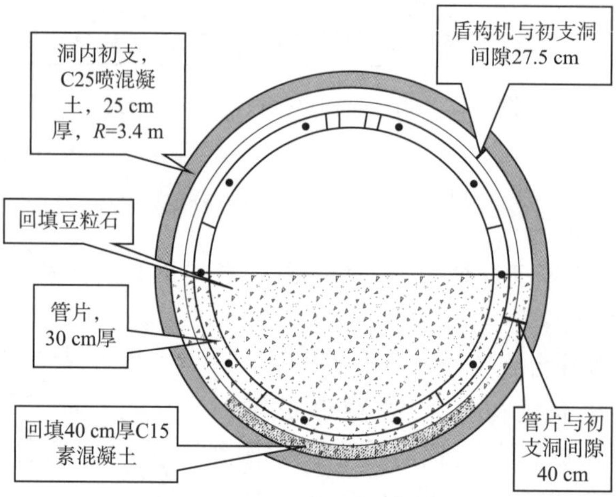


图 3-80　隧道断面碎石回填示意

(1)管片止水条需要挤压力计算

根据管片止水条设计压缩量和止水条性能指标计算管片止水条需要挤压力。单条管片橡胶止水条挤压量达到 6.5 mm 时的挤压力为 15 kN/m，一环管片橡胶止水条总长约 55.421 m，则挤压一环管片橡胶止水条需要的推力 $F_{1'}=N\times L=15\times 55.421=832.5$(kN/m)，相邻管片橡胶止水条为 2 道，则总挤压力 $F'=F_{1'}\times 2\times 1.5$(安全系数)$=832.5\times 2\times 1.5\approx 2\,500$(kN/m)。

(2)空推段推力计算

盾构在矿山法隧道内空推时，推力大于等于止水条的最小挤压力 2 500 kN 时，管片间止水条才能紧密贴合，隧道的防水效果好。推力过大会造成管片破损，或者撞上初期支护面出现安全问题。

矿山法隧道刀盘前方半断面堆填砂土有效长度测算，假设 $F_2$ = 止水条挤压力 $F'$，计算得出半断面堆填豆粒石的有效长度 $L=16$ m，考虑到尽量提供较大的反力来压紧止水条，防止管片接缝渗漏水，$L$ 取 20 m。

①推进时导台对盾构机的摩擦力

$$F_1=\mu_{摩}\cdot W_g=0.5\times 3\ 150=1\ 575(\text{kN})$$

其中，$W_g$ 为盾构及附属物总重 3 150 kN；$\mu_{摩}$为摩擦系数，取 0.5。

②回填豆粒石受到的摩擦阻力

$$F_2=\mu_{摩}\cdot(\pi D^2/8)\cdot L\cdot\gamma_{土}\cdot K\cdot g=0.5\times 18.15\times 20\times 1.8\times 1\times 9.8\approx 3\ 202(\text{kN})$$

其中，$L$ 为回填豆粒石的长度，取 20 m；$K$ 为砂土的松散系数，取 1；$\gamma_{土}$ 为砂土的容重，取 1.8 kN/m$^3$；$D$ 为碎石回填直径，6.8 m。

③盾构支撑豆粒石所受的轴向阻力

$$F_3=S\cdot P=(\pi D_1^2/8)\cdot(D_1/4)\cdot\gamma_{土}\cdot K_g\cdot g=18.15\times 22.21\approx 196(\text{kN})$$

其中，$S$ 为盾构面积；$P$ 为盾构中心土压；$D_1$ 为盾构机直径 6.25 m；$K_g$ 为土的侧压力系数，取 0.39。

④盾尾刷与管片之间的摩擦阻力(以 2 环管片计算)

$$F_4=\mu_{摩}\cdot 2W_{管}=0.5\times 2\times 230=230(\text{kN})$$

其中，每环管片重力 $W_{管}$ 取 230 kN。

⑤后配套台车的牵引阻力

$$F_5=\mu_{摩'}\cdot W_{拖}=0.3\times 1\ 600=480(\text{kN})$$

其中，$\mu_{摩'}$取 0.3；$W_{拖}$ 为后配套台车重力，取 1 600 kN。

因此，盾构机空推时以上各部分为盾构机提供反作用力总计 $F=F_1+F_2+F_3+F_4+F_5=1\ 575+3\ 202+196+230+480=5\ 683(\text{kN})$，大于止水条挤压力 2 500 kN。故前方堆放的豆粒石提供的反力满足止水效果的要求。

(3)回填豆粒石量计算

盾构空推拼管片时挤压前部土体向管片背后堆积，每环管片背后填充豆粒石体积理论值为

$$V=\pi(D^2/4-D_2{}^2/4)\cdot L'\approx 8\times 1.5=12(\text{m}^3)$$

其中，$D$ 为隧道初期支护内径，6.8 m；$D_2$ 为管片外径，6 m；$L'$为管片宽度，1.5 m。

在实际空推过程中，考虑刀盘前方需要足够的土体持续提供反力，还要考虑盾构空推时根据实际情况需要转刀盘出渣的情况，矿山段隧道整体半回填。

由于矿山段大小里程掌子面均全封闭，不具备边空推边补充豆粒石的条件，所以在矿山法隧道及盾构导台施作完成之后，盾构进入矿山段之前将豆粒石储运至洞内，通过竖井下料，翻斗车和装载机配合向隧道堆填豆粒石。

4. 盾构暗挖段接收

(1)盾构掘进

在盾构到达段施工时，通过膨润土系统向土舱内加入高吸水性树脂，待在土舱内搅

拌均匀后再转动螺旋输送机进行出渣，控制推力、土舱压力、螺旋输送机转速和后闸门开度等参数，降低掌子面含水量。贯通前的最后 3 环要进一步减小推力、降低推进速度。盾构机采用小推力、低速度掘进完到达段，进入盾构接收段。盾构接收后通过 15 m 素混凝土回填段时，盾构掘进采用敞开模式。盾构机进入到达段时，逐步减小推力、降低推进速度，加强每一环掘进出土量的监控频次。掘进施工参数见表 3-19。

**表 3-19　掘进参数**

| 编　　号 | 项　　目 | 参　　数 |
|---|---|---|
| 1 | 土舱压力 | 敞开式 |
| 2 | 刀盘转速 | 0.8～1.0 r/min |
| 3 | 推　力 | ≤8 000 kN |
| 4 | 盾构姿态水平偏差 | 0 |
| 5 | 盾构姿态垂直偏差 | +10 mm |
| 6 | 推进速度 | ≤60 mm/min |

(2)管片注浆

每环按照设计方量进行同步注浆，为确保在盾构到达空推段后，实推盾构段隧道地下水及同步注浆的浆液不涌入空推段，以切断后续水源或浆液涌入刀盘位置，同时提高管片抗浮能力，在掘进拼装完成倒数第 3 环后，停止掘进，在倒数第 10 至倒数第 6 环进行二次注浆。二次注浆配比采用 1∶1 的水泥浆和水玻璃混合溶液，注浆压力须达到 0.5 MPa，注浆量以注浆压力为准，基本每环须注入 0.5～2 $m^3$，确保连续 5 环管片背后间歇填充。

(3)管片拼装

为确保隧道贯通后的管片接缝防水要求，在到达空推段与实推段分界里程后，每安装一片管片先用人工将管片连接螺栓进行初步紧固，待安装完一环后，用风动扳手对螺栓进行进一步紧固，待管片出盾尾之后，重新用风动扳手进行紧固。

5. 盾构机步入导台施工

豆粒石回填密封刀盘前方断面，充填盾体与暗挖初期支护间的间隙，同步注浆正常开启，管片止水条密封良好。

6. 盾构空推段施工

当盾构机进入导台后，启动盾构机向前掘进。根据刀盘与导向平台之间的关系，调整各组推进油缸的行程，使盾构姿态沿线路方向进行推进，然后开始进行管片拼装、管片背衬回填工作。推进速度不能过快，控制在 60 mm/min 以内，同时启动同步注浆工作。盾构机推进如图 3-81 所示。

管片与已开挖成型隧道间由回填小碎石充填，同时开启同步注浆，同步注浆采用水泥-水玻璃双液浆。当土舱内 1 号土压传感器位置达到 0.8 bar 或推力达到 8 000 kN，开启螺旋输送机进行出土。

(1)盾构掘进

盾构掘进模式采用不建压模式，掘进推力控制在 8 000 kN 以内(主要以掘进速度

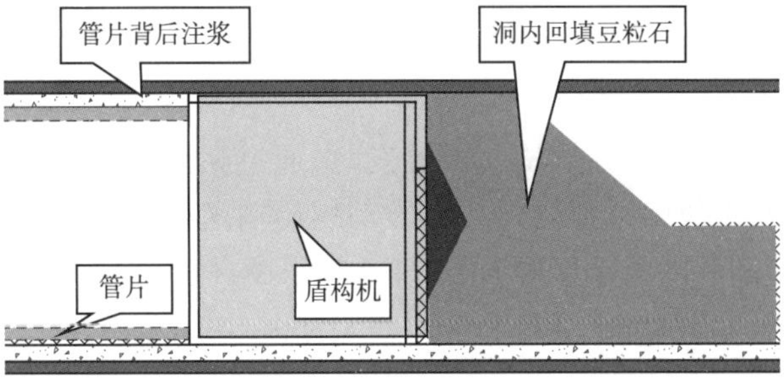


图 3-81 盾构机推进示意

25～50 mm/min 来控制推力大小)，当掘进推力大于 8 000 kN 以上，可启动螺旋输送机出渣，但要控制出渣量，掘进过程中，土舱内不加气压和泡沫。

(2)管片拼装

盾构在推进时，保持上下推进油缸油压相等，使盾构机在导台的导向下向前推进。在轴线高程中推进。通过控制盾构盾尾与管片外围间隙使管片符合设计轴线要求。管片拼装工艺与正常掘进时的工艺相同，应根据盾尾间隙与油缸行程差结合盾构姿态选择合适的管片。

在安装每一片管片时，先用人工将管片连接螺栓进行初步紧固，待安装完一环后，用风动扳手对螺栓进行进一步紧固，待管片出盾尾之后，重新用风动扳手进行紧固。

(3)管片背衬回填

①空推掘进阶段

当盾构机开推后启动同步注浆系统，由盾尾压注水泥砂浆和水玻璃，同时进行注浆作业。砂浆和水玻璃以 4∶1 的比例混合同时进入，以期达到快速凝固使管片与初期支护及地层间紧密接触，以提高支护效果。

为了防止盾尾被快速凝固的浆液堵死，在同步注浆开始前几个冲程采用纯砂浆注入，在确保盾尾通畅的前提下再打开注水玻璃的球阀，即将结束时也须提前停止水玻璃的注入，改用纯砂浆注入，防止停机时盾尾被堵。

同步注浆浆液采用水泥砂浆和水玻璃，其中水泥砂浆配合比为水泥∶膨润土∶粉煤灰∶砂∶水＝150∶40∶440∶720∶470，砂浆稠度控制在 10～11，注浆压力控制在 1 bar 左右。

②空推完成

空推段掘进完成后停止掘进，对空推段所有拱顶水平以上的管片背后进行填充，同时对所有管片螺栓进行再次复紧。

注浆孔开孔原则：为确保隧道防水质量，管片支撑螺杆对应的孔作为注浆孔。

施工顺序：先将管片上 3 个支撑螺杆拆下，从最下部的吊装孔内进行注浆至顶部吊装孔位置漏浆后停止注入，为了保证吊装头上防水要求，最后应注入水泥浆＋水玻璃(水泥浆和水玻璃配比为 1∶1)，从顶部继续注入直到达到 0.5 MPa 后可停止注入(封口采用水泥浆＋水玻璃)，后依次进行。

7. 盾构二次始发

盾构机空推至实推分界里程后停止掘进，启动螺旋输送机将土舱内土全部出完。

盾构掘进时应严格控制盾构机姿态，避免出现大的突变。起始 3 环掘进推力控制在 10 000 kN 以内，刀盘旋转速度控制在 1.2～1.5 r/min，以减少管片的旋转，之后为正常掘进模式。

为防止掌子面发生涌水，在盾构二次始发时，通过膨润土系统向土舱内加入高吸水性树脂。注入后待在土舱内搅拌均匀后再转动螺旋输送机进行出渣，控制推力、土舱压力、螺旋输送机转速和后闸门开度等参数，降低掌子面含水量。

8. 盾构空推施工辅助措施

(1)防止管片上浮和下沉措施

①在盾构机过空推段每隔 2 环采用特制支撑螺杆对管片注浆孔进行支撑加固，加固注浆孔位置的选择为成环管片水平以上位置。

②加强管片姿态监控。测量组每 6 环对管片进行一次姿态测量，如发现管片有上浮和下沉趋势应及时调整施工参数，盾构操作手也应根据测量数据适当调整注浆量。

③为防止管片在盾构步进后产生上浮，在空推过程中，管片背后注浆只从管片水平位置以上进行压注，注浆压力不大于 1 bar，同时尽量保证管片两侧同步注浆，避免因注浆对管片产生偏压，造成管片移位。

④如发现管片在后续过程中由于水压上浮，应及时对管片下部注浆口开孔放水。

(2)防止管片错台措施

在暗挖段的过渡段，根据盾构机切口环的位置与理论的线路相对位置进行顺接，在过渡段加强管片选型与管片姿态调整，隧道在此位置不会产生大的错台。盾构机在掘进过程中，由于刀盘的支撑，在盾构机前体与管片之间形成一个类似于简支梁的结构，当盾构机推力不足时，因盾构机的自重作用，盾构机主机后部悬空部分必然会产生下沉，从而导致管片产生错台。当盾构机在暗挖段向前推进时，由于过渡段导台的作用，在通过过渡段之后，盾构机的前体、中体以及盾尾的盾壳必然与导台紧密接触，只要管片选型合适，注浆压力控制不超过 1 bar，不会产生超过规范规定的错台。

盾构步进时提高背衬同步注浆，同时通过试验调整配合比，确保初凝时间在 6 h 以内，保证管片下部有足够的抗力。在必要时，缩短回填注浆工作面与管片安装工作面的距离，甚至在盾尾外侧直接进行回填注浆。

加强对盾构姿态的控制，纠偏不能过快，以每环不超过 10 mm 的纠偏量为宜，同时确保 60 mm 以上的盾尾间隙，以防止盾壳作用力于管片。

盾构机过空推段往往由于反力不够容易造成管片螺栓不能完全复紧，在拼完每环管片后应及时对后面 3 环管片螺栓进行复紧，在每次交班前对所有拼装管片复紧，空推结束后对所有管片螺栓复紧。

(3)盾构机姿态控制措施

①调整好盾构机从实推段到空推段进洞姿态和空推段到实推段时的出洞姿态，减小推力，增大刀盘转速，确保盾构机进出洞时的旋转值小于±3 mm/m。

②暗挖隧道施工时应确保导台位置的准确性，在二次始发段导台施工时，加强监测频率，确保导台施工精度在±10 mm 以内。

③空推过程中，控制盾构机姿态水平和垂直偏差在±50 mm 以内，管片拼装后加强管片姿态监测频率。

9. 监控量测及信息反馈

(1)监测项目

监测包括三个方面：一是空推施工全过程管片轴线水平和垂直偏差；二是空推施工全过程中管环的椭圆度；三是空推施工全过程环与环之间、同一环相邻块之间的平整度；四是监测管片的破损情况。

(2)控制标准

管片姿态偏差限值见表3-20。

**表3-20　管片姿态偏差限值**(mm)

| 监测项目 | 允许值 |
|---|---|
| 管片轴线偏差 | ±50 |
| 管片高程偏差 | ±50 |
| 管环椭圆度 | ±10 |
| 相邻管片平整度偏差 | ±5 |

(3)监测频率

监测频率见表3-21。

**表3-21　监测频率**

| 监测项目 | 频　率 |
|---|---|
| 管片姿态 | 每天监测1次，当管片姿态发生变化时，根据需要加大监测频率，为每天2～3次 |

(4)监测设备及数量

全站仪一台及配套设备、精密水准仪一台及配套设备等。

(5)监测报告

在工程施工过程中，监测结果应及时整理，以日报、周报和月报的形式送有关各方，工程结束时，提交完整的监测报告，报告内容包括：

①工程概况、监测目的；

②监测项目、测点布置；

③采用仪器型号、规格标定资料；

④监测资料的分析处理；

⑤监测值全时程变化曲线；

⑥监测结果评述。

(6)监测质量保证措施

①坚持按计划、有步骤进行，监测前编制工程监测实施性计划，包括监测程序、方法、使用仪器、监测精度、监测点的布置、监测的频率和周期。

②使用的仪器在施工监测过程中要保证其精度和可靠性，组织有经验的监测工程技术人员参加监测小组，确保施工监测质量。

③所监测的数据必须保证真实、可靠，监测人员对监测数据负责。

④根据施工具体情况确定监测项目，设定变形值、内力值及其变化速率预警值，当发

现超过预警值时，及时报告总工程师和监理工程师，并采取应急补救措施。

⑤安排有经验的工程技术人员按要求进行现场观测，并做记录。检查影响管片姿态、不利于支护结构稳定的因素，如支护结构的施工质量、施工条件的改变，管片渗漏和不适当的排水以及气候条件变化等。通过现场观察及时发现工程事故隐患，如管片错台严重、管环椭圆度超限、管环拱顶破损掉块、管片渗漏水等，及时处理，消除可能出现的安全质量事故。

⑥测点布置力求合理，应能反映出空推施工过程中管片的实际变形和对盾构机姿态的影响程度。

⑦测试元件及监测仪器必须是正规厂家的合格产品，测试元件应有合格证，监测仪器定期校核、标定。

⑧测点埋设应达到设计要求的质量，并做到位置准确，安全稳固，设立醒目的保护标志。

⑨监测数据应及时整理分析，一般情况下，应每日报一次。监测报告应包括阶段变形值、变形速率、累计值，并绘制管片上浮或沉降曲线、历时曲线等，做必要的回归分析，对监测结果进行评价。

# 第 4 章　喷锚暗挖(矿山)法地铁区间施工

## 4.1　概　　述

### 4.1.1　工程概况

青岛地铁 4 号线静沙区间位于青岛市崂山区静港路站至沙子口站之间。区间线路出静港路站后,沿李沙路中向南敷设,线路在 YDK25＋100.000 附近偏离李沙路,向东敷设,从东尖山西北侧下方穿越后向沙子口镇方向前进,在沙子口镇中心空地到达沙子口站。

静沙区间起止里程:(Z)YDK24＋739.400～(Z)YDK25＋879.000,左线全长 1 123.527 m,右线全长 1 143.342 m(长链 3.746 m)。施工竖井及横通道设在 YDK25＋452.018 处,联络通道设置在 YDK25＋300.000 处兼废水泵房,如图 4-1 所示。

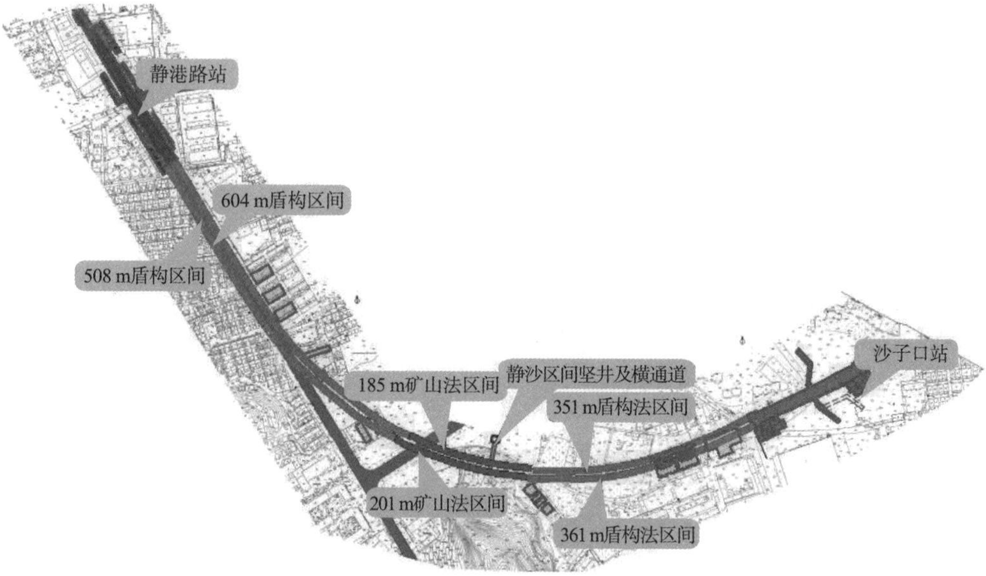


图 4-1　青岛地铁 4 号线静沙区间线路

本区间主要采用盾构法施工,局部受地质条件影响采用矿山法施工后盾构平推通过。

ZDK25＋090.900～ZDK25＋528.000、YDK25＋078.200～YDK25＋568.000 为硬岩段先采用矿山法施作隧道初期支护,待盾构步进通过后浇筑二次衬砌。ZDK25＋075.900～ZDK25＋090.900、YDK25＋063.200～YDK25＋078.200 为盾构洞内始发段,采用矿山法施作隧道初期支护,并浇筑二次衬砌。盾构步进至该段后,重新组装调试,并在该矿山法隧道内进行二次始发。

区间轨面埋深 15.0～33.3 m,拱顶覆土厚度 9.5～27.8 m,其中矿山法隧道洞顶中、微风化覆岩厚度 0～24.0 m,围岩等级有Ⅲ1、Ⅲ2、Ⅳ1、Ⅳ2、Ⅴ和Ⅵ级。

### 4.1.2　区间突水突泥抢险加固施工

2019 年 5 月 27 日静沙区间北侧出现约 591 $m^2$ 的地面塌陷，深度 7～10 m，宽度 25～31 m，不规则形状。左线掌子面出现大面积突水突泥。施工单位对地面塌陷区采用混凝土、加气砖、河砂、袋装水泥、格栅钢架、钢管、沙袋等材料进行回填。

(1)地表塌坑回填加气砖、混凝土。

(2)在右线掌子面附近 U 形区域防护，内侧为 $\phi$219 mm 钢管桩，外侧袖阀管注浆加固，如图 4-2 所示。

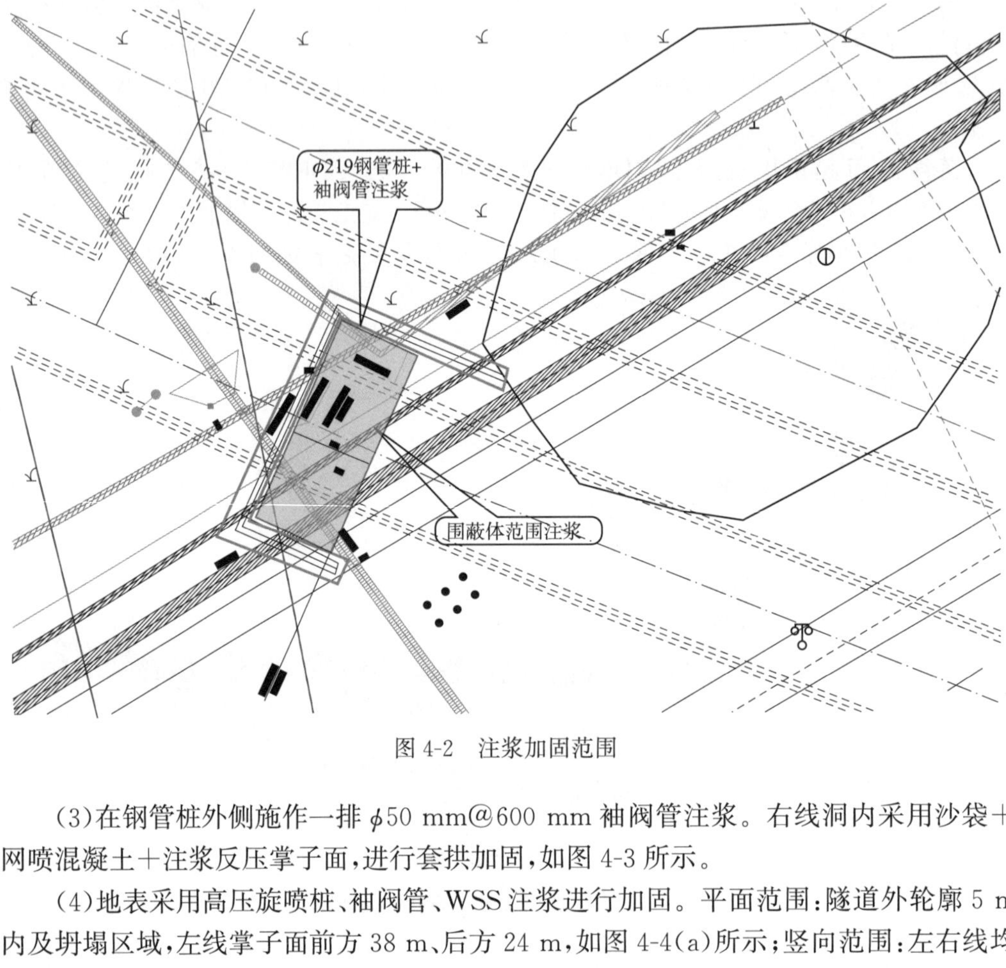


图 4-2　注浆加固范围

(3)在钢管桩外侧施作一排 $\phi$50 mm@600 mm 袖阀管注浆。右线洞内采用沙袋＋网喷混凝土＋注浆反压掌子面，进行套拱加固，如图 4-3 所示。

(4)地表采用高压旋喷桩、袖阀管、WSS 注浆进行加固。平面范围：隧道外轮廓 5 m 内及坍塌区域，左线掌子面前方 38 m、后方 24 m，如图 4-4(a)所示；竖向范围：左右线均从地面下 7 m 开始加固，左线掌子面前 12 m 及后 2 m 加固至隧底下 3 m，大里程方向加固至隧道顶上 1 m，小里程方向加固至中风化岩面，如图 4-4(b)所示。钻孔布置：钻孔间距 1.5 m，梅花形布置。注浆材料：水泥浆液。注浆压力：未开挖段注浆压力不大于 0.5 MPa，已施作初期支护区域注浆压力不大于 0.3 MPa。

(5)鉴于注浆导致的地面隆起较大，为避免对地下管线和地面电塔等造成破坏，将地面注浆加固调整为地面旋喷桩加固。

地面加固区域分为掌子面加固区域、重点加固区、补充加固区。掌子面加固区采用 $\phi$600 mm@400 mm 咬合高压旋喷桩加固，梅花形布置；重点加固区采用 $\phi$600 mm@

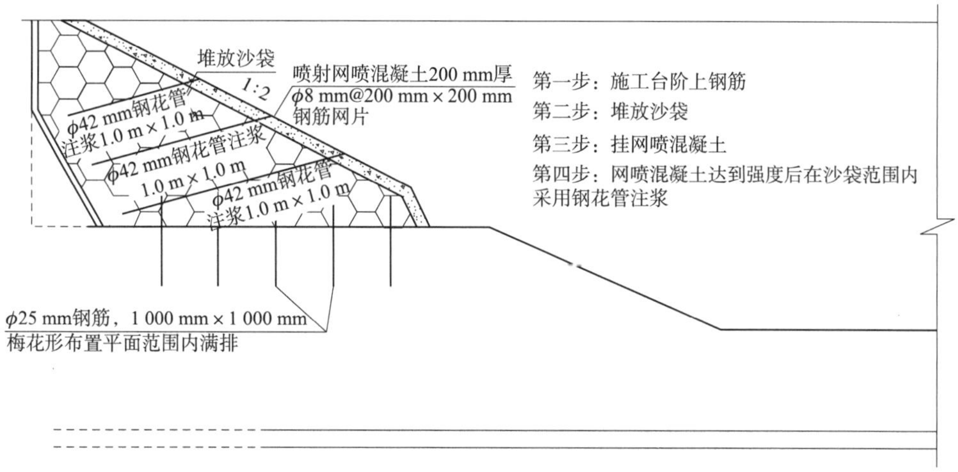


图 4-3　右线洞内掌子面处理

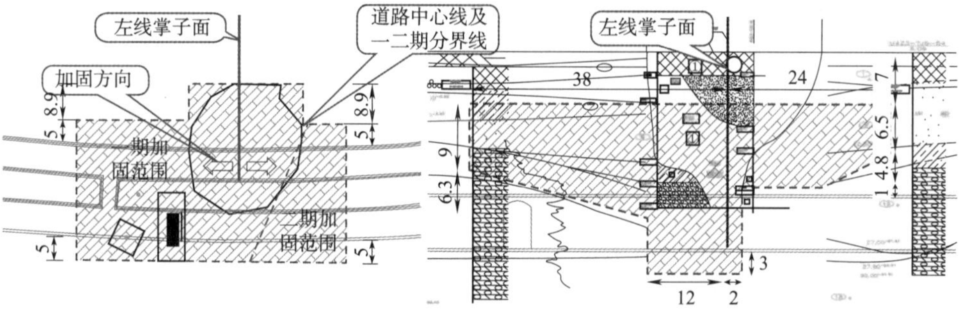


（a）平面范围　　（b）竖向范围

图 4-4　地表注浆加固(单位:m)

1 000 mm 高压旋喷桩加固,梅花形布置;补充加固区采用 $\phi$600 mm@1 500 mm 高压旋喷桩加固,梅花形布置。

已开挖隧道轮廓线 0.5 m 范围外的旋喷桩为 A 型桩,已开挖隧道轮廓线 0.5 m 范围内的旋喷桩为 B 型桩。

旋喷桩竖向加固范围:A 型桩上至地面下 7 m 位置,下至隧道拱底或中风化岩面线下 0.5 m;B 型旋喷桩加固范围底为隧道拱顶以上 1.0 m。

(6)左线小里程洞内掌子面后 5 m 及掌子面后 30 m 码放沙袋堤坝,并打设注浆管加固,洞内清淤累计完成 49 m。

洞内清淤前,地面加固应已完成以下工作:掌子面前后 5 m 范围内的旋喷桩施工,已施工的旋喷桩检测达到设计要求。

清淤步骤一:在掌子面后方抛洒水泥石灰等,堆放沙袋,形成稳定的工作平台。

清淤步骤二:通过沙袋平台向下方堆积体进行注浆,形成稳定坝体。其后,在坝体后方逐步向掌子面方向清除堆积物,清除过程中应加强掌子面和堆积物流动状态的监测,根据监测情况实时调整清理进度。坝体采用 42 钢花管注浆,1.5 m×1.5 m 梅花形布置,注浆浆液采用水泥浆。

清淤步骤三:对坝体前方掌子面位置抛填水泥石灰和沙袋封堵,再进行坝体后 10 m

范围内的堆积体清除。清除过程中应加强掌子面和堆积物流动状态的监测,进一步核实坝体注浆加固效果,并及时进行坝体的补充注浆。

清淤步骤四:分段对坝体进行二次水平注浆和清除,每循环水平注浆长度 13 m,清除长度 10 m。在每一循环清淤后下一循环水平注浆前,应在堆积体后方码放 3 m 厚的沙袋,并喷混凝土 200 mm,进一步稳定堆积体,并作为下一循环水平注浆的止浆墙。二次水平注浆采用 42 钢花管注浆,1.2 m×1.2 m 梅花形布置,倾角 5°~8°,浆液采用水泥浆。

清淤步骤五:在完成最后一循环水平注浆后,再向前清淤至掌子面后 8 m 处,回填沙袋进行封堵,并喷混凝土 200 mm。在封堵位置后方,用沙袋堆积不小于 5 m 的工作平台,并喷混凝土 200 mm 封闭表面。利用工作平台,在封堵位置拱顶打设超前管棚。

### 4.1.3 工程重难点及应对措施

(1)左线区间洞身穿越塌方体地段。塌方区洞身基本位于回填物中,岩层扰动较大,无自稳能力,水文地质条件复杂多变,开挖处理不当极有可能引起再次塌方。该段围岩原设计为Ⅴ级,塌方后地层已扰动,定为Ⅵ级。

应对措施:施工前地面采用袖阀管+高压旋喷桩注浆加固后,先施工 A108 超前长管棚做好超前支护,掌子面前方 15 m 采用帷幕注浆循环施作,加固洞身土体,分上、下台阶开挖(预留核心土),并施作临时仰拱。

塌方段采用人工开挖或机械开挖,严禁爆破开挖。开挖支护过程中遵循“管超前、严注浆、短开挖、强支护、快封闭、勤量测”的基本工艺,严格遵守“先管棚、后帷幕、再开挖,注浆一段、开挖一段、支护一段、封闭一段”的原则组织隧道施工,做好时间和空间上的顺接,控制好各分步台阶之间的进度协调,严禁冒进。

施工过程中做好应急预案,特别是塌方影响地段的施工均应储备足够的应急物资,切实做好应急演练。

(2)塌方影响区范围内超前长管棚施工质量控制是本工程的难点。

应对措施:管棚施工里程前先施作 1 环 A76 自进式管棚作为管棚工作室。管棚工作室长约 6.8 m,开挖时拱顶须挑高 60 cm。超前长管棚施作时严格控制钻机倾角角度,钻孔位置按照设计图纸孔位放样。当钻进过程遇富水软弱围岩塌孔时,优先考虑跟管施工工艺或高精度管棚施工工艺。

(3)矿山法隧道顶部管线较多,特别是 DN273 燃气管距离拱顶 17.7 m,爆破震速要求 0.5 cm/s,存在施工风险。

应对措施:施工过程中加强管线沉降变形监测,根据监测数据反馈必要时对管底进行注浆加固,洞内增加 4 个 150 mm 中空孔进行减震。

(4)矿山法区间下穿崂山沙子口供电所、侧穿沙子口教师公寓一角。

应对措施:对崂山沙子口供电所、沙子口教师公寓地表采用袖阀管预注浆对建筑物基础加固,洞内增加 4 个中空孔进行减震。

施工过程中进行严密监视,对建、构筑物基础和洞内监测点进行加密,并加强地表沉降监测,同时提高监测频率,当量测结果达到警戒值后,应对地上结构采取补强措施。

(5)左线小里程管棚工作室须对已完初期支护上断面进行扩挖、换拱,存在较大风险。

应对措施:

①换拱期间应加强监控量测,加强监测频率。

②换拱时严禁一次拆除两榀及两榀以上钢架，每次拆除一榀，待新钢架闭合，且喷射混凝土达到一定强度后方可拆除下一榀钢架。

③换拱应设有专门人员负责观测围岩变化情况，如有异常应立即哨声通知施工人员撤离或采取加固措施。

④施工前应做好技术交底及应急救援预案，保证应急救援物资。

## 4.2 施工方案

### 4.2.1 主要技术措施

(1)施工前，应先落实管线，对有影响的管线采取必要的保护措施后方可开始施工。提前对周边建筑物及地下室准确位置进行核查，确认无影响后方可施工。对于可能存在纠纷的建、构筑物应提前鉴定，保留影像资料。

(2)施工过程中应加强对管线的监测，必要时采取注浆等加固措施。进行各项工序前应对设计的坐标、高程进行复核测量，确认无误后方可施工。

(3)采用爆破开挖和人工辅以小型机具开挖。土层和近似土的岩层采用人工开挖或机械开挖；岩层采用控制爆破开挖。应采取短进尺开挖，开挖后及时施作支护，以封闭成环。尽量采用人工辅以小型机具开挖，以满足在城市内的施工要求。

(4)施工方法的选择原则是在确保安全的前提下，快速、优质完成土建工程，压缩工期，尽量降低成本。

(5)不同的地层采取不同的支护措施，优化施工顺序，保证洞内施工安全，减小地表沉降，最大限度减少对地表建筑、地下构筑物的影响，做到稳妥可靠，万无一失。

(6)遵循“管超前、严注浆、短开挖、强支护、快封闭、勤量测”的施工原则。

### 4.2.2 施工步序

(1)静沙区间矿山法施工段施工步序如图 4-5 所示。

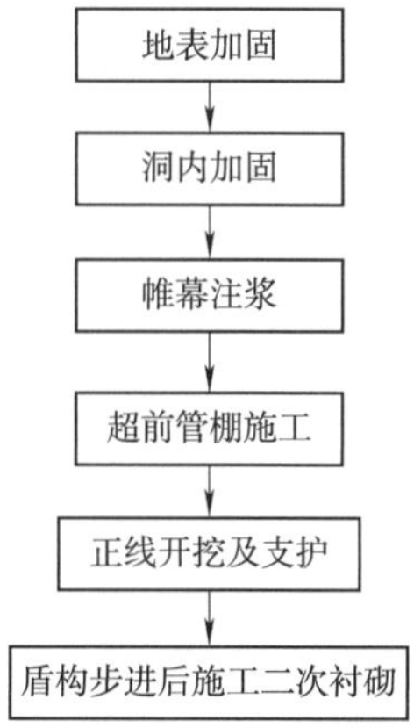


图 4-5 静沙区间矿山法施工段施工步序

(2)静沙区间正线开挖采用台阶法施工。静沙区间正线开挖及支护施工步序如图 4-6 所示。

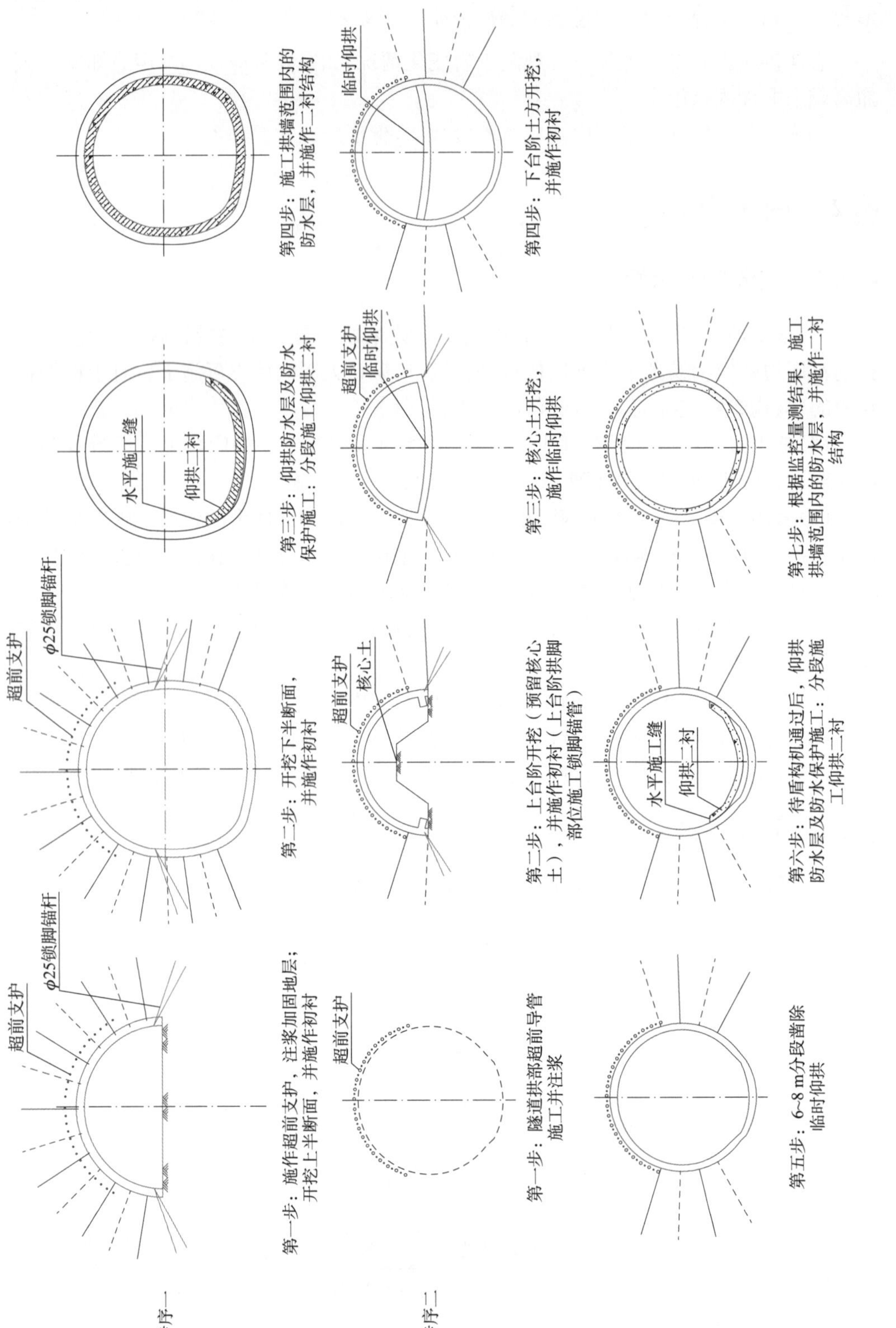
施工步序一
超前支护
φ25锁脚锚杆
第一步：施作超前支护，注浆加固地层；开挖上半断面，并施作初衬
超前支护
φ25锁脚锚杆
第二步：开挖下半断面，并施作初衬
水平施工缝
仰拱二衬
第三步：仰拱防水层及防水保护施工；分段施工仰拱二衬
第四步：施工拱墙范围内的防水层，并施作二衬结构
施工步序二
超前支护
第一步：隧道拱部超前导管施工并注浆
超前支护
核心土
第二步：上台阶开挖（预留核心土），并施作初衬（上台阶拱脚部位施工锁脚锚管）
超前支护
临时仰拱
第三步：核心土开挖，施作临时仰拱
临时仰拱
第四步：下台阶土方开挖，并施作初衬
第五步：6~8 m分段凿除临时仰拱
水平施工缝
仰拱二衬
第六步：待盾构机通过后，仰拱防水层及防水保护施工；分段施工仰拱二衬
第七步：根据监控量测结果，施工拱墙范围内的防水层，并施作二衬结构

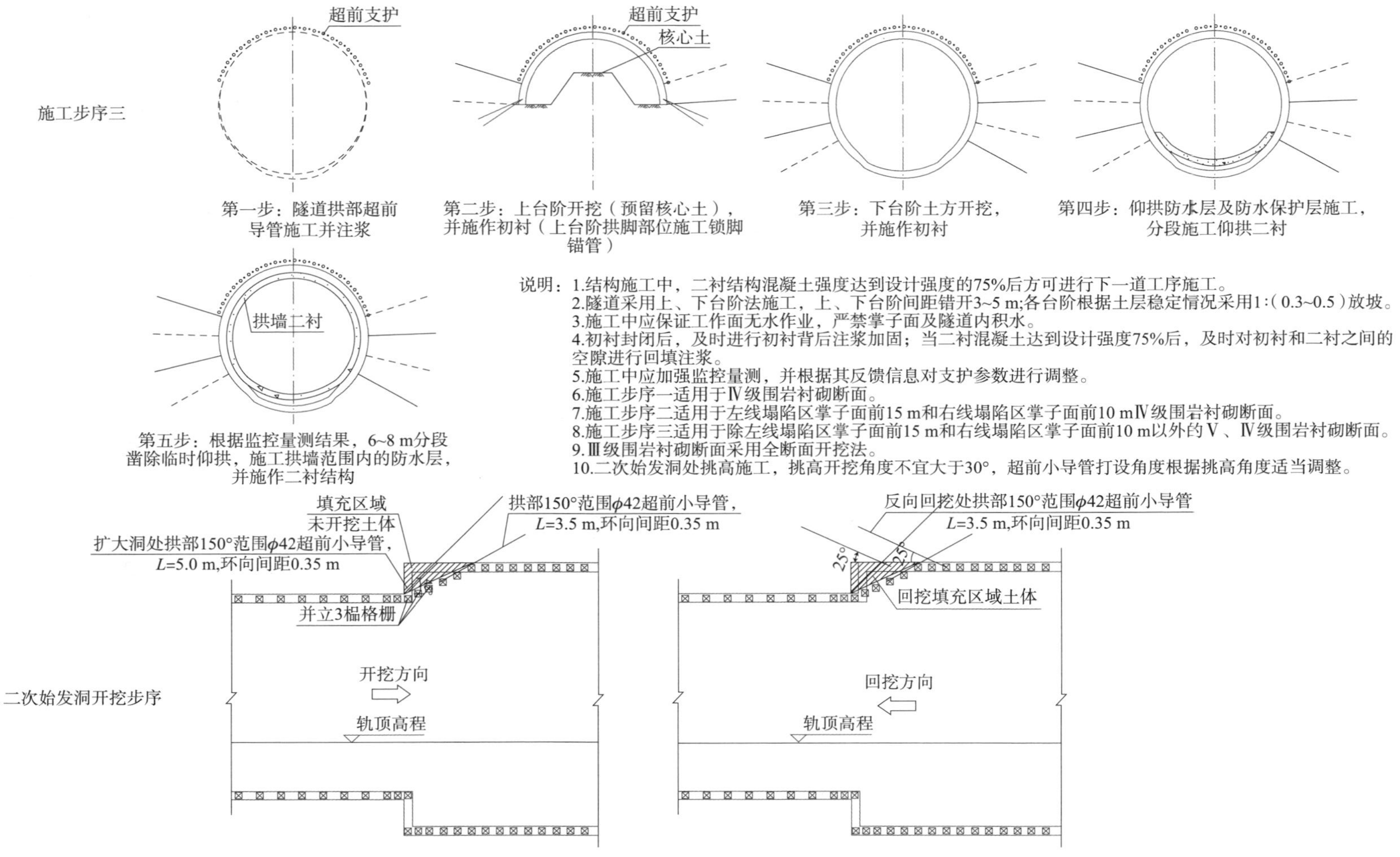


说明：1.结构施工中，二衬结构混凝土强度达到设计强度的75%后方可进行下一道工序施工。
2.隧道采用上、下台阶法施工，上、下台阶间距错开3~5 m;各台阶根据土层稳定情况采用1:（0.3~0.5）放坡。
3.施工中应保证工作面无水作业，严禁掌子面及隧道内积水。
4.初衬封闭后，及时进行初衬背后注浆加固；当二衬混凝土达到设计强度75%后，及时对初衬和二衬之间的空隙进行回填注浆。
5.施工中应加强监控量测，并根据其反馈信息对支护参数进行调整。
6.施工步序一适用于Ⅳ级围岩衬砌断面。
7.施工步序二适用于左线塌陷区掌子面前15 m和右线塌陷区掌子面前10 mⅣ级围岩衬砌断面。
8.施工步序三适用于除左线塌陷区掌子面前15 m和右线塌陷区掌子面前10 m以外的Ⅴ、Ⅳ级围岩衬砌断面。
9.Ⅲ级围岩衬砌断面采用全断面开挖法。
10.二次始发洞处挑高施工，挑高开挖角度不宜大于30°，超前小导管打设角度根据挑高角度适当调整。

图 4-6　静沙区间正线开挖及支护施工步序

(3)静沙区间正线支护参数如图 4-7～图 4-12 所示。

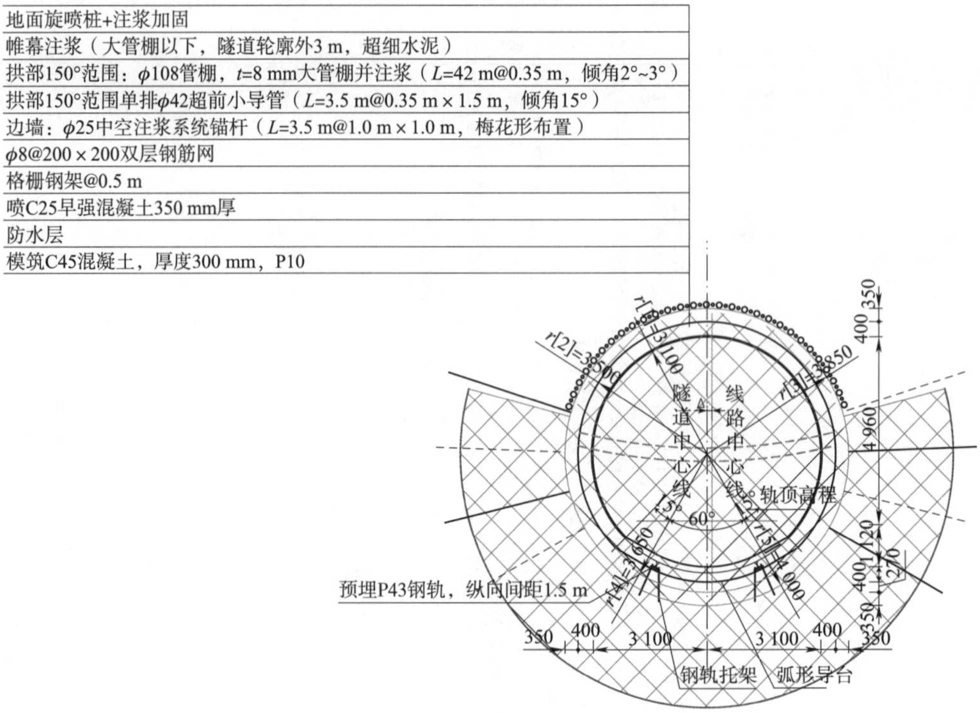


图 4-7　左线小里程Ⅵ级围岩(塌陷影响区掌子面前方 15 m)衬砌断面(单位:mm)

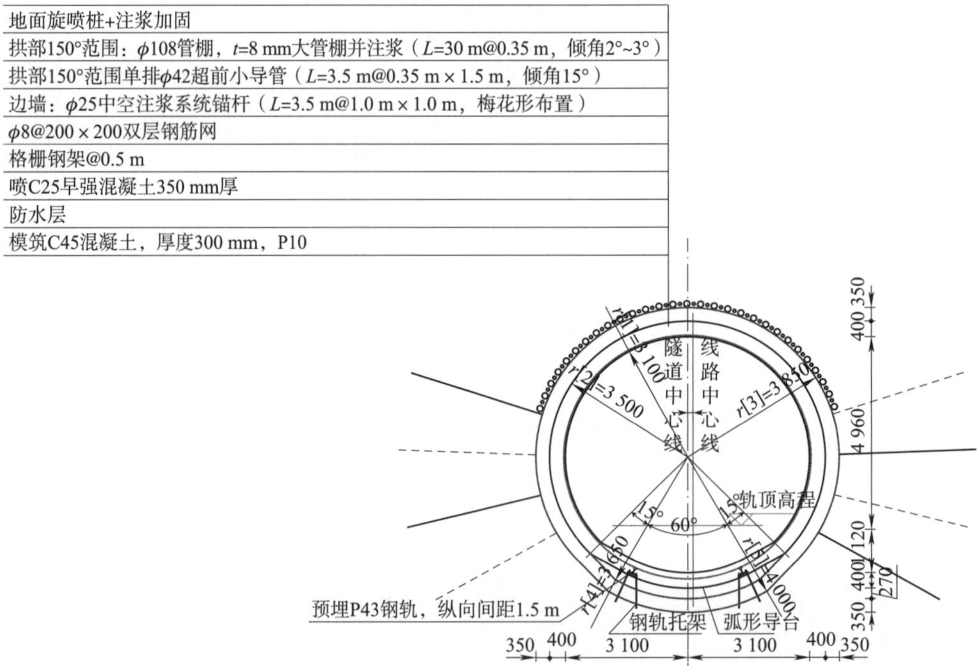


图 4-8　左线小里程Ⅵ级围岩(塌陷影响区掌子面前方 15 m 除外)衬砌断面(单位:mm)

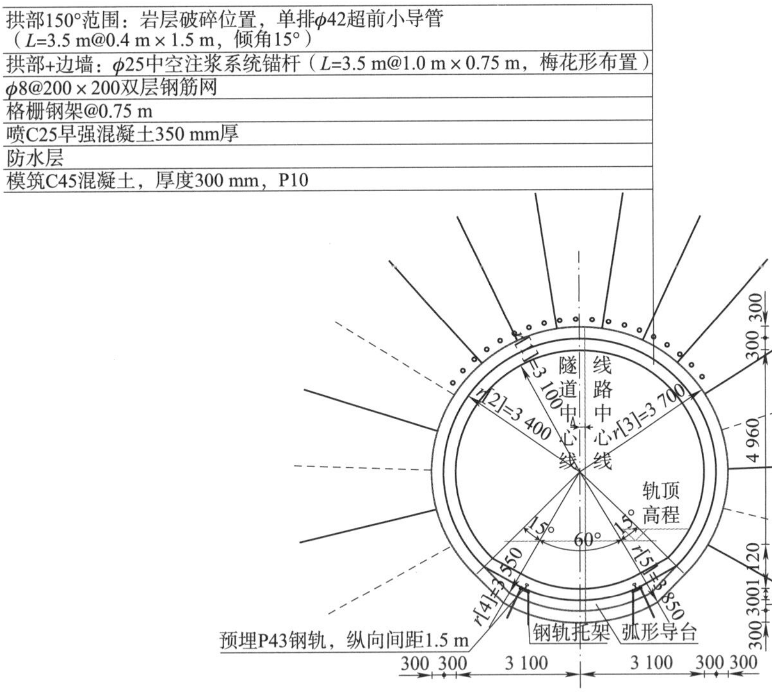


图 4-9　右线小里程Ⅵ级围岩衬砌断面(单位:mm)

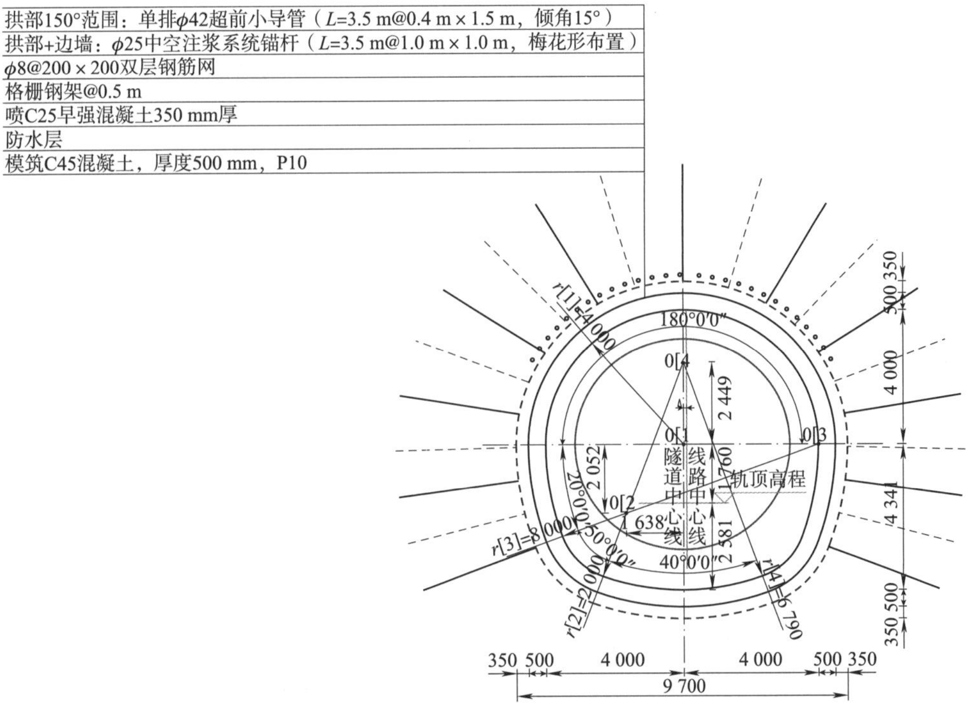


图 4-10　左线小里程始发洞Ⅵ级围岩衬砌断面(单位:mm)

| |
|---|
| 地面旋喷桩+注浆加固 |
| 洞内帷幕注（先于管棚施工，上半断面轮廓外5 m，下半断面轮廓外3 m，超细水泥） |
| 拱部150°范围:$\phi$76自进式管棚，$t$=8 mm，（$L$=15 m@0.35 m × 10 m，倾角6°~8°） |
| 拱部150°范围单排$\phi$42超前小导管（$L$=3.5 m@0.35 m × 1.5 m，倾角15°） |
| 边墙：$\phi$25中空注浆系统锚杆（$L$=3.5 m@1.0 m × 1.0 m，梅花形布置） |
| $\phi$8@200 × 200双层钢筋网 |
| 格栅钢架@0.5 m |
| 喷C25早强混凝土350 mm厚 |
| 防水层 |
| 模筑C45混凝土，厚度300 mm，P10 |

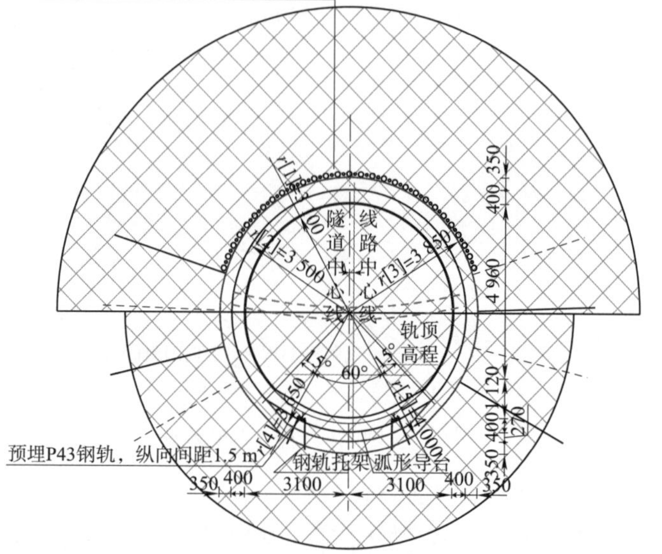


图 4-11　右线小里程Ⅵ级围岩(塌陷影响区 10 m 范围内)衬砌断面(单位：mm)

| |
|---|
| 地面旋喷桩+注浆加固 |
| 拱部150°范围:76自进式管棚，$t$=8 mm（$L$=15 m@0.35 m × 10 m，倾角6°~8°） |
| 拱部150°范围单排$\phi$42超前小导管（$L$=3.5 m@0.35 m × 1.5 m，倾角15°） |
| 边墙：$\phi$25中空注浆系统锚杆（$L$=3.5 m@1.0 m × 1.0 m，梅花形布置） |
| !8@200 × 200双层钢筋网 |
| 格栅钢架@0.5 m |
| 喷C25早强混凝土350 mm厚 |
| 防水层 |
| 模筑C45混凝土，厚度300 mm，P10 |

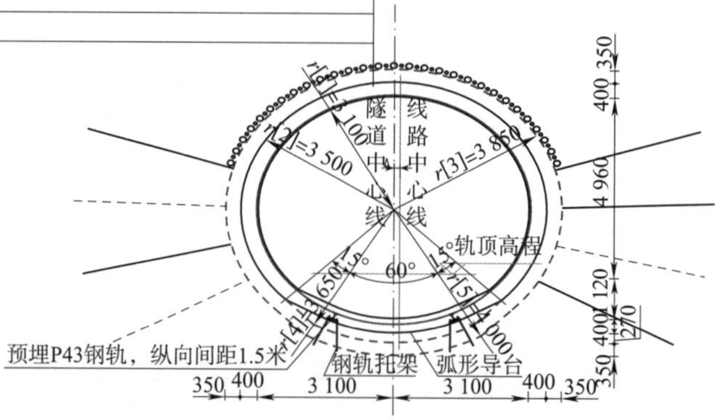


图 4-12　右线小里程Ⅵ级围岩(塌陷影响区 10 m 范围外)衬砌断面(单位：mm)

### 4.2.3 防排水措施

初期支护完成后出现线状流水或较大面积滴水，采用径向补充注浆堵水。径向补充注浆施工工艺流程如图 4-13 所示。

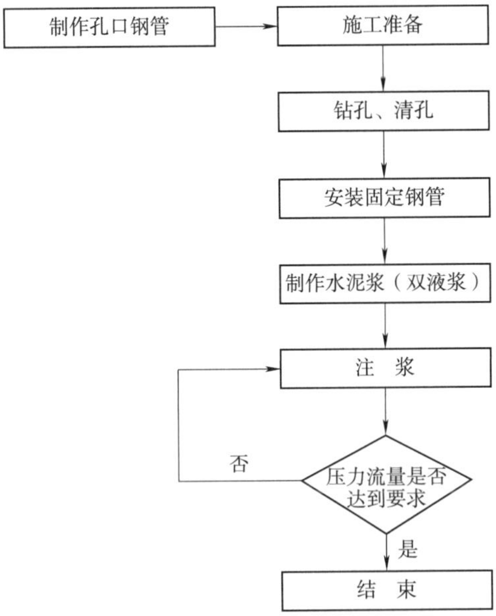


图 4-13　径向补充注浆流程

(1)对于单个出水点，在出水点周边 1 m 左右均匀布置 3 个注浆孔，同时出水点处布置一个注浆孔，如图 4-14 和图 4-15 所示。

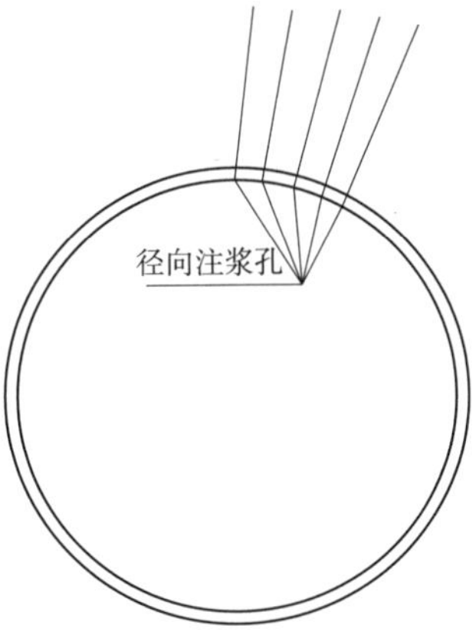


图 4-14　径向补充注浆设计

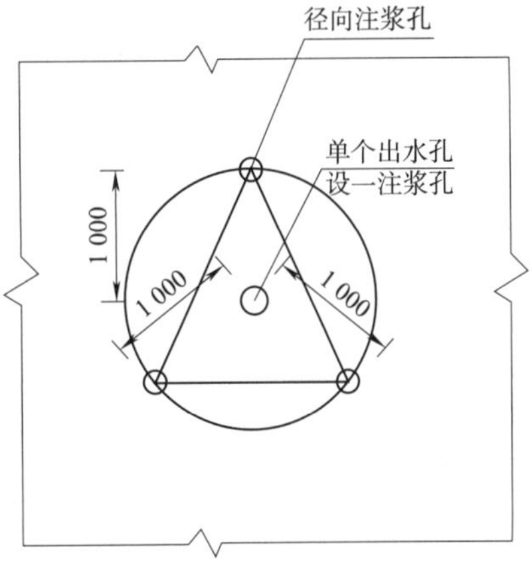


图 4-15　单个出水点周边注浆孔布置(单位:mm)

(2)对大面积渗水区域，在渗水区域周边按照孔口间距 1～1.5 m、注浆孔孔径 50 mm、梅花形分布布置注浆孔，如图 4-16 所示。

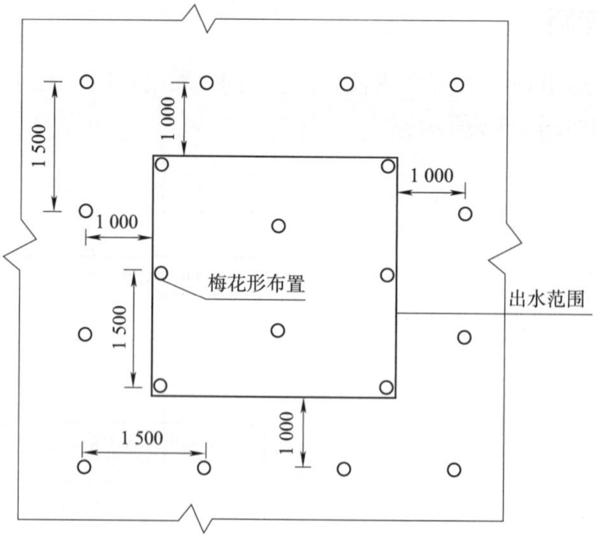


图 4-16　大面积出水点注浆孔布置(单位:mm)

(3)径向补充注浆管采用 $\phi$42 mm 注浆小导管,长度 4 m。径向补充注浆采用全孔一次压注方式进行施工,由四周向中间、由下向上进行注浆,如图 4-17 所示。注浆扩散半径 1.0 m,注浆压力 0.5～1.5 MPa。注浆材料选用水灰比 1∶1 的水泥浆。止浆塞止浆,浆塞胶圈尺寸应与注浆孔径相配。注浆压力达到设计终压后继续注浆 10 min 以上,可结束注浆。

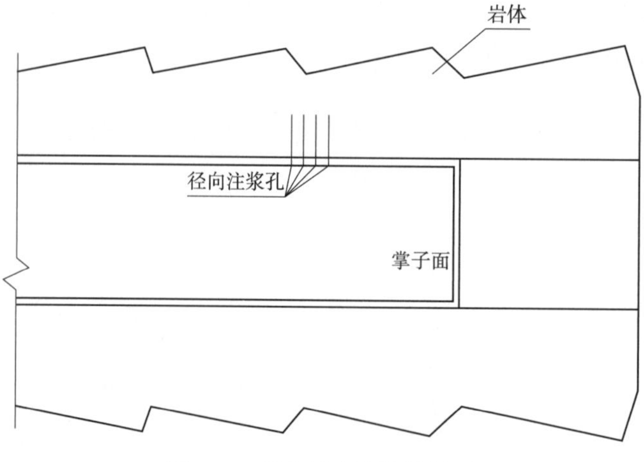


图 4-17　径向补充注浆纵剖面

(4)缝隙涌水量较大时,应先钻引水孔卸压,再对裂隙注浆,最后用膨胀快硬水泥对引水孔进行封堵处理。

(5)注浆过程中,如遇水泥浆液注浆效果不佳时,应根据现场实际情况进行调整。浆液采用水泥浆、水泥水玻璃双液浆,浆液配比及注浆压力根据注浆试验调整。该注浆方法同时适用于掌子面注浆堵水施工。

### 4.2.4 爆破设计

1. 爆破要求

(1)减小爆破震动对周边建构筑物及管线的影响；

(2)保证洞内具有足够的新鲜空气，并稀释排除有害气体，降低粉尘浓度，必须采取切实有效的通风措施；

(3)降低爆破飞石、噪声及扬尘等危害，确保作业区周边的安全；

(4)保证施工进度；

(5)爆破效果、爆破质量(石渣块度应适合装运、吊出)；

(6)爆破的部位须符合设计要求；

(7)爆破施工须避开人流高峰期，夜间禁止爆破作业；

(8)采用水压爆破施工。

2. 钻爆设计技术措施

(1)根据试爆结果和实际岩层条件，每次爆破后对爆破效果进行分析，及时调整或修正爆破参数，以提高爆破效率。

(2)根据节理裂隙发育、岩性软硬情况修正眼距、装药量，特别是周边眼的有关参数。

(3)根据爆破后石渣的块度大小调整相关参数。石渣块度小说明炮眼布置偏密，块度大说明炮眼偏稀，用药量过大。

(4)根据爆破震速监测，调整同段起爆最大药量和雷管段数。

(5)依据开挖面凹凸情况修正钻眼深度，使炮眼底基本处于同一断面上。

3. 爆破施工安全措施

(1)成立爆破领导小组。

(2)爆破手必须持证上岗，岗前先进行培训，合格后方能上岗操作。

(3)严格执行火工品领发制度，并认真做好记录，由安全员专门负责。

(4)装药由专职爆破工在技术人员的指导下进行，严格控制安全允许炸药用量。

(5)严格执行爆破清点制度，严格按规定时间起爆，避开居民休息睡眠时间段，由专职安全员具体负责实施。

(6)爆后执行现场检查制度。爆破后由专职安全员检查爆破现场，发现不安全因素及时彻底处理，以确保施工及人身安全。

(7)火工品的使用实行申报制度，根据实际施工情况确定下一工作日使用火工品数量，提前一天报公安局指定的专门仓库，便于统一数量，统一管理，满足爆破需求。

(8)每次爆破前，由工地负责人通知监控量测组进行爆破地震波监测，检测方案按上报并批准的方案进行。

(9)严格按照爆破设计方案的参数进行爆破作业。钻眼深度、装药系数根据开挖岩层的软硬程度确定，爆破作业的关键在于严格控制同段齐发最大装药量不得超过计算安全值。在炮孔较多的情况下，增加非电雷管段数，使同段雷管各炮孔的装药量不超过计算安全允许值，并根据实测震速调整安全允许药量，确保周边建构筑物及管线的安全。

4. 爆破后施工通风措施

(1)隧道在施工过程中应保证洞内风速和风量要求，全断面开挖时不小于 0.5 m/s，坑道内不小于 0.25 m/s，通风量应满足每人呼吸新鲜空气不少于 3.0 $m^3$/min。

(2)安排专人对施工中的风流及其质量进行监测，在每班工作期间对风道内的风量至少量测一次，做好记录，如有不足，立即报告。

(3)配齐缺氧及游离二氧化硅等实验检测设备，为检测试验人员提供合格的防毒面具。

5. 降低粉尘措施

(1)钻眼作业采取湿式凿岩技术。

(2)凿岩机钻眼时，先送水，后送风。放炮后进行喷雾洒水，出渣前用水淋湿全部石渣。合理调整隧道供风风速，经验表明，风速为 1.5～3.0 m/s 时，作业面粉尘浓度可降低至最小，是最佳风速。

6. 控制超欠挖的技术措施

(1)严格周边眼小药卷间隔装药结构，药卷分半进行间隔装药，防止药卷集中孔底造成超挖。

(2)严格控制周边眼起爆顺序，在满足爆破震动速度要求的前提下，周边眼尽可能安排少段次起爆，以减少由于起爆不同步引起的超挖。

(3)严格控制周边眼的施工精度，施钻前必须按工作区前标出的周边眼位置进行钻眼。施工中严格控制周边眼孔的外插角度，以减少由于外插角度过大而引起的超挖。

(4)做好超前地质预报和爆破效果检查，搞好设计优化，及时调整或修正爆破参数，以控制超欠挖。

### 4.2.5 区间下穿建筑物、管线施工

1. 区间下穿沙子口供电所

区间正穿沙子口变电所，拱顶距离变电所筏板基础 16.2 m，拱顶覆微风化岩层5 m。正穿施工前须进行地表加固，洞内进行管棚、帷幕注浆加固。

(1)地表加固

在供电所围墙外 5 m 范围内打设 2 根垂直向、3 根斜向袖阀管注浆，间距 1.2 m×0.6 m，注浆范围为基础上 5 m 宽、基础下 8 m 宽，注浆深度约 10 m，至中风化岩层，注浆浆液为超细水泥浆。沙子口变电所与区间位置关系及地表加固措施如图 4-18 所示。

(2)管棚 YDK25＋210～YDK25＋283 段洞内打设，76 超前管棚，$L$ ＝15 m，间距 0.35 m×10 m，先行施工的管棚以掌子面前方围岩支撑和后方围岩支撑为支点，形成一个梁式结构，二者形成环绕隧洞轮廓的壳状结构，可有效抑制围岩松动和垮塌。

(3)帷幕注浆

管棚施工完成，开挖线 5 m 范围内上半断面帷幕注浆循环施作，通过向围岩注浆，形成围岩注浆固结，减少其渗透系数，提高围岩自稳能力，与初期支护共同保证施工期间洞室稳定及安全。

(4)爆破开挖

区间下穿沙子口供电所采用人工开挖或机械开挖，条件不允许需进行爆破时，采取洞内打设 4 个中空孔减震并采用“弱爆破”技术以控制震速，尽量减小周边眼间距，控制药量，减小爆破震动对周围构、建筑物的影响，在爆破掌子面距离建筑物 15 m 净距范围

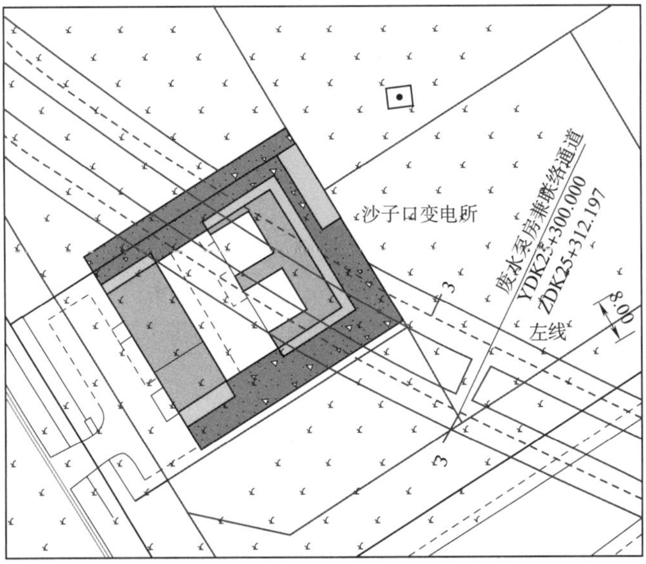


（a）沙子口变电所与区间位置关系

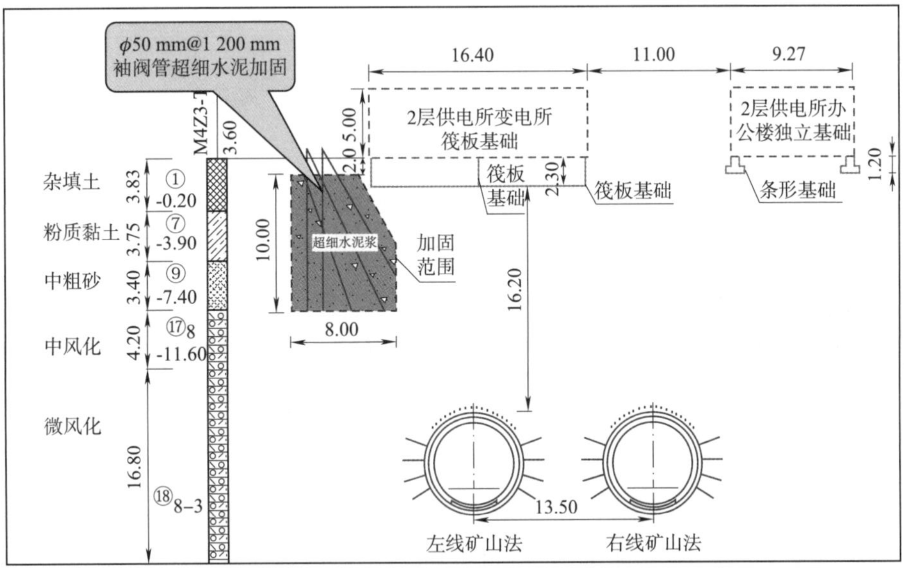


（b）地面加固措施

图 4-18　沙子口变电所与区间位置关系及地表加固措施(单位:m)

内,爆破震动速度应控制在 1.0 cm/s 以内。

(5)支护

及时架立格栅并立即注浆,应坚持“少进尺、短台阶、多循环、快封闭”的原则,随挖随撑,及时做好初期支护,及时进行衬砌背后回填注浆,通过注浆充填支护结构与围岩之间可能存在的孔隙,以抵抗受扰动土体的土压力,确保建筑结构的稳定。

(6)监测

加强洞内拱顶沉降及拱腰收敛监测,监测值预警后及时采取封闭掌子面、反压回填等应急措施。加强建筑物地表监测,监测值预警后及时进行二次注浆补强。加强巡视,发现墙体裂缝立即采取有效措施。

2. 区间下穿沙子口教师公寓

区间拱顶距离教师公寓条基 15.8 m,拱顶覆微风化岩层 14 m。正穿施工前须进行地表加固,布设减震孔。

(1)地表加固

在教师公寓基础外 5 m 范围内打设 2 根垂直向、3 根斜向袖阀管注浆,间距 1.2 m×1.0 m,注浆范围为基础上 5 m 宽、基础下 8 m 宽,注浆深度约 10 m,至中风化岩层,注浆浆液外侧两排为水泥～水玻璃双液浆,内侧为水泥浆。沙子口教师公寓与区间位置关系及地表加固措施如图 4-19 所示。

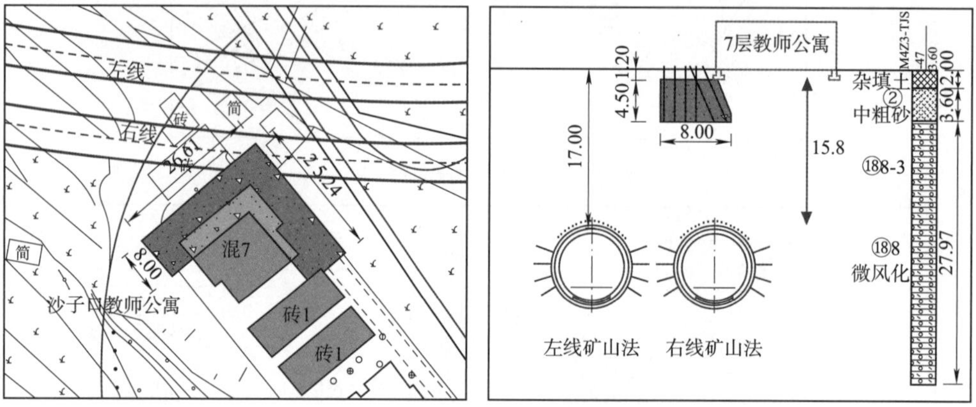


图 4-19　沙子口教师公寓与区间位置关系及地表加固措施(单位:m)

(2)减震孔

区间下穿沙子口教师公寓布设 3 排减震孔,间距 0.3 m,排距 0.3 m,钻孔深度约 20 m,钻孔直径 110 mm。通过在爆破前方设置中空孔,吸收消耗大部分震动能量,达到降低爆破震动速度的目的。

(3)爆破开挖

区间下穿沙子口教师公寓采用爆破开挖,洞内打设 4 个中空孔减震并采用"弱爆破"技术以控制震速,尽量减小周边眼间距,控制药量,减小爆破震动对周围构、建筑物的影响。在爆破掌子面距离建筑物 15 m 净距范围内,爆破震动速度应控制在 1.0 cm/s 以内。

(4)监测

加强洞内拱顶沉降及拱腰收敛监测,监测值预警后及时采取封闭掌子面、反压回填等应急措施。加强沙子口教师公寓地表监测,监测值预警后及时进行二次注浆补强。加强巡视,发现墙体裂缝,立即采取有效措施。

3. 区间下穿管线

(1)施工前应对管线的材质、使用年限、接口形式、埋深进行调查,给出合理的数值。

(2)施工过程中加强管线沉降变形监测,根据监测数据必要时对管底进行注浆加固,或对其内部做柔性防水帆布衬管。

(3)静沙区间施工范围内无管线迁改,由于燃气管线控制震速为 0.5 cm/s,在爆破作业面增加 4 个中空孔，降低震速。

(4)开挖前在初期支护拱部打设超前小导管，每循环施作超前小导管后进行预注浆，加固土体，将开挖的拱部土体形成一个稳固的壳体。施工中采用超前支护、超前注浆加固、快速喷混凝土封闭和回填注浆等措施保持掌子面的稳定，不能盲目冒进。

### 4.2.6　区间下穿塌陷影响区施工

ZDK25＋290～ZDK25＋343、YDK25＋283～YDK25＋317 段为塌陷影响区，区间穿越该段范围时，围岩因塌方影响造成围岩扰动，须先进行地表加固，再施工洞内管棚＋帷幕注浆加固。左线掌子面前方 15 m、右线掌子面前方 10 m 采用格栅钢架支护。

1. 地表加固

(1)地面加固采用高压旋喷桩围合＋袖阀管填充注浆，先进行高压旋喷桩地面加固，待完成并检测满足设计要求后，再进行袖阀管填充注浆。

(2)外围及隧道之间分割线采用 $\phi$800 mm@550 mm 咬合旋喷桩帷幕。在管线位置不能形成封闭帷幕时，采用水泥-水玻璃双液浆补充，保证外圈封闭围合。由于旋喷桩与抢险施工旋喷桩桩位冲突，均须补桩，以满足帷幕旋喷桩的间距和咬合量要求。

(3)管棚工作室换拱位置采用 $\phi$800 mm@600 mm 咬合旋喷桩加固。

(4)分割区内采用 $\phi$50 mm@1 000 mm 的袖阀管填充注浆加固，注浆材料采用水泥浆液。原咬合旋喷桩和左线掌子面背后间隔旋喷桩的加固区域不再重复加固。

(5)围蔽内设置 10 口降水井，降水井深度与孔位注浆加固深度相同。

2. 洞内帷幕注浆

左线掌子面前方 15 m、右线掌子面前方 10 m 施工全断面帷幕注浆，打设 PVC 管，注浆压力控制 0.5～1.5 MPa，注浆采用超细水泥浆，浆液充满前方塌方区空腔、岩层裂隙，进一步稳固土体，减少岩层裂隙水。

3. 施工管棚工作室

在右线掌子面前方和左线掌子面后方 20 m 处各施工一段管棚工作室，工作室长 6.8 m，拱顶挑高须满足管棚机工作需求，左线掌子面后方 20 m 管棚工作室须进行初期支护换拱，替换后的拱架采用型钢钢架，增大初期支护刚性强度。

4. 管棚施工

左线 ZDK25＋360 处拱部 150°施工 1 环 108 管棚，$L$＝42 m@0.35 m，右线 YDK23＋283～YDK23＋317 段拱部 150°施工 4 环 76 管棚，$L$＝15 m@0.35 m。

先行施工的管棚以掌子面前方围岩支撑和后方围岩支撑为支点，形成一个梁式结构，二者形成环绕隧洞轮廓的壳状结构，可有效抑制围岩松动和垮塌。

管棚支护刚度较大，施工时如再次发生塌方，塌渣落在管棚上部岩渣上，起到缓冲作用。即使管棚失稳，其破坏也较缓慢。

5. 开挖

静沙区间左线穿越塌方影响区采用人工开挖或机械开挖；右线条件不允许需进行爆破时，洞内打设 4 个中空孔减震并采用“弱爆破”技术以控制震速，尽量减小周边眼间距，控制药量，减小爆破震动对塌方体的扰动。上台阶开挖(预留核心土)并施作初衬。

6. 支护

左线掌子面前方 15 m、右线掌子面前方 10 m 采用格栅钢架，横撑采用[20 a，支护刚性较大，且架设后未喷混凝土前即可承受荷载，保证开挖支护作业期间的施工安全。

### 4.2.7 区间下穿富水砂层段施工

区间在凝灰岩岩层中穿越，岩层上覆有较厚富水砂层，当岩层较薄或岩层裂隙较大时，极易发生坍塌和突涌。隧道开挖能否安全顺利进行，关键在于超前支护的承载能力和止水效果。

1. 超前小导管施工

拱部 150°施工超前小导管($L$＝3.5 m@0.4 m×1.0 m)并注浆。浆液随岩层裂隙注入砂层，砂层经注浆后强度提高。超前小导管端部与钢架焊在一起，共同组成预加固体系。

2. 开挖

静沙区间下穿富水砂层段采用爆破开挖，洞内打设 4 个中空孔减震并采用“弱爆破”技术以控制震速，控制药量，减小爆破震动对岩层的扰动。

## 4.3 施工工艺

### 4.3.1 超前管棚

1. 技术参数

(1)左线 ZDK25＋355.5～ZDK25＋369.5 拱顶 150°范围内打设 $\phi$76 mm×8 mm 的自进式管棚，单根长 15 m，环向间距为 350 mm，设置 1 个循环，每循环 29 根，倾角 15°。

(2)左线 ZDK25＋277.5～ZDK25＋359 拱顶 150°范围内打设 $\phi$108 mm×8 mm 的超前管棚，单根长 42 m，环向间距为 350 mm，搭接 2.5 m，设置 2 个循环，每循环 29 根，倾角 2°～3°。

(3)右线 YDK25＋210～YDK25＋317 拱顶 150°范围内打设 $\phi$76 mm×8 mm 的超前管棚，单根长 15 m，环向间距为 350 mm，搭接 5 m，设置 11 个循环，每循环 29 根，倾角 6°～8°。

2. 施工流程

管棚施工流程如图 4-20 所示。

3. 管棚构造

管棚构造如图 4-21 所示。

4. 钻孔、清孔及验孔

(1)采用隧道台车钻孔作业平台、用经纬仪、挂线、钻杆相结合的方法定位、定向孔口及孔轴线，严格控制钻孔上抬量和角度。108 管棚塌陷区软弱围岩段采用 133 根管法和水钻钻进成孔，硬岩段采用风动干钻法钻进成孔。若钻进过程阻力较大，可退回 1 m 左右，多次反复，阻力减小后继续钻进。初钻用低压顶进，以保持方向，防止孔位偏斜。

(2)清孔采用地质岩芯钻杆配合钻头进行反复扫孔，清除浮渣，确保孔径、孔深符合

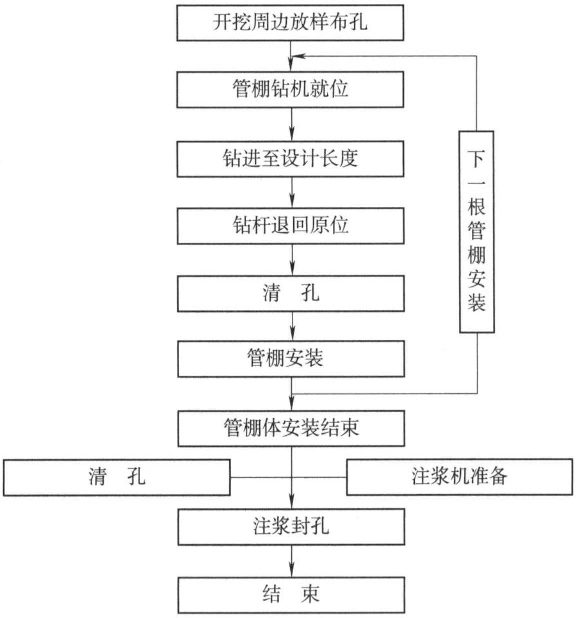


图 4-20 管棚施工工艺流程

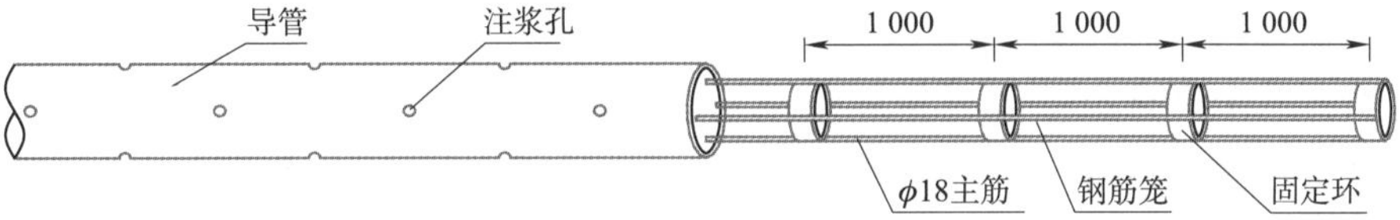


图 4-21 管棚构造(单位:mm)

要求,防止堵孔,再用高压风从孔底向孔口清理钻渣。

(3)成孔后用经纬仪、斜测仪等检测孔深、倾角、外插角。验孔合格后方可进行管棚安装,对不合格的孔应封孔原位重钻。

(4)管棚安装采用装载机与管棚钻机相结合,在人工配合下顶进钢管,钢管口与孔口周壁用水泥密封。

5. 注浆

(1)注浆前进行压水试验,检查机械设备是否正常,管路连接是否正确。为加快注浆速度和发挥设备效率,可同时采用 3~5 根管注浆,并另备注浆管以备替换。

(2)注浆浆液由 ZJ-400 高速制浆机拌制,注浆材料为 1∶1 水泥浆,注浆量为钻孔圆柱体的 1.4 倍,若注浆量超限,未达到压力要求,应调整浆液浓度继续注浆,确保钻孔周围岩体与钢管周围空隙充填饱满。初始注浆压力为 0.5~1.0 MPa,终止注浆压力为 2.0 MPa。

6. 管棚质量控制

(1)严格控制钻孔平面位置、倾斜及外插角度。管棚不得侵入隧道开挖线内,相邻的钢管不得相撞和立交。钻孔外插角允许偏差 1°,孔距允许偏差±150 mm,孔深允许偏差±50 mm。

(2)施工过程中严格控制钻机下沉量及左右偏移量,经常量测孔的斜度,发现误差超限及时纠正,至终孔时超限的应封孔,原位重钻。

(3)掌握好开钻与正常钻进的压力和速度,防止断杆。

(4)纵向管棚搭接长度不小于 3 m。

(5)注浆浆液强度和配合比应符合设计要求,注浆浆液必须充满钢管及周围空隙。

### 4.3.2 帷幕注浆

1. 技术参数

(1)帷幕注浆范围为上半断面轮廓外 5 m、下半断面轮廓外 3 m。帷幕注浆采用极坐标法布设注浆孔,终孔间距不大于 2.5 m。

(2)采用前进式分段注浆,在掌子面开 $\phi$89 mm 钻孔至 6 m,下 6 m$\phi$50 mm PVC 注浆管,注浆管 2～6 m 段打花孔,进行第一次注浆加固掌子面前方 0～6 m,然后采用 $\phi$76 mm 钻头复钻至 10 m,下 10 m$\phi$50 mm 袖阀管注浆管,其中 6～10 m 为花管段,进行第二次注浆加固掌子面前方 6～10 m,封孔结束钻孔注浆。

(3)注浆材料采用超细水泥-水玻璃双液浆,配比为 1∶0.6～1∶1(体积比),施工中应根据地层渗漏水点窜浆情况动态调整水泥水玻璃配比。注浆压力 0.5～1.5 MPa,注浆时根据实际注浆止水效果适当调整注浆压力,使浆液充填满加固区域空隙。

(4)单孔结束标准如下:

①注浆结束时的进浆量小于初始进浆量的 1/4;

②检查孔涌水量小于 0.2 L/m·min;

③检查孔钻取岩芯,浆液充填饱满。

④注浆压力达到 1.5 MPa 持续 5 min 或地表隆起达到报警极限时。

2. 施工方法

①画眼:施工完止浆岩盘后,按设计要求在止浆盘上画出本次 96 个注浆孔孔位。

②钻孔:用全液压钻机钻孔,采用 A90 钻头,开口偏差小于 5 cm,方向偏差小于 2%,孔深比袖阀管插入部分长 3～5 cm。

③下管:将袖阀管慢慢插入距孔底 3～5 cm 处。杆体插入后,及时在孔口用楔子将杆体固定。

④注浆:采用 BW250/50 注浆机,超细水泥液浆,注浆压力初拟为 0.5～1.5 MPa,水泥浆液水灰比为 1∶1,水泥浆液采用超细水泥。单孔结束标准:注浆结束时的进浆量小于初始进浆量的 1/4;检查孔涌水量小于 0.2 L/ m·min。全段结束标准:所有注浆孔均已符合单孔结束条件,无漏注现象。

帷幕注浆施工流程如图 4-22 所示。

3. 施工技术措施

①PVC 管原材料规格、长度、直径符合设计要求,不能有油污或其他不符合规范要求的缺陷。孔位、孔深及布置形式符合设计要求,注浆强度不低于设计值。

②PVC 管钻孔位置严格按设计图纸要求定出,孔位偏差不大于 200 mm。钻孔保持圆顺平直,孔口岩面平整,钻孔与岩面角度应严格控制,钻孔深度及直径与 PVC 管相匹配。

③PVC 管插入孔位时,袖阀管露出长度不应小于 3 cm。

④注浆顺序为先外圈后内圈,同一圈孔间隔施工。单孔结束标准:注浆结束时的进浆量小于初始进浆量的 1/4;检查孔涌水量小于 0.2 L/m. min;检查孔钻取岩芯,浆液充

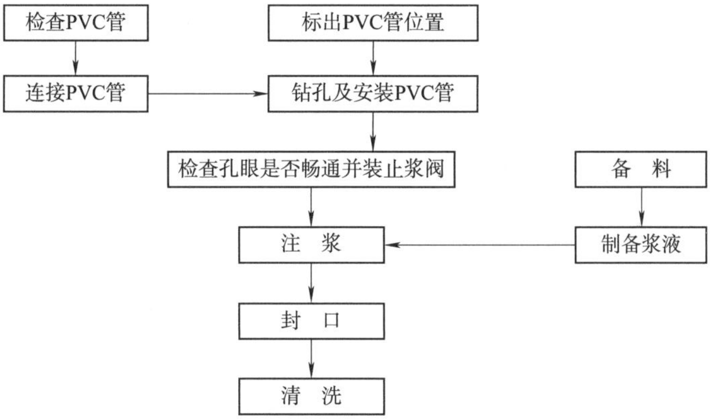


图 4-22　帷幕注浆施工流程

填饱满。全段结束标准：所有注浆孔均已符合单孔结束条件，无漏注现象；浆液有效注入范围大于设计值。

## 4.3.3　土方开挖

依据施工图进行测量交底，做好开挖轮廓的定位，并根据土层性状进行开挖。静沙区间正线处于中粗砂、粉质黏土、强风化凝灰岩、中风化凝灰岩及微风化凝灰岩，采用控制爆破开挖，短进尺开挖，开挖后及时施作支护，以封闭成环。

隧道开挖循环进尺在不稳定岩体中为一榀格栅间距，并且每一步的开挖进尺不超过格栅间距，当不稳定岩体的开挖面稳定时间不能满足初期支护施工时，立即安装格栅并喷射混凝土封闭掌子面。隧道开挖循环进尺在稳定岩体中为两榀间距。

1. 检验方法

每一开挖循环必须全站仪检查一次。隧道允许施工误差宜为±5 cm。隧道开挖断面允许超挖值和检验方法应符合表 4-1 的规定。

**表 4-1　隧道开挖断面允许超挖值和检验方法**

| 开挖部位 | 围岩等级 | | | 检验数量 | 检验方法 |
|---|---|---|---|---|---|
| | Ⅰ | Ⅱ～Ⅳ | Ⅴ、Ⅵ | | |
| 拱　部 | 平均线性超挖 10 cm | 平均线性超挖 15 cm | 平均线性超挖 10 cm | 每一开挖循环检查一个断面 | 全站仪测量周边轮廓线，与设计断面图核对 |
| | 最大超挖值 20 cm | 最大超挖值 25 cm | 最大超挖值 15 cm | | |
| 边　墙 | 平均 10 cm | 平均 10 cm | 平均 10 cm | | |

2. 施工要求

(1)采用钻爆法开挖时宜减少对围岩的扰动，开挖面及未衬砌地段随时检查，险情应及时处理。

(2)开挖不得危及衬砌、初期支护及施工设备的安全。

(3)隧道开挖后应及时进行初期支护。采用分部开挖时，应在初期支护喷射混凝土强度达到设计强度的70%及以上时，方可进行下一步开挖。

(4)隧道不应有欠挖，拱底内无积水浮渣。拱底轮廓应符合设计要求，隧底允许最大平均超挖值为10 cm，每一开挖循环用仪器检查一次。

### 4.3.4 型钢钢架加工及安设

1. 型钢钢架加工

钢架弯制结合隧道开挖方法采用型钢弯制机按照隧道断面曲率分节进行。弯制完成后，先在加工场地上对照拼装大样进行试拼。各节钢架拼装要求尺寸准确，弧形圆顺，沿隧道周边轮廓误差不大于3 cm，型钢钢架平放时，平面翘曲小于2 cm。

2. 钢架安装

(1)钢架安装在掌子面开挖初喷完成后立即进行。

(2)根据测设的位置，各节钢架在掌子面以螺栓连接，连接板应密贴。为保证各节钢架在全环封闭之前置于稳固的地基上，安装前应清除各节钢架底脚下的虚渣及杂物。每次每处安设2根锁脚锚管将其锁定。底部开挖完成后，底部初期支护及时跟进，将钢架全环封闭。

(3)为保证钢架位置安设准确，隧道开挖时在钢架的各连接处预留连接板凹槽。初喷混凝土时，在凹槽处打入木楔，为架设钢架留出连接板和槽钢位置。钢架按设计位置安设，用$\phi$16 mm钢筋定位，用线锤测量，保证竖直。在安设过程中，当钢架和初喷层之间有较大间隙时，应每隔2 m用混凝土预制块楔紧，钢架背后用喷混凝土填充密实。钢架纵向采用钢筋连接，环向间距1 m。

(4)钢架落底接长在单边交错进行，每次单边接长钢架1～2排。接长钢架和上部钢架通过垫板用螺栓准确连接牢固，并保证圆顺。

(5)架立钢架后应尽快进行喷射混凝土作业，以使钢架与混凝土共同受力。喷射混凝土分层进行，先从拱脚或墙角处由下向上喷射，防止上层喷射料虚掩拱脚(墙角)不密实，造成强度不够，拱脚(墙角)失稳。

### 4.3.5 格栅钢架加工及安设

1. 格栅钢架加工

格栅钢架均按设计尺寸及开挖方式分别加工，采用洞外按1∶1比例放样加工，各单节制作焊接完成后，先试拼合格后再运进洞内安装。

2. 格栅钢架安设

(1)安装格栅钢架前，测量检查开挖断面的中线及高程，并按设计位置架设，拱脚必须放在牢固的基础上。格栅钢架与围岩尽量靠近并留2～3 cm间隙作混凝土保护层，如格栅钢架与围岩之间间隙过大时用垫块调整。钢架纵向采用连接钢筋焊接。

(2)格栅钢架架设前进行试拼装，分批按设计检查验收加工质量，其允许误差为：高度±30 mm、宽度±20 mm、扭曲度20 mm。

(3)必须依据设计要求严格控制中线及高程，将经加工检验合格的格栅钢架架设到设计位置。钢拱架应垂直于隧道中线，允许偏差：横向±30 mm、纵向±50 mm、高程±30 mm、垂直度5‰。

(4)保护层厚度不小于3 cm，在架设过程中，钢拱架用混凝土垫块垫紧，确保岩面与拱架密贴。

(5)当格栅钢架安装到位、检查无误时要及时打入锁脚锚杆，以防止格栅下沉或倾斜。锁脚锚杆直径 42 mm，长度 3.5 m，向下打设角度为 30°～45°，每处格栅连接处打设 2 根，每榀共计 4 根。锁脚锚杆一定要与格栅钢架主筋焊接。相邻两榀格栅钢架间用 $\phi$22 mm 钢筋纵向连接间距 1 m，在格栅钢架内外缘交错布置。

### 4.3.6 挂钢筋网

按照设计要求铺设钢筋网片，钢筋网采用 $\phi$8 mm 钢筋焊制而成。钢筋网随受喷面的起伏铺设，与受喷面间隙不大于 3 cm，且与格栅或锚杆连接牢固，防止喷射作业时颤动。挂设钢筋网时，钢筋网保护层不少于 3 cm。当采用双层钢筋网时，应在第一层铺好后再铺第二层，每层钢筋网之间应搭接牢固，钢筋网用交叉点焊而成钢筋网片之间搭接不少于 20 cm。

### 4.3.7 中空锚杆施工

锚杆预先在洞外钢构件厂按设计要求加工制作。中空锚杆施工流程如图 4-23 所示。

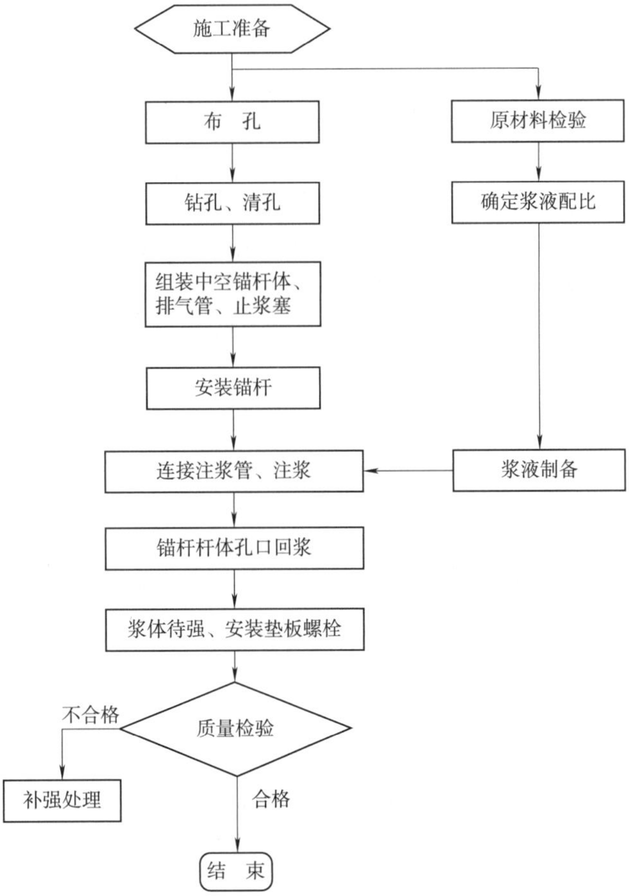


图 4-23　中空锚杆施工流程

锚杆采用风动凿岩机成孔。锚杆钻孔利用开挖台阶搭设简易台架施钻，按照设计间距布孔，钻孔方向尽可能垂直结构面或初喷混凝土表面。将锚杆的钻头对准拱部标出的锚杆位置孔位，对凿岩机供风供水，开始钻进，钻进应以多回转、少冲击的原则进行，以免钻渣堵塞凿岩机的水孔。钻至设计深度后，用水或高压风清孔，确认畅通后卸下钻杆连接套，保持锚杆的外露长度不大于 100 mm。锚杆端头应设置垫板，尺寸不应小于 200 mm×200 mm×10 mm，垫板材质可采用 Q235 钢。

锚杆体装入设计深度后，应用水和空气洗孔，直至孔口返水或返气。

注浆材料宜采用水泥浆，水灰比 0.5～0.55，强度不低于 20 MPa。

注浆应由杆体中孔灌入，上仰孔应设置止浆塞和排气孔。

施工时应注意：锚杆钻孔位置及孔深必须准确；锚杆应除去油污、铁锈和杂质；锚杆体插入孔内不小于设计长度的 95%。

### 4.3.8　钢筋锚固与搭接

(1)受拉钢筋锚固长度应满足国家建筑标准设计图集 16G101-1 中受拉钢筋的锚固长度要求。

C25 混凝土，HRB400 钢筋，$d\leqslant 25$ mm 时，受拉钢筋锚固长度 $l_a\geqslant 40\ d$；$d>25$ 时，$l_a\geqslant 44\ d$，并且在任何情况下受拉钢筋的锚固长度不应小于 250 mm。$d<25$ 时，除特别说明外可采用绑扎搭接，接头面积率为 25%时，搭接长度$\geqslant 1.2\ l_a$，接头面积率为 50%时，搭接长度$\geqslant 1.4\ l_a$，且任何情况下$\geqslant$300 mm。

(2)钢筋接头采用机械连接或焊接。施工时接头位置应相互错开，且应满足相应规范及杂散电流的防护要求，并采用Ⅱ级接头。局部接头无法错开时，采用Ⅰ级连接接头。受力钢筋的接头位置应设在受力较小处，接头应相互错开。当采用非焊接的搭接接头时，从任一接头中心至 1.3 倍搭接长度的区域范围内，以及当采用焊接接头时在任一焊接接头中心至 35 倍钢筋直径且不小于 500 mm 区域范围内，有接头的受力钢筋截面面积占受力钢筋总截面面积的百分比应符合表 4-2 规定。未注明的钢筋搭接和锚固长度一律按受拉区处理。

**表 4-2　钢筋搭接规定**

| 接头形式 | 受拉区 | 受压区 |
|---|---|---|
| 绑扎搭接接头 | ≤25% | ≤50% |
| 焊接接头(机械连接) | ≤50% | 不受限制 |

(3)采用焊接接头时，接头的类型及质量应符合《混凝土结构工程施工质量验收规范》(GB 50204)的要求。采用搭接接头时，钢筋直径不宜大于 25 mm。

### 4.3.9　喷射混凝土

依据设计要求，开挖后喷射 C25 混凝土。喷射混凝土采用湿喷法，做好洞内通风、防尘工作，施工人员配备必要的防尘用具。

1. 施工流程

喷射混凝土施工流程如图 4-24 所示。

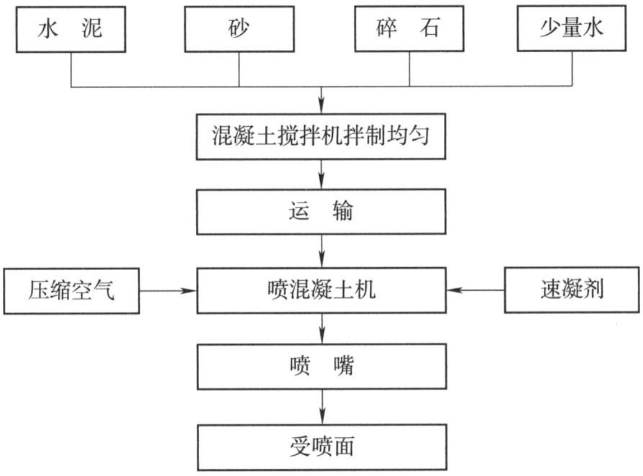


图 4-24　喷射混凝土施工流程

2. 施工方法

(1)喷射机安装好后，先注水、通风、清洁管道内杂物，同时用高压风吹扫受喷面，清除受喷面上的尘埃。

(2)采用人工撑握喷头时，应由两人共同操作喷头。

(3)喷射混凝土的混合料采用强制式混凝土搅拌机拌和，搅拌时间不少于 2 min，出料坍落度控制在 12～16 cm，应保证连续供料。

(4)喷射混凝土的喷射路线应自下而上，呈 S 形运动。喷射时，喷头作连续不断的圆周运动，并螺旋状前进，后一圈压前一圈三分之一。

(5)喷射机风压为 0.3～0.5 MPa，喷头距受喷面的距离控制在 0.6～1.0 m。

(6)喷头与受喷面保持垂直，如遇受喷面被钢筋网片、格栅覆盖时，可将喷头稍微偏斜 10°～20°。

(7)喷射厚度受混凝土进入喷射机的坍落度、速凝剂的效果、气温的影响，混凝土喷射机喷射时，一次喷射厚度不超过 10 cm。

3. 技术要求

喷射混凝土作业在满足《锚杆喷射混凝土支护规范》(GB 50086)有关规定的基础上，还应做到以下几点：

(1)初喷混凝土紧跟开挖面，复喷前先按设计要求完成砂浆锚杆、注浆小导管、钢筋网和格栅拱架的安装工作。混凝土分层喷射，一次喷射厚度为 7～10 cm，后一层喷射在前一层混凝土终凝后进行。若终凝后 1 h 以上再次喷射混凝土，受喷面应用风、水清洗。

(2)试验室负责优选喷射混凝土的配合比与现场控制，喷射施工前先进行试喷，试喷合格后再进入喷射施工，并按规定喷射大板，制作检验试件。

(3)每次喷射混凝土完毕后，即时检查厚度，若厚度不够须进行补喷达到设计厚度。

(4)禁止将回弹料作为喷射料使用。

(5)实行“四不”制度，即喷混凝土工序不完不前进；喷混凝土厚度不够不前进；混凝土喷射后发现问题未解决不前进；监测结果表明不安全不前进。

以上制度由现场技术员负责执行，责任到人，并在工程施工日志中做好记录以备检查，项目总工程师负责监督。

### 4.3.10 超前小导管施工

1. 施工流程

小导管施工工艺流程如图 4-25 所示。

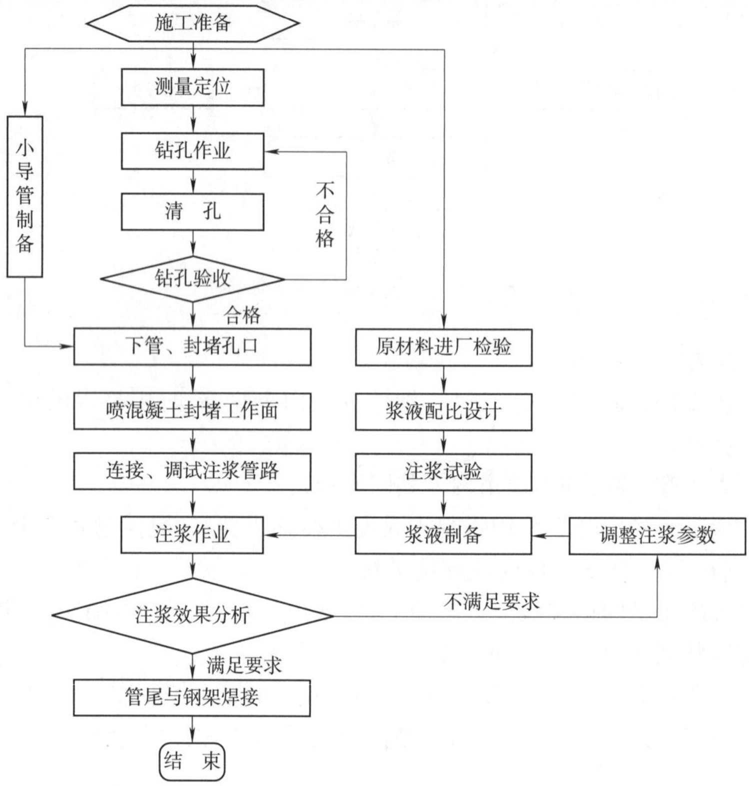


图 4-25 小导管施工流程

2. 施工方法

小导管安设一般采用钻孔打入法，即先按设计要求钻孔，钻孔直径比钢管直径大 3～5 mm，然后将小导管用锤击或钻机顶入，顶入长度不小于钢管长度的 90%，并用高压风将钢管内的砂石吹出。小导管安设后，用塑胶泥封堵孔口及周围裂隙，必要时在小导管附近及工作面喷射混凝土，以防止工作面坍塌。隧道的开挖长度应小于小导管的预支护长度，预留部分作为下一次循环的止浆墙。进行预注浆时，注浆前应进行压水试验，检查机械设备是否正常，管路连接是否正确，为加快注浆速度和发挥设备效率，可采用群管注浆(每次 3～5 根)。注浆量达到设计注浆量或注浆压力达到设计终压时可结束注浆。注浆过程应随时观察注浆压力及注浆泵排浆量的变化，分析注浆情况，防止堵管、跑浆、漏浆，做好注浆记录，以便分析注浆效果。为保证小导管的支护效果，减小小导管的外插角，可在型钢腹板穿孔，以便小导管穿过，钢管尾部应与钢架焊接。采用 GZJB 液压双液注浆泵进行注浆作业，注浆采用水泥浆，注浆压力初拟 0.5～1.5 MPa，水泥浆水灰比(重量比)1∶1。注浆前应进行现场注浆试验，可根据现场试验确定合理的注浆参数。

超前小导管正面设计如图 4-26 所示。

超前小导管规格：热轧无缝钢管，外径 42 mm，壁厚 3.5 mm；在管身设注浆孔，孔径

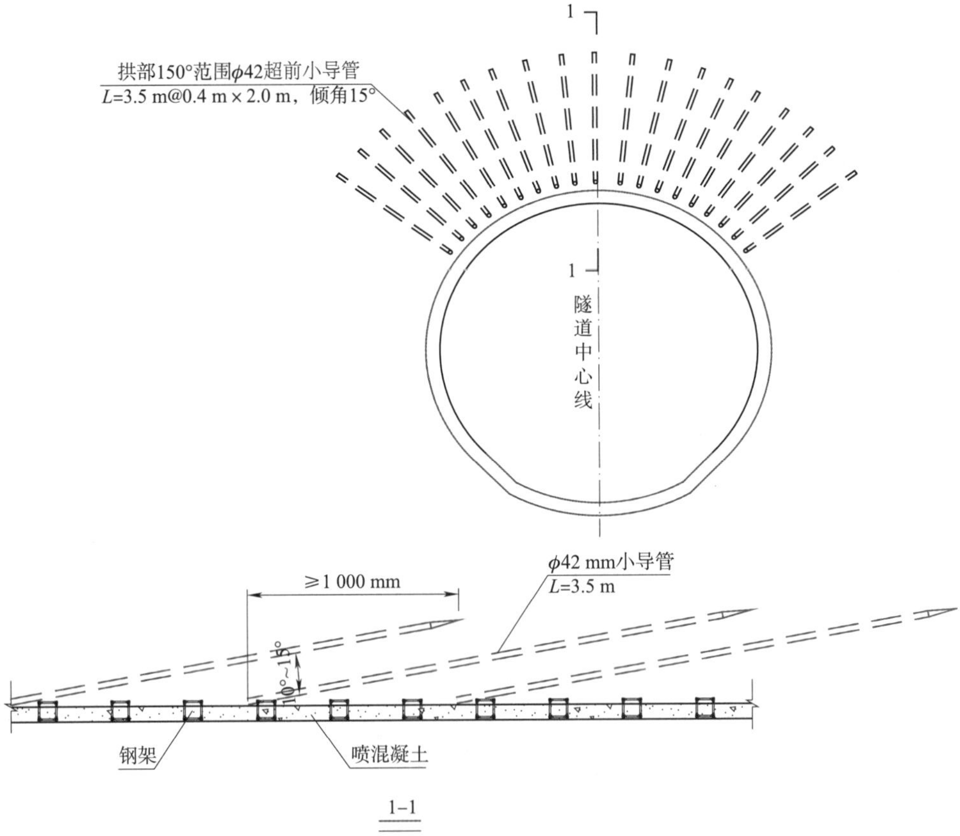


图 4-26　超前小导管正面设计示意

6～8 mm，孔间距 15 cm，呈梅花形布置，前端加工成锥形，尾部长度不小于 1 000 mm，作为不钻孔的止浆段；外插角均以 10°～15°为宜，可根据实际情况做适当调整。超前小导管加工如图 4-27 所示。

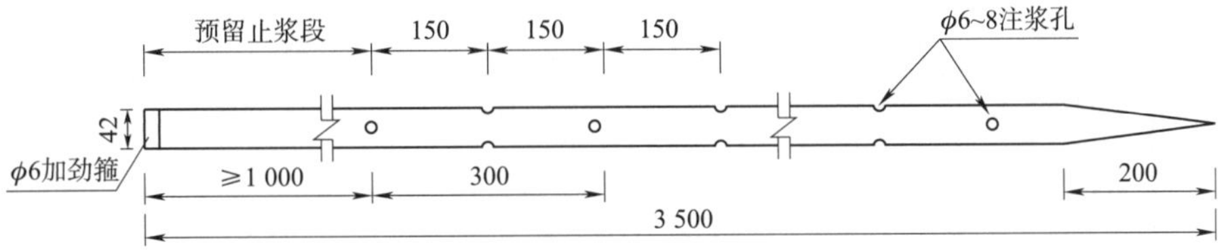


图 4-27　超前小导管加工（单位：mm）

## 4.3.11　锁脚锚管施工

立架后及时进行锁脚锚管施工，钻孔前先标识出需钻孔的位置，钻孔角为 45°，位置位于拱脚上方 30 cm 处，钻孔深度大于锚管长度的 95%，但超长值不大于 10 cm。锚杆孔比锚管直径大 15 mm，深度误差须控制在 50 mm 以内，孔距允许误差 150 mm，成孔后采用高压风清孔。

安装时用凿岩机直接将钢管打入孔中，保持锚杆的外露长度为 25 cm，可按现场实际情况增加锁脚根数，确保拱架加固牢靠。

锚杆注浆采用水泥浆，注浆压力初拟 0.5～1.5 MPa，水泥浆水灰比(重量比)1∶1。注浆前应进行现场注浆试验，可根据现场试验确定合理的注浆参数。

### 4.3.12 袖阀管注浆

对崂山沙子口供电所、南崂社区居民楼、沙子口教师公寓、青沙 1、2 号居民楼、长青水产采用袖阀管预注浆、打设支撑梁、钢花管注浆加固措施。袖阀管注浆平面布置如图 4-28～图 4-30 所示。

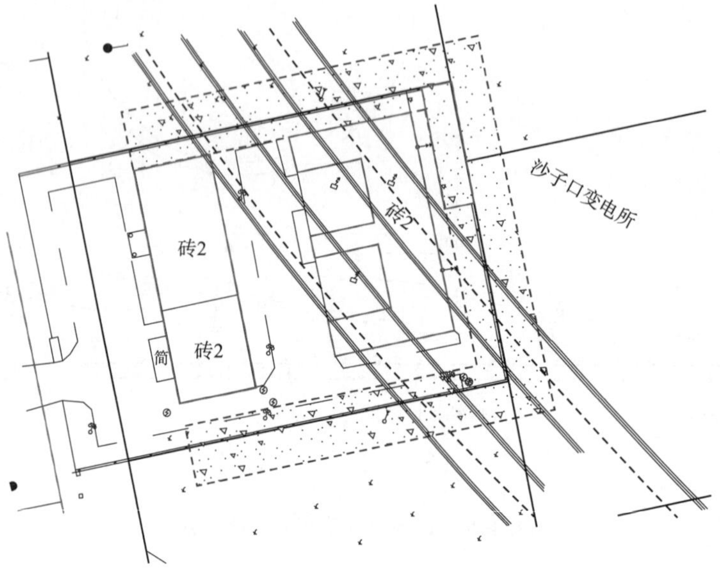


图 4-28　供电所办公楼基础袖阀管注浆平面布置

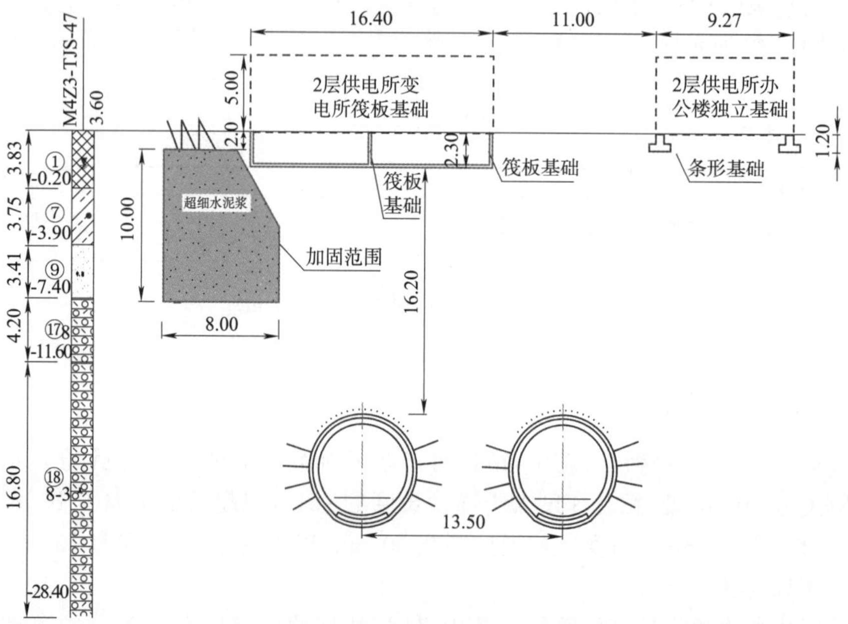


图 4-29　供电所办公楼基础袖阀管注浆剖面示意(单位：m)

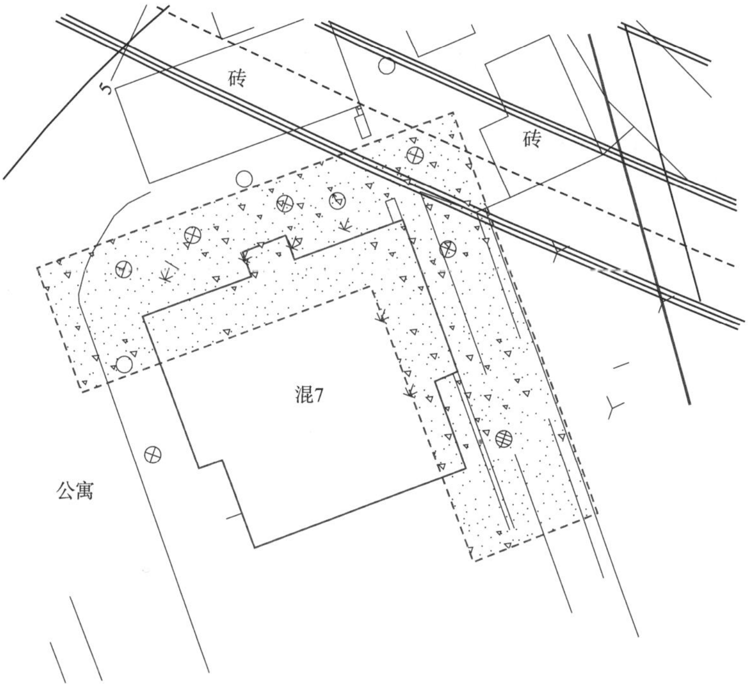

图 4-30 沙子口教师公寓基础袖阀管注浆平面布置

在主体开挖前，在建筑物基础下埋设注浆袖阀管，进行预注浆。

(1)成孔：

①采用常规地质合金钻头或应用金刚石钻头及冲锤成孔，适用于有浅层杂填石的部位；成孔直径 80～100 mm，钻孔采用一根垂直向下打设，一根约 15°倾角斜向打设，间距 1 000 mm×1 000 mm，梅花形布置。

②对于钻孔位置上有较厚杂填石层存在时，应采用全液压冲击钻机成孔，必要时应进行全程套管跟进成孔。

(2)清孔：在已完成的钻孔中用浓泥浆进行清孔，排除粗颗粒渣土。

(3)下套壳料：按设计的配合比配置好套壳料，并从孔底向上灌注套壳料至孔口。

(4)下袖阀管：在下完套壳料在钻孔中下入已制作好的袖阀管。袖阀管规格：在直径 50 mm 的 PVC 塑料管上按间隔 35 mm 的距离开 8～10 个直径 5 mm 的小孔，开孔范围长约 5～8 cm，各小孔的位置相互错开；在开小孔约 10 cm 长的外面套上一层约 3 mm 的橡胶膨胀圈(袖阀)，两端用防水胶布密封。

(5)管线连接：在套壳料达到一定龄期后(3～7 d)，在袖阀管内下入注浆器，注浆器中间有约 20 cm 长开槽孔，在其上下各带有止浆塞，将注浆压力管与袖阀管内的注浆器进行连接。

(6)制浆：按设计规定的水灰比制备水泥浆液，初拟水灰比 0.8∶1～1∶1。

(7)开环注浆：将注浆器下至需要注浆的孔段，启动注浆泵，压送清水，注浆压力为 0.2～0.4 MPa，在此过程中压力逐步提高，直到冲开橡胶袖阀及所对应位置的套壳，压力回落后，泵送水泥浆液，一直注浆到设计所规定的压力并稳定为止。在此过程中可视需要或设计规定进行间歇注浆，直到符合设计要求为止。

(8)连续开环注浆：根据设计要求，上下移动注浆管，在需要注浆的各部位依照上述做法逐步开环注浆，直到完成所有孔段的注浆。

(9)做好注浆过程中各项记录，包括开环位置、注浆时间、注浆压力、水泥用量、水灰比、注浆过程出现的特殊情况等。

(10)注浆达到设计要求后，清洗管路及袖阀管，拆除注浆管，进行下一孔的注浆。

(11)青沙1号、2号居民楼间打设一道C30混凝土支撑梁，梁座斜向下45°打设A89钢花管。

(12)供电所加固注浆采用超细水泥。

# 4.4 超前地质预报

## 4.4.1 超前地质预报目的

超前地质预报是勘测设计阶段工程地质工作的继续，从超前地质预报中获取详实可靠的前方地质和水文状况来掌握掌子面围岩的变化情况，为确定合理的施工和支护方案提供地质依据，以指导施工。

静沙区间正线施工前应对施工主要影响范围内地层地质情况采用地质雷达扫描。地质异常情况通常有三种：空洞区域、富水区域和松散区域。对于空洞及松散区域采用注浆加固处理，对于富水区域应水泵抽水，直到地层中滞水不再上涌再进行注浆加固处理。施工阶段应加强地质工作，采用隧道施工地质调查、高分辨直流电法、红外探水等综合方法较准确地预报可能引发隧道地质灾难的不良地质体(带)位置、规模和性态；根据超前地质预报结果，确定软硬岩层分布，并进行围岩类别的确认；确定富水带地段，断层破碎地段其他不良地质体(带)等位置范围，及时把探测报告提交给业主和有关单位，调整支护参数和采取相应措施，保证工程安全。

## 4.4.2 超前地质预报施工流程

超前地质预报施工流程如图4-31所示。

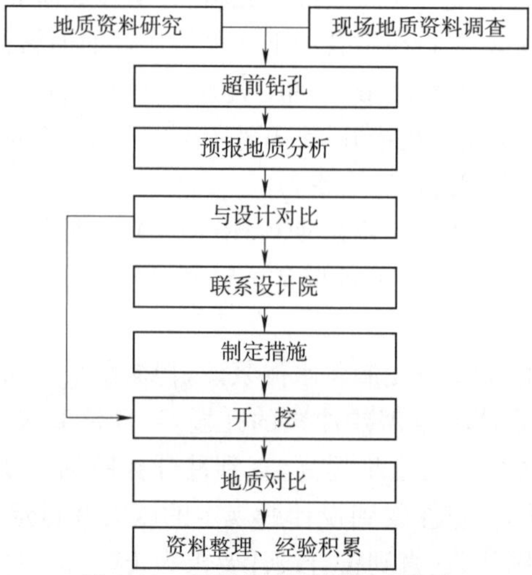


图4-31　超前地质预报施工流程

### 4.4.3 超前地质预报内容与方法

针对静沙区间正线地质情况，采取“长短结合，物探与钻探结合”的综合超前地质预报体系，通过各种预报技术相互印证、相互补充，确保隧道超前预报的准确度。

隧道施工主要采用的超前地质预报方法有TSP、超前地质探孔、地质雷达、掘进工作面地质素描、短距离钻探等，施工过程中根据实际情况选用。

地质雷达法适用于区间进洞100 m范围或TPS预报里程到结束里程不到60 m时，TPS法适用于区间进洞后100 m以上。隧道穿越F1、F2断层时，进行超前地质钻孔探明前方不良地质体在隧道出现的准确方位，综合判断前方的工程地质和水文地质情况。短距离钻探是在每次掌子面开挖时，先由钻工采用5 m钻杆进行钻探，判断前方围岩情况。地质素描法是技术人员每次通过对已暴露出的地质进行描述，根据岩体变化来推断前方地质变化趋势。

静沙区间矿山段施工选用的地质超前预报为超前水平探孔法和地质雷达法相结合，准确预报掌子面前方25 m的地质情况，准确判断岩体结构和构造、结构面宽度、断层发育形态、规模及岩石破碎情况，并进行水压和涌水量测试，判断地下水的方向及涌水、突泥的危险程度，根据地质情况制定隧道施工方案和技术措施。

1. 超前地质探孔法

采用ZGYX420液压行走潜孔钻车对掌子面前方30 m(特殊情况孔深不小于15 m)范围进行超前钻孔探测，准确探明不良地质体在隧道出现的准确方位。

探孔时用ZGYX420液压行走潜孔钻车在掌子面钻3个孔，单孔长不小于30 m，前后两次搭接长度不小于10 m，其余地段搭接长度不小于5 m，拱顶1个，左右拱腰各1个。终孔于开挖轮廓线以外不小于3 m。探孔的主要目的是探明地下水及水压情况，在钻孔的同时记录钻孔速度、岩渣岩粉特征、含泥量、出水部位、钻杆是否突进(及深度)等情况，综合判断前方工程地质和水文地质情况。

2. 地质雷达法

探地雷达采用LTD-2100地质雷达。

地质雷达通过向地层中发射宽带、高频电磁波，并对所接收到的反射波进行一系列处理，精确测定出电磁脉冲传播到目标物并反射回来的时间，探测隧道前方20 m左右的地质情况，特别是对溶洞、地下水、断层等的预报效果明显。

在本工程中，主要对不良地质地段加强探测，探测围岩内的软弱结构面分布，探测岩溶、富水带、断层破碎带分布里程。

(1)调查附近可能对探测产生干扰的构造物、地下管线、电台、通信基站等，做好记录及标记，在此区域探测时，应反复多次观测，排除干扰因素。

(2)布设雷达参数：雷达天线使用100 MHz天线，探测距离15～25 m范围一般连续测量，视条件也可以点测，一般点距为0.5～1.0 m。探测断层或含水裂隙面，采用十字探测法，开挖工作面凹凸不平时，采用点测法，有条件时可选用支架进行探测。探测洞穴选用“井”字探测法，并辅以定点转角探测法。

(3)布设测线：使用地质雷达超前预报时，以掌子面前方为检测目标，以拱顶为中心，以一字形或十字形布置两条雷达天线，若探测面较宽时，可以井字形布置四条雷达测线，必要时加密雷达测线以提高探测结果的准确性。

(4)数据处理:对现场采集的数据,通过探地雷达处理软件 RADANⅢ进行处理,绘制出雷达探测剖面图。

(5)地质探测分析:结合掌子面前的地质素描,分析雷达探测面剖面特征,如反射波振幅强弱、同相轴连续性等,对掌子面前方的地质进行推断。

(6)绘制地质解释图:根据雷达探测剖面图和探测分析结论,绘制出掌子面探测进深范围内的围岩类别、状况、风化程度、节理裂隙发育、岩石的整体性和稳定性、含水程度。

(7)提供地质预报信息:根据雷达探测结果,推断围岩级别,提出施工建议,实施动态设计和信息化施工。

### 4.4.4 地质超前预报信息收集、处理与反馈

地质预报工作由地质预报组负责,其他施工、质检人员予以配合,进行资料收集、统计、分析和编制信息预报成果,由主管技术人员予以复核,并报设计、监理,为变更设计、修改施工方法提供依据。信息预报成果及时反馈给相关施工部门、人员和专家顾问组,以便在施工中采取更有效、经济的施工措施,保证施工安全。

对已披露的实际地质与前期地质预报相比较,评估预报的准确性,不断总结经验,为以后的超前预报工作积累经验。经分析、整理的地质资料作为施工技术资料存档。

# 第5章 地铁车辆段施工

## 5.1 土石方工程

### 5.1.1 土石方开挖

根据工程实际情况，采用挖掘机进行土方开挖、人工清理配合的施工方法进行施工，沟槽采用小型挖机开挖。基坑土方采用放坡开挖，土方分层开挖，沿边坡方向每层不大于2.0 m。待上级边坡防护后，再开挖下一级边坡，进行下一级防护施工。

为防止地表水流入基坑内，同时把基坑内抽上来的水导走，在基坑开挖的同时，基坑四周设置截水明沟，截水明沟与排水明沟相连。在施工期间要保持截水明沟中的水位处于最低水位，使地表水及其他水能被截流在沟内排出，防止水流入基坑，影响施工。

基坑内明沟排水方法是由排水明沟和集水井组成。当基坑挖至接近地下水面时，在基坑内部避开混凝土底板位置，挖设集水井并安装抽水泵，然后沿基坑底四周挖临时排水沟，设置集水井，排水沟与集水井相连，将排水沟内的水引到集水井，用水泵将水抽出。挖土顺序应从集水井、排水沟逐渐向远处挖掘，使基坑始终不被水浸泡。为防止雨水冲刷坡面，保证排水通畅，在分层平台上分别设置排水沟和集水井，纵向设置吊沟连通。

1. 施工准备

(1)进行场地平整，测量场地平均高程；

(2)技术人员根据地下室平面图以及放坡系数，再考虑不小于1.2 m的操作面，画好土方开挖图；

(3)施工人员和特殊工种必须证件齐全，并经核实后方可施工；

(4)在施工前仔细查阅图纸和方案，并把相关问题解决在施工前，做到施工中重点突出，施工关键控制点心中有数；

(5)夜间施工在基坑周边均匀布设镝灯；

(6)施工前对相关管理人员、施工作业人员、测量人员、焊工等进行专项施工技术和安全交底。

2. 施工机械设备准备

根据现场施工情况，配备足够的土石方施工机械。

3. 土方开挖

(1)开挖线放样

由专业测量技术人员依据开挖图依次放样上口开挖线的交点，经多方检验无误后再用平行线法放样开挖下口线，最后在开挖范围外做好开挖控制桩并保护，作为开挖控制的依据。

(2)机械挖土

开挖过程中应遵循先边缘后中间的方法，并预留好汽车坡道。边坡及坑底应留20 cm人工收尾，以减少对土层的扰动。土方边坡开挖后，在坡面上及时喷射混凝土(内设钢丝网)防护。待防护强度达到70%以上时,再开挖下一级边坡,进行下一级防护施工。开挖过程中应随时测量挖深,通过放坡系数计算该挖深处的下边缘位置,并由测量人员撒出白灰线进行控制。如果到达坑底后发现基底土层与地勘资料不一致,应立即通知业主、监理、设计部门,以便及时采取措施。坡道处土方收尾采用挖土机进行挖土,装车运走。

4. 基坑变形监测

基坑周围环境监控是基坑开挖的关键环节,为确保基坑开挖过程安全,在施工中应予以高度重视。在基坑土方开挖及护壁施工过程中应做好基坑周围环境监控,特别是基坑周边地面位移及沉降的监测。

(1)水平位移观测

在四周边坡项每边布设一条观测基线,基线的控制点应远离基坑布置且便于长期保存。观测点布设在基坑坡顶且处于观测基线上,每10 m布置一个点,若同方向长度不足10 m,根据具体情况加设观测点。利用经纬仪依据观测基线采用方向线法观测各观测点水平位移,当某观测点的累积位移达到6 mm时应对该部位护坡采取加固措施。土方开挖过程中每天观测1次,基础施工过程中视位移量大小而定,直至土方回填完成。

(2)垂直位移观测

在四周边坡顶部距上口线50 cm处每隔15 m布设一个沉降观测点。按国家二等水准测量要求,采用水准仪进行垂直位移观测,垂直误差小于0.5 mm。土方开挖过程中每天观测1次,基础施工过程中视位移量大小而定,直至土方回填完成。

(3)场地查勘与记录

施工前对原场地进行全面调查,查清有无原始裂缝和异常,并做记录,照相存档。每次观测结果详细记入汇总表并绘制沉降与位移曲线。

注意事项:每次观测由同一个人用同一种仪器、相同观测方法和线路进行观测,对于观测结果,及时绘制测量成果。

(4)基坑回弹测量

土方开挖完成后在坑底布设观测点,按垂直位移观测的方法进行基坑回弹测量。

### 5.1.2 土石方回填施工

1. 填料性质

(1)基床表层

车辆段内所有碎石道床线路路基基床表层采用0.4 m厚级配良好的A、B组填料填筑,基床表层顶面必须满足路基宽度和填挖高度要求及相关规范规定。

(2)基床底层

车辆段内所用碎石道床线路路基基床底层采用1.1 m厚C组及以上合格填料填筑。

(3)路堤本体

车辆段内所用碎石道床路基基床以下采用C组填料填筑,现场填筑时应做工艺性填筑试验,确定施工工艺。

2. 填料来源

基床表层、过渡段A、B组填料和路堤基床底层及路堤本体C组及以上填料,可选择但不限于从段址东南侧堆土场取土(均为正线区间、车站弃土)。

3. 填料压实标准和施工工艺

施工前应对现场填筑压实试验,确定分层厚度和碾压遍数,分层碾压填筑达到(压实系数、地基系数)双控指标。

(1)施工准备

材料准备:回填采用灰土及基坑中挖出的黏土或粉质黏土回填(若挖出的黏土不够回填则采用外购,建议采用 2∶8 灰土回填以保证回填质量),但不得含有石块、碎砖、灰渣及有机物,其他地方可以用素土回填。

其他准备:回填前应对基础、地下防水层、保护层等进行验收,并办好隐检手续。基础混凝土强度应达到规定要求,方可进行回填土。

填土之前,将槽底内的有机物、淤泥、浮土、建筑垃圾等清理干净。

回填前,适当控制含水量,如土料水分过多或不足时,应晒干或洒水润湿。工地检验方法:用手将土紧握成团,两指轻捏即碎为宜。

施工前,抄平做好水平标志(皮数杆),如在基坑边坡上,根据每层填土厚度画出水平控制线。

(2)施工流程

防水验收→防水层的保护层施工→基坑底部清理→检验土质→分层铺土、耙平→夯打密实→检验密实度→修整找平→验收。

(3)施工工艺

①分层铺土:为了控制铺土厚度,在边坡或外墙上划出每层虚土铺放的厚度线,每层土虚铺厚度为 30 cm,对于个别打夯机不能通过的地方,采取人工用木夯夯实,虚铺厚度为 20 cm。各层虚铺厚度都要拉线找平,与外墙上的虚铺厚度线相等。每层铺摊后,随之耙平。

②夯打密实:夯压的遍数应根据土的性质、压实系数及所选机具来确定,一般不少于 3 遍(保证压实系数达到设计及施工规范的要求)。打夯应一夯压半夯,夯夯相连,行行相连,纵横交叉,每层夯压后都应用环刀取土送验,按规定分层取样试验,符合要求后方可进行上层施工。对于阴阳角或肥槽过于窄小的部位,采用人工夯实,不得漏夯。人工夯铺土厚度为 20 cm。

③留接槎规定:填土分段施工时,接槎不得留置在墙角处,上下两层填土的接搓距离不得小于 500 mm。

④找平和验收:填土最上一层完成后,拉线或用靠尺检查高程和平整度,高的地方用铁锹铲平,低的地方补打黏土,然后验收。

(4)土方回填质量要求及保证措施

黏土必须按规定分层夯压密实。回填土的质量检查要用环刀取样,确定其干容重。检查点数量:基槽每 100～500 $m^2$ 取 1 点,但不少于 1 点。质量标准可按压实系数鉴定,不应低于施工规范的要求。

分层虚铺厚度符合规定,夯压密实,表面无松散;分层留接槎位置、方法正确,接槎密实平整;管道下部人工夯实,防止管道下方空虚造成管道折断渗漏;回填土应当日铺填当日夯压,入槽的土不得隔日夯打;严格控制回填土的含水率,含水率不符合要求的回填土，严禁进行回填，暂时存放在现场的回填土，用塑料布覆盖防雨。

土方回填，安排在晴天，并且连续进行，尽快完成。回填过程中遇雨时，应立即停止回填土施工。雨停后，待已填土方的含水率达到要求后方可再次进行土方回填施工，以免形成“橡皮土”。雨量过大时，在槽内每 20 m 设一无砂管井，用水泵对积水进行抽排。

雨后回填前认真做好填土含水率测试工作，含水率较大时将土铺开晾晒，待含水率测试合格后方可回填。

### 5.1.3 路基控制标准

库内整体道床地段非股道区场坪区路基工后沉降要求不大于 50 mm，库内混凝土宽枕道床地段路基工后沉降要求不大于 100 mm，整体道床、检查坑等基础沉降要求不大于 20 mm。

碎石道床地段、场内道路、一般场坪等其他区域工后沉降要求不大于 200 mm。

### 5.1.4 高边坡处理

1. 土方开挖施工流程

定位放线→第一层土方开挖→边坡支护→第二层土方开挖→边坡支护→人工修整→进入下道工序。

2. 边坡系数确定

根据地质勘察报告及本工程基坑边坡围护设计图纸，土方开挖的边坡系数确定为 1∶0.6～1∶0.8 放坡。

3. 土方开挖注意事项

(1)土方开挖过程中，对定位轴线引出桩、标准水准点等，挖土时注意保护，并应经常检测和校核其位置是否正确。基坑的水平高程和坡度是否符合设计要求，经常校核。

(2)施工中如果发现测量用的永久性标志桩或地质、地震部门设置的长期观测点、文物或古墓等，应进行妥善保护并报相关部门处理后再进行施工。

4. 土钉施工

(1)工作原理

土钉在土层中斜向成孔，依靠钢筋与土体之间的摩擦力、拉杆与钢筋的握裹力以及土钉强度的共同作用来承受土体的剪切荷载。土钉改变了基坑的边坡土体受力状态，减小了基坑坑壁位移，维护了结构物的稳定。通过土钉将拉力传递到稳定的土体，即土钉穿过滑动面或不稳定区深入土体深层，使基坑四周土体不发生位移趋势。

(2)施工方法

①测量放孔

根据控制点及《土钉平面布置图及详图》进行测放。测放务必准确，要求测放过程中做好记录，检查无误，复查定位准确性后报监理审核。在基坑设计范围外应设置固定点，并用红油漆标注清晰，供侧放、恢复、检查桩使用，以保证在施工过程中能够经常进行复测，确保孔位的准确。孔位放测完毕后保证偏差小于 20 mm。土钉钻机就位时应准确，底座应垫平，钻杆的倾斜角度应用罗盘校核，角度偏差不大于 2°，高差不超过 30 mm。

②土钉植入

在确定土钉孔位后，用振动式土钉钻机施钻，初始时应用小功率缓慢钻进，钻进约500 mm后，校正钻孔方向，全功率钻进。为了准确控制钻孔的角度，施钻时应由当班技术员用地质罗盘控制钻杆方向，使钻孔角度偏差控制在2°以内。钻孔深度通过在钻杆上所做标记控制，要求钻孔深度不小于杆体有效长度，且不大于设计孔深200 mm。

当植入土钉遇障碍不能达到设计孔深或地质条件与设计不符时，应立即与甲方及设计单位联系，及时确定处理方案。

③试验

钢筋工程在全面施工前必须首先进行3根试验钢筋的抗拔极限承载力检测。采用10级加载制度对钢筋进行检测，最大试验荷载为极限荷载，当每级荷载施加完毕后，立即测读位移量，以后每隔5 min测读一次。当连续4次测读的钢筋拔升值均小于0.1 mm时，认为在该级荷载下的位移已达到稳定状态，继续施加下一级荷载。当每排钢筋施工完毕，钢筋按5%的比例抽取，进行抗拔承载力检验。

④施工监测

施工监测包括：钢筋的轴力监测；支护位移的量测；地表开裂状态的观察；附近建筑物和重要管线等设施的变形测量和裂缝观察；基坑渗水、漏水和基坑内外的地下水位变化。在土方开挖期间，基坑边坡土体顶部水平位移和支护结构侧移必须每日观测不少于一次。当基坑开挖深度增大或发现变形发展较大时，必须加大监测频率；当变形急剧发展或出现破坏预兆时，必须对变形情况加密监测。

(3)施工流程及工艺

测量放线定位→开挖工作面→排水措施→开挖至土钉深度→边坡修整→搭设施工脚手架→植入土钉→安装加强筋→挂钢筋网→主筋与土钉焊接→喷射水泥砂浆→拆除施工脚手架→清理施工现场。

土钉施工工艺见表5-1。

**表5-1　土钉施工工艺**

| 序号 | 施工项目 | 施工工艺要点 |
|---|---|---|
| 1 | 测量放线 | 根据支护方案测量放出开挖线，用白石灰撒在现场 |
| 2 | 开挖工作面，修整边坡 | 基坑边坡应分段分层开挖，采用反铲挖掘机，预留200 mm人工修坡，开挖深度在土钉孔位下500 mm，边开挖，边人工修整边坡人工修整坡时，坡面不平整度≤20 mm |
| 3 | 植入土钉 | 土钉成孔机具采用大功率凿岩机植入钢筋，施工前在设计孔位处作显著标志，以免钢筋植入时错位，采用$\phi$25钢筋植入边坡土方1.5 m深，矩形布置@2 000 mm，植入角度为20° |
| 4 | 加强筋安装 | 土钉安装完成后布置$\phi$12 mm@2 000 mm×2 000 mm加强筋，保证后续挂钢筋网稳定牢靠 |
| 5 | 挂钢筋网施工 | 钢筋网与坡面间隙宜大于20 mm，钢筋网应与土钉和加强筋连接牢固，保证喷射混凝土时钢筋不晃动；钢筋为$\phi$6 mm@200 mm×200 mm单层双向布置，坡面沿30 m设置一道伸缩缝，缝宽3 cm，缝内填塞沥青麻丝，网片之间采用绑扎搭接，搭接长度不小于250 mm |
| 6 | 喷射水泥砂浆 | 喷射水泥砂浆分三步完成：第一步，人工修整边坡(200 mm厚黏土)；第二步，采用喷浆机自下而上喷浆；第三步，喷射120 mm厚M30水泥砂浆 |
| 7 | 排水措施 | 为防止喷锚内有局部渗水，将坡顶及坡脚四周地表修整并构筑明沟排水(排水沟宽度300 mm)，严防地表水再向下渗水；在坡底设置临时集水坑，水沉淀后二次利用或用泵抽出基坑外；对于局部滞水层，可埋设花管($\phi$50 mmPVC管)，以便土钉墙内积水顺利排出 |

# 5.2 地基处理工程

## 5.2.1 振冲碎石桩

1. 适用条件

振冲碎石桩适用于处理黄土、杂填土、粉土、黏性土、素填土等地基,对饱和松软土层应通过现场试验确定其适用性。

2. 施工准备

(1)整平场地作为施工作业面。

(2)对段内地表水、地下水及施工用水水质进行取样复查,不得使用有侵蚀性水作为施工用水。

(3)施工前应根据设计文件对路基范围内的所有管线进行调查、核实和迁改,对没有迁改而施工中又可能对其造成影响的管线必须加强防护及施工组织,采用确实可行的施工工艺,确保管线的安全使用。

(4)施工前进行现场试验及试验性工作,确保施工工艺参数。

3. 技术要求

为了满足碎石桩施工工艺的要求,须对表层土进行开挖平整,并用振动压路机碾压,以整平场地,形成工作面,便于施打,再打设 $\phi$80 cm 碎石桩。振冲碎石桩采用正三角形或正方形布置,桩径采用 0.8 m,桩间距宜为 1.5~2.0 m。

桩身填充料:建筑垃圾及其他土层范围内的桩身,根据具体情况可采用碎石砾砂材料夯填,含泥量不得大于 5%。位于生活垃圾和淤泥质土层范围内的桩段,桩身填充料采用粒径稍大的碎块石(最大粒径不超过 15 cm)夯填,并适当加大填充量。

振冲碎石桩经质量检验合格后,桩顶填筑厚 0.5 m 碎石垫层夹一层土工格栅加固。垫层选用未风化的干净且级配良好的碎石,其最大粒径不得大于 20 mm,含泥量不得大于 5%,且不含草根、垃圾等杂质,垫层碾压满足地基系数 $K_{30} \geqslant 130$ MPa/m、孔隙率小于 31%的要求。当垫层位于基床厚度范围时,尚应满足基床范围内相应部位的压实标准要求。土工格栅采用聚丙烯双向土工格栅。土工格栅幅宽不小于 5.0 m,网孔直径 80~120 mm,纵、横向屈服抗拉强度≥50 kN/m,对应纵、横向伸长率≤10%。铺设土工格栅时,必须拉直拉平,幅与幅之间对齐并有一定搭接。为了保证复合地基结构质量,土工格栅必须耐碎石挤压,不得在填筑碾压垫层时出现折断。

振冲碎石桩施工完成 28 d 经检测合格后,凿除质量较差的桩头并整平场地,桩顶换填垫层夹土工格栅,然后及时进行上部路基填土施工,处理后复合地基承载力按小于 150 kPa 控制。

施工中,当地基土中遇到生活垃圾腐烂后形成的黑色淤泥土层,出现成桩困难或桩体难以密实的情况时,及时向有关单位反映,以便根据现场情况采取减小桩间距或其他加固措施进行处理。

4. 碎石桩施工工艺

碎石桩成桩方法:振冲法。

碎石桩桩体材料可根据现场情况,采用碎石、卵石、角砾、圆砾等硬质材料加固而成,粒径宜为 20～80 mm,含泥量不大于 5%。

碎石桩施工工序:机具定位→启动机器→造孔→清孔→加料振密→逐段成孔至孔口→关闭振冲器和水泵→机具移位。

碎石桩施工前必须进行成桩试验,至少 2 根,以掌握对该场地的施工经验及施工参数(如密实电流、填料量和留振时间等)。碎石桩形成后,必须大于中密状态。

实际贯入碎石量应达到设计用量要求。在施工中必须确保桩体的连续和密实,桩体施工完毕后将顶部松散桩体挖除或压密。

碎石桩施工完毕 28 d 且质量符合设计要求后,填筑砂砾石及土工格栅,碾压密实。

碎石桩施工流程如图 5-1 所示。

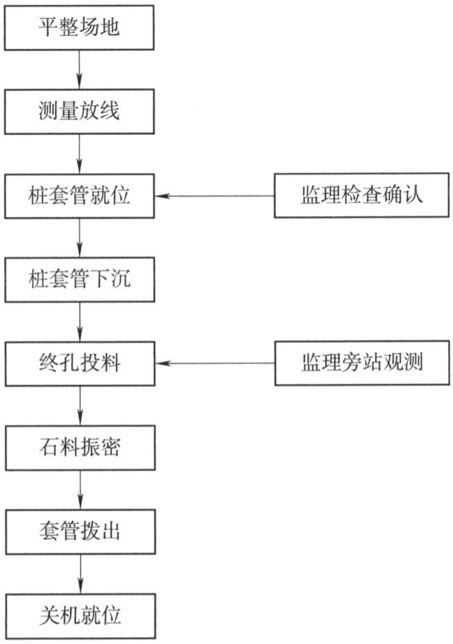


图 5-1　振冲碎石桩施工流程

## 5.2.2　高压旋喷桩

1. 适用条件

高压旋喷桩适用于处理淤泥与淤泥质土、砂土、粉土、人工填土、黏性土、碎石土等地基。

2. 施工准备

(1)整平场地作为施工工作面。

(2)施工前应根据设计文件对路基范围内的所有管线进行调查、核实和迁改,对没有迁改而施工中又可能对其造成影响的管线必须加强施工防护。

(3)在施工现场根据地质情况分段取样,按设计要求进行室内配比试验,确定浆液配比。

(4)施工前进行现场成桩试验,以确定固化剂掺入比、注浆量、压力、风量、旋转提升速度等工艺参数,要求旋喷桩桩身水泥土试块(边长 70.7 mm 立方体)在标准养护条件下 28 d 立方体抗压强度平均值不小于 3.0 MPa。

(5)旋喷桩路基工点提前安排，在路基填筑成形后进行不少于 6 个月的变形观测，铺轨前应进行沉降评估。

3. 技术要求

高压旋喷桩可采用正方形布置，桩径 0.5 m，桩间距 1.0 m。高压旋喷桩高压水泥浆的压力应大于 20 MPa，水泥采用 P. O 42.5 级普通硅酸盐水泥，水泥浆水灰比宜为 1.0～1.1。该段地下水化学侵蚀环境作用等级为 H1～H2，须另掺入水泥重量 25%的粉煤灰。在制作水泥浆时，可适当掺入添加剂。

喷射孔与高压浆泵的距离不宜大于 50 m，钻孔位置与设计位置的偏差不得大于 50 mm。实际孔位、孔深和每个钻孔内的地下障碍物、洞穴、涌水、漏水及与岩土工程勘察报告不符等情况均应详细记录。

当喷射注浆管贯入土中、喷嘴达到设计高程时即可喷射注浆。在喷射注浆参数达到规定值后，按旋喷的工艺要求提升喷射管，由下而上喷射注浆。喷射分段注浆的搭接长度不得小于 500 mm。

对深层长桩应根据地质条件分层选择适宜的喷射参数，以保证成桩均匀一致。

高压喷射注浆完毕应迅速拔出喷射管。为防止浆液凝固收缩影响桩顶高程，必要时可在原孔位采用冒浆回灌或第二次注浆等措施。

施工中应做好泥浆处理，及时将泥浆运出或现场短期堆放后作土方运出。

旋喷桩经质量检验合格后，桩顶填筑厚 0.5 m 碎石垫层夹一层土工格栅加固。垫层选用未风化的干净且级配良好的碎石，其最大粒径不得大于 20 mm，含泥量不得大于 5%，且不含草根、垃圾等杂质，垫层碾压满足地基系数 $K_{30}\geqslant$130 MPa/m、孔隙率小于 31%的要求。当垫层位于基床厚度范围时，尚应满足基床范围内相应部位的压实标准要求。土工格栅采用聚丙烯双向土工格栅。土工格栅幅宽不小于 5.0 m，网孔直径 80～120 mm，纵、横向屈服抗拉强度≥50 kN/m，对应纵、横向伸长率≤10%。铺设土工格栅时，必须拉直拉平，幅与幅之间对齐并有一定搭接。为了保证复合地基结构质量，土工格栅必须耐碎石挤压，不得在填筑碾压垫层时出现折断。

高压旋喷桩施工完成 28 d 经检测合格后，凿除质量较差的桩头并整平场地，桩顶换填垫层夹土工格栅，然后及时进行上部路基填土施工，处理后复合地基承载力按小于 150 kPa 控制。

施工中，当地基土中遇到生活垃圾腐烂后形成的黑色淤泥土层及大粒径块石、大量植物根茎或较高的有机质，出现成桩困难或桩体难以密实的情况时，应及时向有关单位反映，以便根据现场情况采取减小桩间距或其他加固措施进行处理。

高压旋喷桩施工流程如图 5-2 所示。

4. 质量控制

高压旋喷桩质量检验内容应包括桩身完整性、均匀性、桩身强度、单桩或复合地基承载力等。

成桩 7 d 内，可采用低应变检查桩身均匀性，检查数量为施工总桩数的 2‰，且不少于 3 根。

成桩 7 d 后，采用浅部开挖桩头(深度宜超过停浆面下 0.5 m)，目测检查搅拌的均匀

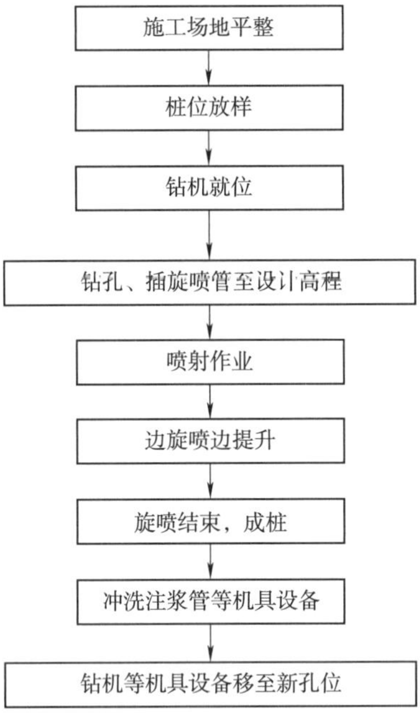


图 5-2　高压旋喷桩施工流程

性，量测成桩直径。检验数量为总桩数的 2‰，且不少于 3 根。

成桩 28 d 后，采用双管单动取样器在桩径方向 1/4 处、桩长范围内垂直钻孔取芯，观察桩体完整性、均匀性，取不同深度的不少于 3 个试样做无侧限抗压强度检验。检验数量为施工总桩数的 2‰，且不少于 3 根。

高压旋喷桩承载力检验宜在成桩 28 d 后进行，应采用单桩或复合地基载荷试验，检验数量为总桩数的 2‰，且不少于 3 根。

高压旋喷桩施工允许偏差符合表 5-2 要求。

**表 5-2　高压旋喷桩施工允许偏差**

| 检查项目 | 质量标准和允许偏差 | 检查方法 |
|---|---|---|
| 桩身垂直 | ≤1.5% | |
| 间距(横纵向) | ±50 mm | 查测 $x$、$y$ 轴二方向最大值 |
| 桩　深 | 不小于设计值 | 检查施工记录曲线或钻孔检查 |
| 桩　径 | 不小于设计值 | 尺量检查 |

5. 施工注意事项

施工前做好施工场地的临时防排水工程；对地下管线及光、电缆的准确位置进行调查或人工挖深核实，对施工中可能对其造成影响的管线及光、电缆须注意加强施工防护。施工过程中应随时检查施工记录及现场施工情况，并对照预定的施工工艺标准对每根桩进行质量评定。

在高压喷射注浆过程中出现压力骤然下降、上升或冒浆异常时，应查明原因并及时采取措施。喷射注浆作业后，桩体顶部出现凹穴，应及时使用水泥浆进行补灌，并防止其他钻孔排出的泥土或杂物进入，成桩施工完成 28 d 内不得有任何机械在上面行走。按要求设置沉降、位移观测设备和进行沉降、位移观测，观测结果应纳入竣工文件。

路堤填筑应严格控制填筑速率，控制标准为：路堤中心线地面沉降速率每昼夜不大于 1.0 cm，坡脚水平位移速率每昼夜不大于 0.5 cm。若有异常，应停止填筑或暂缓填筑。

施工便道须选择在地质条件较好的地段设置，若在软基、松软土上设置便道，便道地基参照铁路工程处理，保证便道稳定。

### 5.2.3 CFG 桩

检修主厂房(A1 区)里程为 JK0+325.4～JK0+642.2，整体道床板下区域路基工后沉降要求不大于 20 mm，采用 CFG 桩施工，检修主厂房地基加固处理总面积约 35 025.3 $m^2$，检修主厂房内车体间、预处理间、喷漆间采用 CFG 桩+0.3 m 褥垫层+0.5 m 厚 C35 钢筋混凝土筏板结构处理，面积约 3 759.6 $m^2$，CFG 桩约 1 185 根，桩径 0.5 m，采用正方形布置，桩心距为 1.8 m。检修主厂房内整体道床区域均采用 CFG 桩+C30 混凝土桩帽结构加固处理，面积约 31 265.7 $m^2$，CFG 约 7 563 根，桩径 0.5 m，采用正方形布置，桩心距为 1.9 m。

1. 主要设备及机具配置

主要设备及机具配置见表 5-3。

**表 5-3 主要设备及机具**

| 序号 | 名　称 | 规格型号 | 单位 | 数量 | 状况 |
|---|---|---|---|---|---|
| 1 | CFG 桩机 | DZ60KS | 台 | 1 | 良好 |
| 2 | CFG 桩机 | DZ75KS | 台 | 1 | 良好 |
| 3 | CFG 桩机 | ZJ60Y | 台 | 1 | 良好 |
| 4 | CFG 桩机 | ZJ75Y | 台 | 1 | 良好 |
| 5 | 平板车 | 2 $m^3$ | 台 | 4 | 良好 |
| 6 | 混凝土料斗 | 0.8 $m^3$ | 台 | 4 | 良好 |
| 7 | 全站仪 | GTS-322 | 台 | 1 | 良好 |
| 8 | 水准仪 | DSZ2 | 台 | 2 | 良好 |

2. 原材料

CFG 桩原材料包括水泥、粉煤灰、砂、碎石(粒径 5～20 mm)、碎石(粒径 16～31.5 mm)，联系厂家运送至施工现场材料棚，送检合格。原材料按照试验已确定的 C20 混凝土配合比(水泥：沙子：石料：水：粉煤灰=320：643：1 050：188：107)进行现场拌和，确保 CFG 桩施工。

3. 施工流程与方法

CFG 桩施工流程如图 5-3 所示。

(1)测量放线

根据施工图纸布置桩位用全站仪放样出一定范围两侧桩位，其余各个桩位根据各个

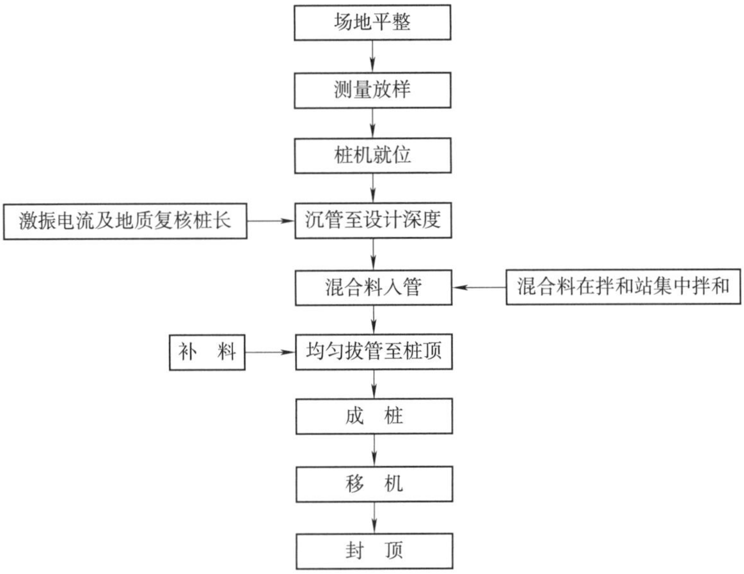


图 5-3　CFG 桩施工流程

角点放样桩位拉钢尺布置,做好标记并编写桩号。

(2)钻机就位

CFG 桩采用振动沉管灌注成桩工艺。施工时用钻机塔身的前后左右的垂直标杆检查塔身导杆,校正位置,使钻杆垂直对准桩位中心,确保 CFG 桩垂直度允许偏差不大 1%,桩位允许偏差不大于 5 cm。

(3)钻进

钻进开始前,按设计预定高程在钻机塔身处做醒目刻度标记,沉管每 10 cm 一个刻度,作为施工控制的依据。钻孔开始时,关闭钻头阀门,向下移动钻杆至钻头触及地面时,启动振动器钻进,一般应先慢后快,如发现钻杆摇晃或难钻进时,放慢进尺。

(4)停钻

CFG 桩机钻头钻进直至达到设计持力层 0.5 m 停止,若发现地质情况与设计进入持力层情况不符,及时通知相关单位进行核实。

(5)投送混合料

停机后立即向管内一次投放混合料,投放数量结合实际钻孔深度,并要求混合料投入量充盈系数达到 1.1 以上来计算混凝土数量。混合料拌制完成后由混凝土运输车运至现场,用料斗加入沉管内,每次加料必须充满沉管内部。

(6)拔管

投放满足充盈系数之后的方量,振动 5～10 s 开始拔管,边振边拔。拔管速度必须均匀,控制在 1.0～1.2 m/min,且应连续进行,拔管过程不允许反插。如遇淤泥或淤泥质土,拔管速度应适当放慢至 0.8～1.0 m/min。拔管过程中若管内混合料不足时应及时补料。施工桩顶高程应高出设计桩长 0.5 m,在桩顶位置适当反压,确保桩径满足要求。

(7)钻机移位

沉管全部拔出之后对桩顶覆盖加以保护,钻机移位至下一根桩位。

4. 技术要求

(1)整体道床轨道区域采用桩筏结构,桩顶设置 0.3 m 厚碎石垫层,垫层上设置 0.5 m 厚 C35 钢筋混凝土筏板。CFG 桩要求打入下卧层⑦1 层粗砂或⑨层砾砂不小于 0.5 m,桩心距采用 1.8 m。

除建筑结构区域以外,其他检修主厂房区域采用桩网结构,桩帽直径 1.0 m,高度 0.6 m,桩心距 1.9 m。采用强度 C35 混凝土浇筑,桩顶设置 0.6 m 厚碎石垫层+二层 80 kN/m 土工格栅,要求打入下卧层⑦层粉质黏土或⑦1 层粗砂等持力层不小于 0.5 m。

平交道口地段要求打入下卧层⑦1 层粗砂或⑨层砾砂不小于 0.5 m。

(2)桩体材料:采用碎石、砂、粉煤灰、水泥加水配合而成。桩身水泥采用 P.O 42.5 级普通硅酸盐水泥,胶凝材料掺入量不大于 400 $kg/m^3$,最小胶凝材料不小于 320 $kg/m^3$,最大水胶比 0.45,掺加优质粉煤灰(等级不低于Ⅱ级),粉煤灰掺量为 110～140 $kg/m^3$。碎石粗骨料满足级配要求,松散堆积密度大于 1 500 $kg/m^3$,碎石最大粒径不大于 40 mm。混合料 28 d 标准立方体无侧限抗压强度不小于 20 MPa。

(3)为保证施工中混合料的顺利输送,施工中采用强制式搅拌机,沉管灌注法坍落度 30～50 mm。

(4)CFG 桩经质量检验合格后,桩顶填筑垫层夹土工格栅加固。垫层应采用未风化的干净且级配良好的砂砾石或碎石,其最大粒径不得大于 50 mm,含泥量不得大于 5%,且不含草根、垃圾等杂质,垫层碾压满足地基系数 $K_{30}\geqslant$130 MPa/m、孔隙率小于 31%的要求。当垫层位于基床底层厚度范围时,尚应满足相应的压实标准。

土工格栅采用双向土工格栅,幅宽不小于 5.0 m,网格尺寸 80～120 mm,纵、横向屈服抗拉强度≥80 kN/m,对应纵、横向伸长率≤8%,焊点极限剥离力≥100 N。铺设土工格栅时必须拉直拉平,幅与幅之间对齐。为了保证复合地基结构质量,土工格栅必须耐碎石挤压,不得在填筑碾压垫层时出现折断。

(5)CFG 桩施工完成且检测合格后,机械切除桩头部分,桩网结构施工桩帽,再铺设桩顶碎石垫层+二层土工格栅,桩筏结构施工碎石垫层及筏板基础。

5. 桩帽施工

首先将选定的检测桩周围的土方开挖至设计桩顶高程,裁桩检测。尽量选择土方开挖后不影响后续钢筋混凝土灌注桩施工的 CFG 进行检测。统一挖除 CFG 桩设计桩顶以上的场平土方,再人工开挖 CFG 桩帽土方,机械破除桩头,桩网结构施工桩帽,再铺设桩顶碎石垫层+二层土工格栅。

CFG 桩帽设计高 0.6 m,上顶面直径 1 m,成圆台形状,施工时桩帽模板下部 0.5 m 采取人工挖土修整土模,上部 0.1 m 厚采用圆柱形定型钢模,混凝土采用商品混凝土,振捣密实。

6. 桩帽顶填筑碎石垫层夹土工格栅

CFG 桩帽混凝土强度达到 80%并经质量检验合格后,桩顶填筑 0.6 m 厚碎石层夹双层土工格栅,填筑范围为地基处理的全部区域,包括桩间土层上,如图 5-4 所示。

铺碎石前首先将桩间土方回填夯实到位,设备基础和检查坑下有 CFG 桩时,填筑碎石垫层范围为全部基坑范围。0.6 m 厚碎石垫层上直接做结构垫层。待设备基础、检查坑和结构承台等基坑土方回填到 CFG 桩帽顶高程后,再铺其附近的碎石垫层。碎石垫

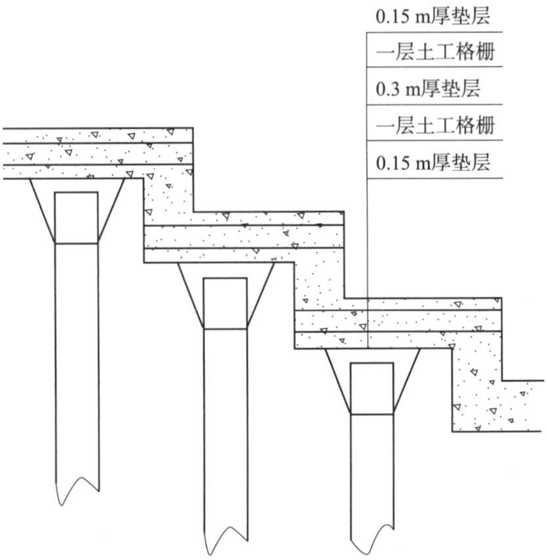


图 5-4 CFG 桩垫层施工

层顶高程为设计地面底高程。采用机械配合人工分层摊铺，碎石褥垫层铺设宜采用静力压实法，当基础底面下桩间土的含水量较小时，也可采用动力夯实法。

垫层应采用未风化的干净且级配良好的砂砾石或碎石，其最大粒径不得大于 30 mm，含泥量不得大于 5%，且不含草根、垃圾等杂质，垫层碾压满足地基系数 $K_{30} \geqslant$ 130 MPa/m、孔隙率小于 31%的要求。当垫层位于基床底层厚度范围时，尚应满足相应的压实标准。

土工格栅采用双向土工格栅，幅宽不小于 5.0 m，网格尺寸 80～120 mm，纵、横向屈服抗拉强度≥80 kN/m，对应纵、横向伸长率≤8%，焊点极限剥离力≥100 N。铺设土工格栅时，必须拉直拉平，幅与幅之间对齐。为了保证复合地基结构质量，土工格栅必须耐碎石挤压，不得在填筑碾压垫层时出现折断。

### 5.2.4 混凝土工程

混凝土采用商品混凝土，用混凝土运输车运到现场，采用 1 台混凝土输送泵浇筑。

混凝土浇筑时应采用“分区定点、一个坡度、循序推进、一次到顶”的浇筑工艺。浇筑时先在一个部位进行，直至达到设计高程，混凝土形成扇形向前流动，然后在其坡面上连续浇筑，循序推进。混凝土浇筑应连续进行，间歇时间不得超过 6 h。

混凝土浇筑时在泵车的出灰口处配置 3～4 台振捣器，因为混凝土的坍落度较大，在 1.5 m 厚的底板内可斜向流淌 1 m 远左右，2 台振捣器主要负责下部斜坡流淌处振捣密实，另外 1～2 台振捣器主要负责顶部混凝土振捣。

由于混凝土坍落度较大，会在表面钢筋下部产生水分，或在表层钢筋上部的混凝土产生细小裂缝。为了防止出现这种裂缝，在混凝土初凝前和混凝土预沉后采取二次抹面压实措施。

现场每浇筑一块筏板制作两组试块，一组压标准养护 28 d 强度，一组做同条件养护，报告归技术档案资料。

混凝土浇筑及二次抹面压实后应立即覆盖保温,在上面覆一层塑料薄膜。新浇筑的混凝土水化速度较快,盖上塑料薄膜后可进行保温保养,防止混凝土表面因脱水而产生干缩裂缝。

### 5.2.5 沉降观测

1. 技术要求

一般地段每隔 150～300 m 一个观测断面。双股道在股道中间设一个观测沉降板,多股道时每隔 3～5 股道应加设一个观测沉降板(间隔距离应不大于 50 m)。在两侧路肩各设一个观测桩($\phi$40 mm,钢钎长 1 m)。在两侧路堤坡脚外 1 m 及 10 m 外各设一个位移观测边桩(路堑地段不设位移观测边桩)。各观测桩及沉降板位于同一个断面上。

边桩采用 C15 钢筋混凝土预制,断面采用 15 cm×15 cm 正方形,长度不小于 1.5 m,并在桩顶预埋半圆形不锈钢耐磨测头。

边桩埋置深度在地表以下不小于 1.4 m,桩顶露出地面不大于 0.1 m。埋置方法采用洛阳铲打入设计深度,将预制边桩放入孔内,桩周以 C15 混凝土浇筑固定,确保边桩埋置稳定。

沉降板由钢板或 C15 钢筋混凝土板、测杆和保护套组成。钢底板尺寸为 50 cm×50 cm×1 cm,钢筋混凝土板尺寸为 50 cm×50 cm×3 cm,测杆采用 $\phi$40 mm 钢管,与底板固定在垂直位置上,保护套采用塑料套管,套管尺寸以能套住测杆并使标尺能进入为宜。随着填土的增高,测杆和套管亦相应加高,每节长不超过 50 cm。接高后测杆顶面应略高于套管上口,测杆顶用顶帽封住管口,避免填料落入管内而影响测杆下沉自由度,顶帽高出碾压面高度不大于 50 cm。

2. 观测要求

用于观测位移及沉降的基桩必须置于不受填土荷重影响的稳定地基内,基桩及位移观测桩在观测期间必须采取有效措施加以保护。

边桩及沉降板在施工期间一般每填筑一层应进行一次观测,如果两次填筑间隔较长,每 3 天至少观测一次。路堤经过分层填筑达到设计高程后,在预压期的前 2～3 月内,每 5 天观测一次,三个月后 7～15 天观测一次,半年后一个月观测一次,一直观测到预压期末。观测后及时整理绘制"填土高—时间—沉降量"关系曲线图。

观测控制标准:路堤中心线地面沉降速率每昼夜不大于 1.0 cm,坡脚水平位移速率每昼夜不大于 0.5 cm,如果超出此限应立即停止填筑,待观测值恢复到限界值以下再进行填筑。填筑速率应以水平位移控制为主。观测结果应纳入竣工文件。

## 5.3 建筑工程

### 5.3.1 综合办公楼工程

1. 施工特点

(1)综合办公楼为框架结构,结构形式较为简单,但钢筋、混凝土、模板等的用量大,应加强现场材料组织及运输。

（2）基坑开挖及边坡防护安全风险大，施工时应加强现场安全、文明施工综合管理，以树立企业良好形象。

（3）施工过程中，土建、水电、消防安装等专业将进行交叉作业，施工应加强协作，以确保工程整体质量及施工工期。

2. 施工方案

（1）现场垂直运输

基础及主体结构施工过程中拟安装 QTZ63 型塔吊 2 台，QTZ40 型塔吊 1 台，辅以吊车、人力，以承担各种材料、构件等的垂直运输任务。砌筑和二次结构及装饰工程施工采用龙门架上料平台垂直运输。

（2）混凝土使用、浇捣及养护

本工程混凝土的供应主要是商品混凝土，二次结构和后期装修可使用现场搅拌，预设 JDY350 混凝土搅拌机 2 台备用。主体框架结构混凝土全部采用泵送。

混凝土的浇捣采用普通振动棒和平板式振动器完成，其中柱、梁及楼梯等主要采用振动棒振捣，现浇板则采用振动棒配合平板振动器振捣。柱浇筑时采用塔吊串筒下料。梁板采用汽车泵与地泵结合的方式浇筑混凝土。

混凝土的养护采用自然养护法浇水养护，在浇筑完混凝土时盖上塑料薄膜，当混凝土达到强度时采用土工布铺设达到保湿或保温。

（3）钢筋加工及接长

钢筋均在现场采用机械加工成型。HPB300 钢筋绑扎接长，HRB335、CRB400 钢筋焊接和机械连接接长。

（4）模板工程

模板在现场制作，选择 12 mm 厚的竹模板，柱、梁、板模板均制作成标准模，按总需用量配备。模板的支撑系统采用钢管架料配合部分木料解决。

（5）脚手架搭设

外架采用双排钢管落地外架，现浇楼板支模采用 SP-70 早拆支模架，室内装饰装修采用工具式脚手架。

（6）屋面防水工程

原材料进场后，应进行抽样送检，确保材质符合要求。做好的基层平整、干燥，无起砂、油污、杂物等。屋面混凝土首先要浇灌密实，屋面泛水和滴水线必须采取防水措施，防水层按规范和图纸要求，施工前先进行技术交底，防水涂层确保涂抹均匀，卷材层特别要注意边角处、高低交接处铺贴的顺畅，确保防水层施工质量，防止薄弱环节渗漏水。

（7）高程投测与轴线控制

控制轴的确定应从规划给定的建筑物角点坐标引至建筑中部的适当轴线。放线时从控制轴开始向两边进行，以减少累积误差。

高程投测以建筑物放线控制轴为依据，在控制轴上建立投测基准（±0.00 位置）。每次投测都从基准点开始，将投测误差降至最小。

（8）建筑物沉降观测

根据建筑特点在建筑物各大角点及层数变化部位设置沉降观测点。建筑物外对应观测点应设置在稳定的构、建筑物上。

### 5.3.2 检修主厂房工程

1. 主体结构施工

(1)机械设备配置

土方机械配备挖掘机、装载机、压路机。大宗材料的垂直运输采用1台塔吊和2台汽车吊。混凝土采用商品混凝土,混凝土垂直运输采用汽车泵,汽车泵泵管长度根据现场情况合理选择。砂浆现场拌制,砌筑装修时设3部上料升降机。现场运输车辆和小型机械配备应满足工程需要。

(2)模板及支撑工程

检修主厂房基础结构模板采用18 mm厚胶合板,支撑采用$\phi$48 mm×3.5 mm扣件式钢管脚手架。框架柱、梁板模板采用18 mm厚胶合板,支撑采用$\phi$48 mm扣件式钢管满堂脚手架为主,外侧采用双排脚手架,板背木方截面50 mm×100 mm。排架柱模板采用18 mm胶合板,模板接缝用胶条粘贴防止漏浆。模板背侧设50 mm×100 mm的木枋内楞(间距0.6 m),之外设扣件式双根$\phi$48 mm钢管外楞(间距0.5 m),绕柱子一圈箍住柱模,在内、外楞相交处采用$\phi$14 mm高强对拉螺杆拉结(间距600 mm),螺杆内套PVC管。沿柱高方向设4根$\phi$48 mm钢管斜撑。柱顶栓缆风绳,固定于地面上结实处,与柱顶形成可调角度,调直柱模板垂直度。

满堂脚手架由立杆、大横杆、小横杆构成空间网格结构,立杆沿竖向、大横杆沿横向,小横杆沿纵向布置。顶板施工时立杆作为主要的受压承载杆件,小横杆和大横杆作为主要受剪杆件和连接杆件,小横杆的横向间距与立杆横向间距一致,竖向间距与大横杆一致。设置必要的剪刀撑和斜撑,以保证结构的稳定。

2. 与工艺设备安装专业配合施工

(1)检修主厂房内大型设备,如固定架车机、起重机、移车台、转向架转盘、轮对转盘、轮对自动检测机、车辆称重设备、轮对转向架静载试验台、构架翻转架、转向架升降工作台、车轴存放基础、荧光瓷粉探伤机、单柱立式车床、数控车轴磨床、车轮车床、轮对轴承跑合试验台、轮对制动盘退卸压装机等的基础由项目部完成,设备安装由设备供应商负责,项目部配合。

(2)设备动力配电已纳入动力照明设计,设备基础施工时应按动力照明设计预埋电缆管道。

(3)无控制箱的设备动力配线由项目部按设计接到设备基础,并留出足够长度的连接线。

(4)有控制箱的设备动力配线由项目部按设计接到控制箱,控制箱以及控制箱至设备的接线由设备供货商负责。

(5)起重机轨道和车挡、滑触线、安装所需预埋件等的设备采购、安装和调试由项目部完成。

(6)项目部负责按设计接线至设备总控制柜,控制柜至设备各部件的接线由设备供货商负责,预埋件由项目部负责。

(7)由设备商负责安装、调试的设备,项目部给予配合,提供场地和用水用电接口。

(8)由项目部负责安装的需要办理使用许可证的设备,其许可证的办理由项目部负责，设备供货商配合；由设备供货商负责安装的，其许可证的办理由设备供货商负责，项目部配合。

(9)大型设备基础、走行轨道、电缆沟、设备水池、室内管沟等构筑物的基础施工时应经设备商确认图纸，项目部土建专业和机电设备安装专业应与工艺设备专业技术人员相互沟通，认真核对土建、配电、工艺设备图纸，以确保设备基础施工质量，施工完成后土建专业与机电设备安装专业有关人员共同进行交接验收。

(10)双梁和单梁起重机在网架安装前安装就位，避免网架安装后起重机吊装困难。其他大型设备应在地面面层施工前安装就位，避免以后运输就位时对地面造成破坏。

(11)铺设轨道在设备处应预留 10～30 cm，设备安装时如果影响设备就位应先拆除钢轨，设备安装就位后再按需要裁轨，与设备配轨缝安装钢轨。轨道线上预留的设备基础坑按设计要求填沙铺碎石，按宽轨枕铺轨通过。

3. 与轨道专业配合施工

检修主厂房柱式检查坑、壁式检查坑整体道床轨道、一般整体道床轨道、工艺轨道和土建专业有紧密接口关系，轨道精度要求高，和设备基础及检修平台有相互关系，其施工进度制约土建工程施工，影响土建工程施工质量。

为了保证检修主厂房施工的顺利进展，保证工程质量和施工安全，施工采取以下措施：

(1)加强测量控制，用轨道中心线复测和控制建筑结构位置，避免检修平台侵界和钢轨未处在检查坑柱和壁上准确位置。设备基础测量放线应以轨道中心线为基准。

(2)合理安排施工顺序和进度计划。土建专业应为轨道施工提供条件，轨道专业在钢轨运输安装过程中应注意保护土建成品。

(3)按照检修主厂房设计要求，柱式检查坑、壁式检查坑整体道床轨道施工由轨道专业架轨安装扣件，配合土建专业浇筑道床混凝土预埋螺纹套管。一般整体道床轨道和工艺轨道由轨道专业浇筑道床混凝土预埋螺纹套管，土建施工至轨面下－0.500 m，以上由轨道专业完成。

(4)轨道专业浇筑道床上层混凝土时应与土建专业配合，控制好高程和平整度，为地坪装饰(自流平面层)预留厚度和打好基础。土建专业后续施工应保护好轨道，防止钢轨和扣件被污染破坏。

(5)检修主厂房内横通道和检修主厂房前平交道在轨道专业施工期间和完成后，土建和其他专业施工机械通过时应铺木板保护，防止破坏钢轨两侧预埋型钢和橡胶件。

(6)为防止土建地坪由于钢筋混凝土道床随温度变化变形而拉裂，道床伸缩变形缝的留置要兼顾地坪结构伸缩缝的位置，做到位置统一。

# 第6章　地铁施工信息化与BIM技术应用

## 6.1　盾构大数据平台

### 6.1.1　平台概述

盾构远程监控大数据平台v1.0(谛听v1.0)运用物联网、BIM、工业大数据等技术构建,可为盾构项目施工安全、风险、质量等进行集中管控,对设备进行全生命周期、全方位实时在线监测、智能维保、设备健康评估、设备故障预测、备品备件预测和智能决策分析,对于提升企业管理水平和生产效率、降低企业运营成本等都有着积极的意义。

中铁二十局承建的青岛地铁4号线土建11工区工程利用盾构远程监控大数据平台在各施工项目现场安装数据采集器,采集现场实时施工数据,并将数据传输至数据中心,实现了对盾构机的远程监控。在此基础上,利用大数据可视化的优势,将多种盾构信息集成表现为特征图形,实现从盾构信息整体上到局部的人机交互分析,降低了施工风险,提升了盾构施工的信息化水平,可进一步提高管理水平。

盾构远程监控大数据平台主要包括实时远程数据、智能分析预警和实时现场施工监控视频,通过该系统实现盾构在推进过程中的各项数据,包括刀盘转速、刀盘扭矩、推力、掘进速度、土舱压力、轴线控制等都能实时上传至地面项目部及公司,各级项目管理人员无论是在公司、项目部还是外地出差,通过网络就能详细掌控盾构施工情况。

盾构远程监控大数据平台主要基于B/S架构,使用.Net平台和C#语言开发,可基于浏览器无插件访问,支持主流浏览器,包括chrome、360、IE等。

盾构远程监控大数据平台基于"互联网+"盾构安全生产的建设思想、物联网技术,实现信息系统具备对施工现场盾构机的感知、度量、沟通能力,将盾构机工作状态进行数字化,远程掌握盾构机工作状态信息,实现行业内数据横向互通,为实现盾构智能控制奠定基础。

盾构大数据平台功能框架如图6-1所示。

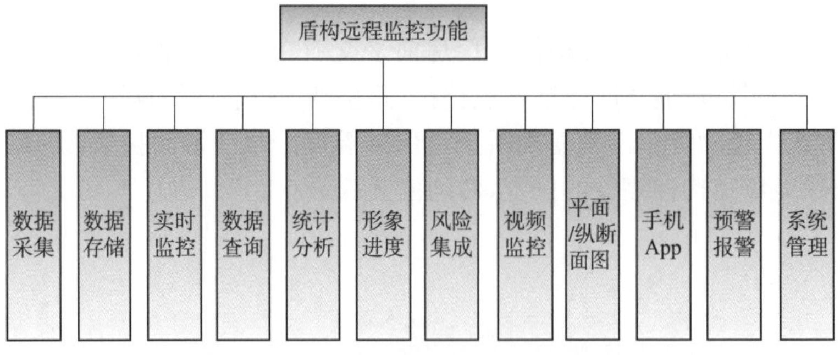


图6-1　盾构大数据平台功能框架

#### 6.1.1.1　施工管理

盾构大数据平台实现人、机、料等要素全面互联,为实现透明化及精细化管理奠定了基础，结合动态“三图一表”进行管理，实现风险点的排查评估、掘进进度标记、监测点布置、沉降监测等管理。

1. 项目地图

在地图实时展现各个盾构施工项目的分布情况，实现施工进度、盾构运行状态、风险信息的实时展示。根据盾构机的实时状态，在电子地图上展示掘进、拼装、待机等状态。将施工轨迹在电子地图上展示出来，并结合进度情况，以不同的颜色展示已掘进部分和待掘进部分，还可在地图上实时展示环境风险与盾构机的位置关系。

2. 施工平面图

在施工平面图上实时展示盾构施工轨迹、盾构机位置和沉降监测点的位移变化和位移速率。

3. 施工纵断面图

在施工纵断面图上实时展示盾构施工轨迹、盾构机位置、环境信息、勘探孔信息和风险点信息。

4. 施工质量管理

通过对施工过程中沉降、管片姿态、注浆及出土量等变量的管理实现施工作业过程的全程记录，通过对施工质量的统计分析，为下一步施工质量管理工作提供指导。施工质量管理如图 6-2 所示。

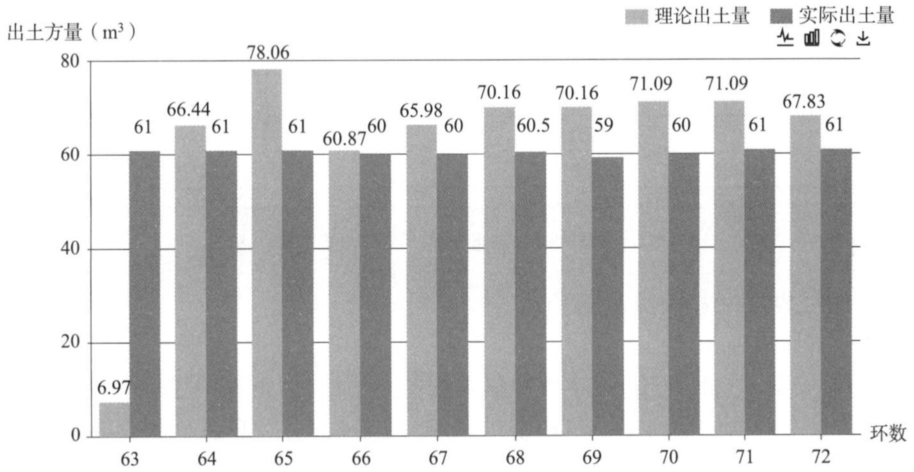


图 6-2　施工质量管理界面

5. 设备管理

实现对设备台账、使用履历、维修、维修知识库、保养和停机信息动态管理，对各设备实时监控的参数多维度分析，能够及时了解设备健康状况，辅助维修保养并动态调整施工作业计划。

6. 盾构设备基础信息

统计和展示系统中所有盾构设备的基本信息，如图 6-3 所示。

7. 备品备件管理

含油料及配件档案、配件消耗统计模块，便于查询配件库存及消耗情况。备品备件管理如图 6-4 所示。

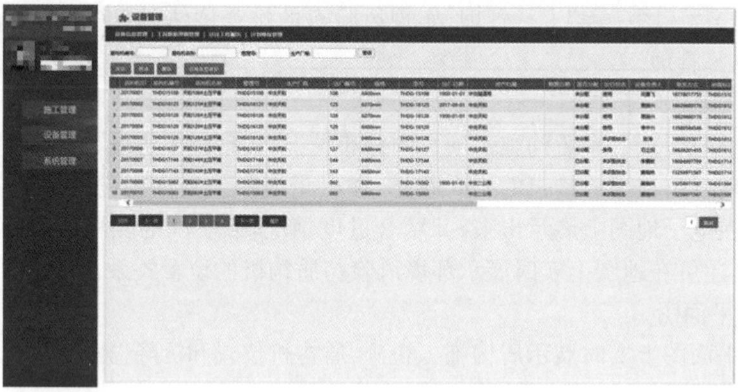


图 6-3　盾构设备基本信息界面

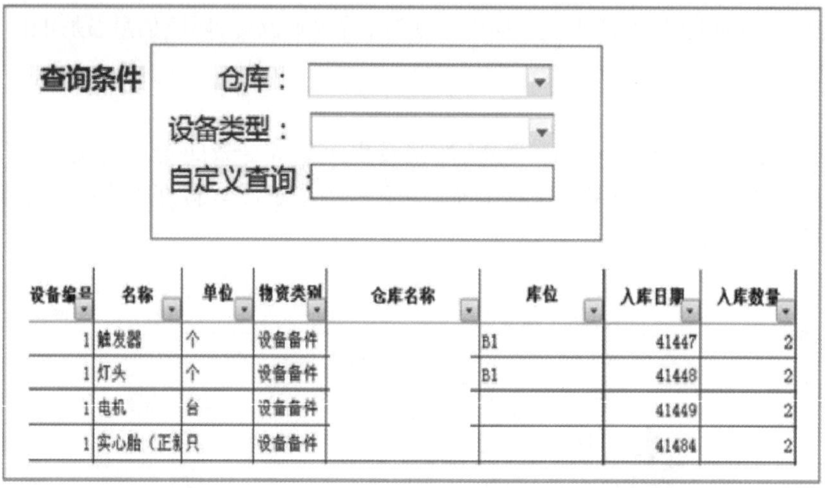


| 设备编号 | 名称 | 单位 | 物资类别 | 仓库名称 | 库位 | 入库日期 | 入库数量 |
|---|---|---|---|---|---|---|---|
| 1 | 触发器 | 个 | 设备备件 | | B1 | 41447 | 2 |
| 1 | 灯头 | 个 | 设备备件 | | B1 | 41448 | 2 |
| 1 | 电机 | 台 | 设备备件 | | | 41449 | 2 |
| 1 | 实心胎（正新 | 只 | 设备备件 | | | 41484 | 2 |

图 6-4　备品备件管理界面

8. 盾构远程监控

及时了解盾构施工过程中关键参数、各个工序的进度情况，快速协调各个工序间的问题；对掘进安全、质量、进度、成本等数据全程监控，及时纠正各种隐患。

盾构监控主界面的数据主要包括推进系统、刀盘系统、螺旋系统和铰接系统等盾构施工中关注的核心数据，如图 6-5 所示。

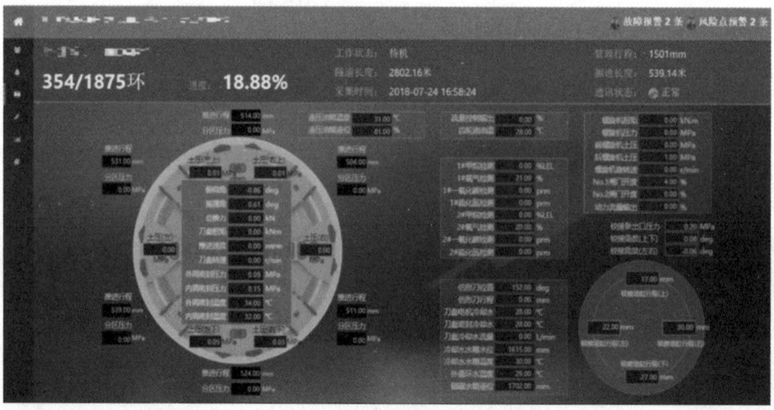


图 6-5　盾构监控主界面

导向系统监控界面的数据主要包括盾首水平偏差、盾尾垂直偏差、盾尾水平偏差、盾首垂直偏差、切口里程、滚动角和俯仰角等数据。导向系统监控、泥水环流、主驱动、泡沫系统、盾尾密封系统、辅助系统、双护盾支撑、敞开式撑靴的界面如图 6-6～图 6-13 所示。

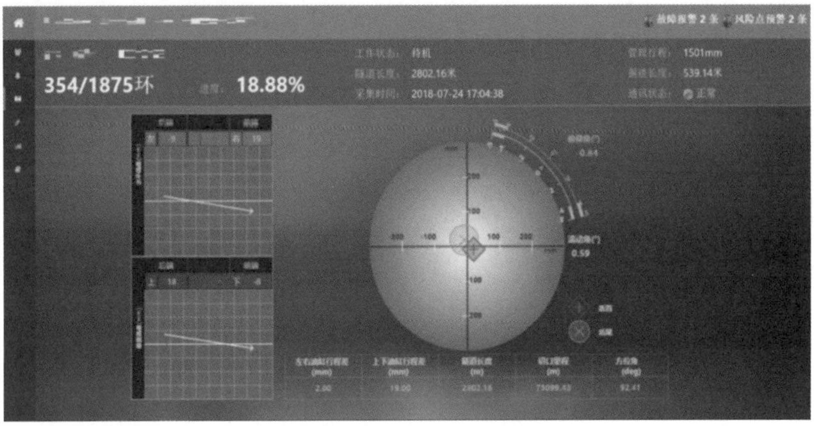


图 6-6　导向系统监控界面

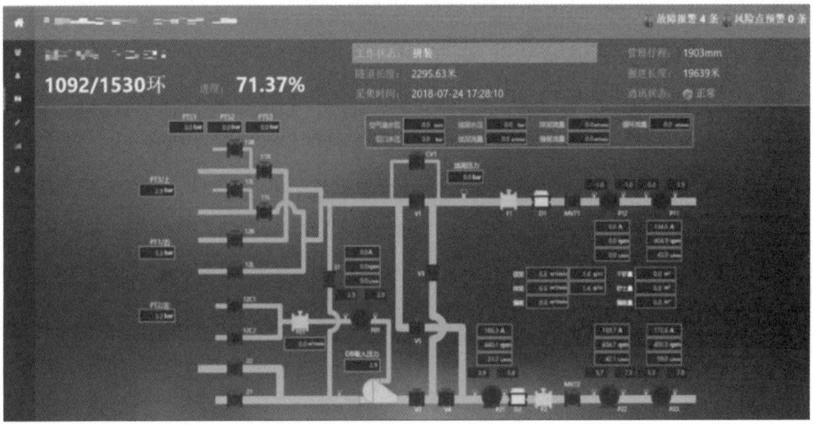


图 6-7　泥水环流界面

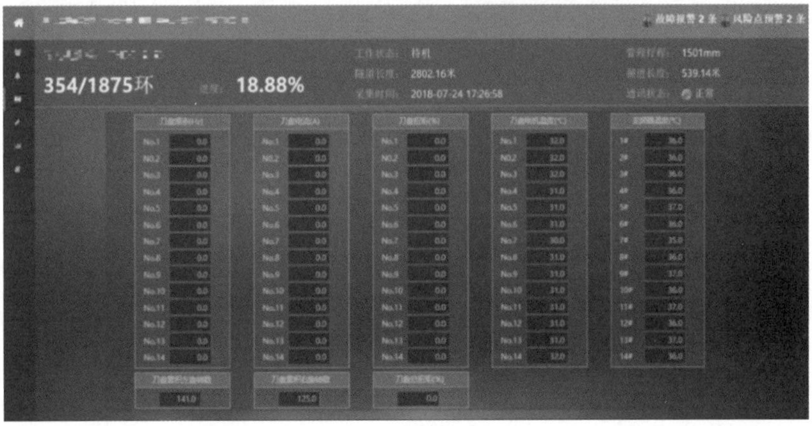


图 6-8　主驱动界面

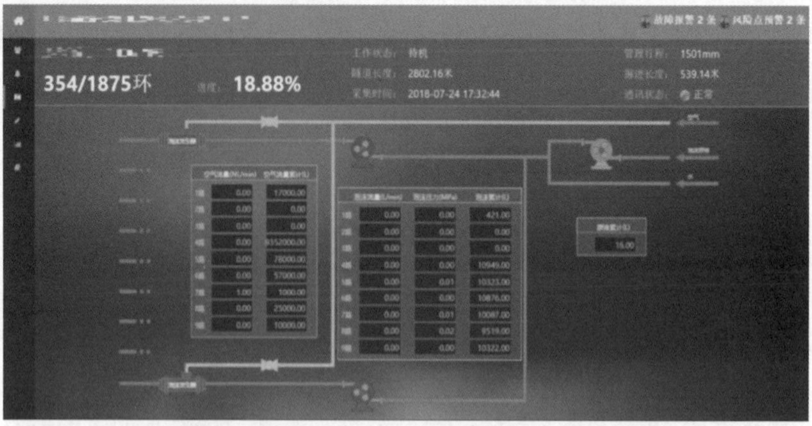


图 6-9　泡沫系统界面

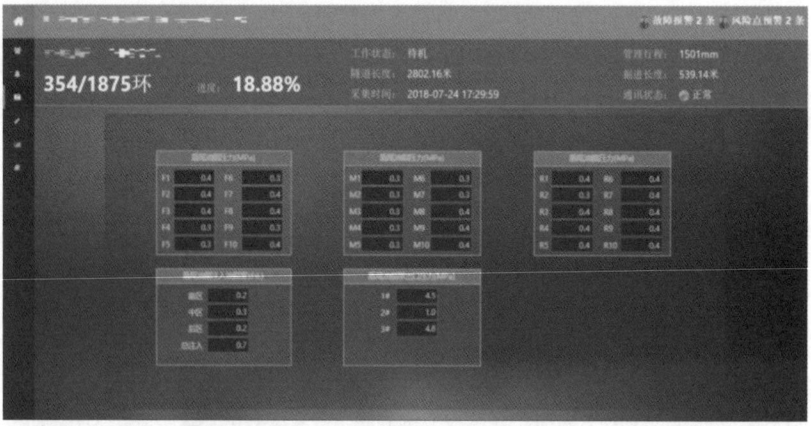


图 6-10　盾尾密封界面

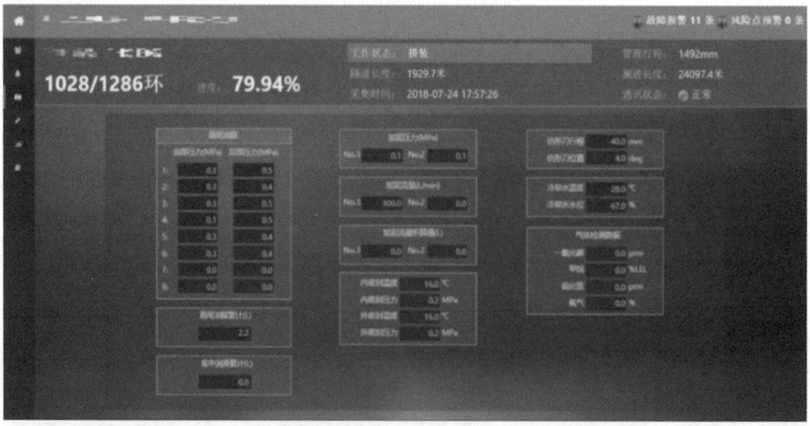


图 6-11　辅助系统界面

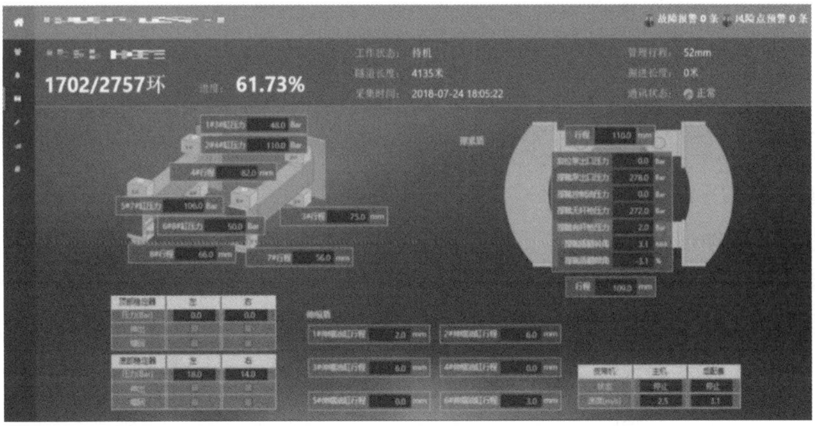


图 6-12　双护盾支撑界面

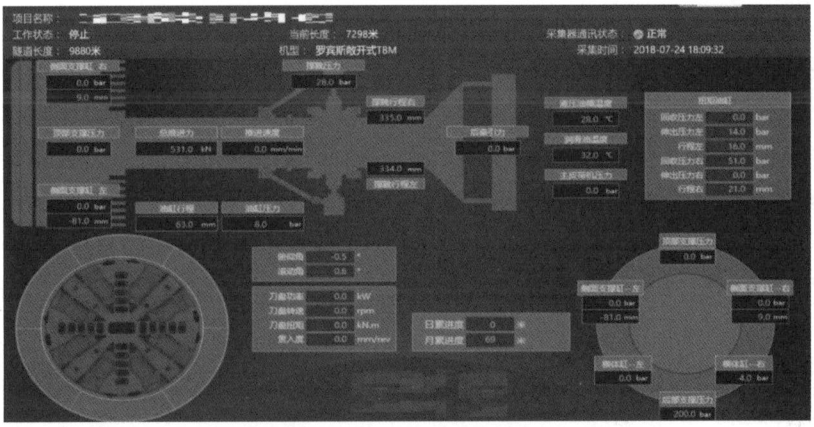


图 6-13　敞开式撑靴界面

9. 统计分析

运用设备运行参数、故障报警、维修记录数据综合分析，帮助生产部门定位隐性缺陷，找出处理方法，提高设备质量，极大提高了沟通和故障处理的效率；将一系列客观的数据通过系统进行科学汇总和分析，有利于管理者进行企业运营决策。

施工参数统计分析包含单环历史数据分析、多环历史数据分析、施工历史数据查询、导向数据查询分析。综合统计分析涉及盾构机基本信息、工作履历等信息。

#### 6.1.1.2　拓展功能

1. 施工管理

(1)沉降预警

通过人工录入或接口获取实时监测数据，可生成监测报表，当监测数据异常时，系统核实后触发相应报警机制并进行推送。

报表推送：监测结果实时显示发布，定期将监测报表推送给用户。

分级预警：当结构监测数据异常时，系统核实后触发相应报警机制。

历史资料存储：监测数据的存储为今后同类工程设计、施工提供类比依据。

(2)网络应急指挥

构建基于网络的应急指挥管理平台，数据中心和项目人员可以通过该功能建立各类重大事件的联动指挥、预案管理和信息发布等机制，实现跨部门、跨地区的现场协同作业。

2. 智能预警

实现项目管理透明化，对生产进度、设备状态、工艺参数，安全质量参数等生产实时掌握，提高处理异常事件的反应速度；由事后追责转变为事前预防和事中指导，从根本上防止施工过程中出现安全质量问题，加强监管，减少事故；基于工业互联网架构，实现云边端为一体的公司层、项目层以及各个工序协同管理，建立了完整的闭环协同体系。

智能预警包含风险预警、设备故障报警、停机预警、姿态预警、沉降预警、断线预警、阈值预警等功能，根据项目实际情况并结合相关算法设置动态阈值范围，可根据预警级别推送给相应的管理人员。

3. 故障诊断

故障诊断是利用各种检查和测试方法，发现系统和设备是否存在故障。

(1)基于专家系统的诊断方法

对于复杂性的故障可以结合本领域专家的经验知识通过演绎推理或产生式推理来获取诊断结果，进而对设备故障进行维修。

(2)基于故障树的人工智能型诊断方法

故障树方法是由电脑依据故障与原因的先验知识和故障率知识自动辅助生成故障树，并自动生成故障树的搜索过程。对于一般设备故障，现场人员可通过故障树进行排查解决。

4. 统计分析

(1)施工进度统计分析

施工进度统计分析可以总览各个项目的工程进度情况，并通过对比施工进度和工期进度，对滞后的项目进行预警和报警。施工进度统计分析如图 6-14 所示。

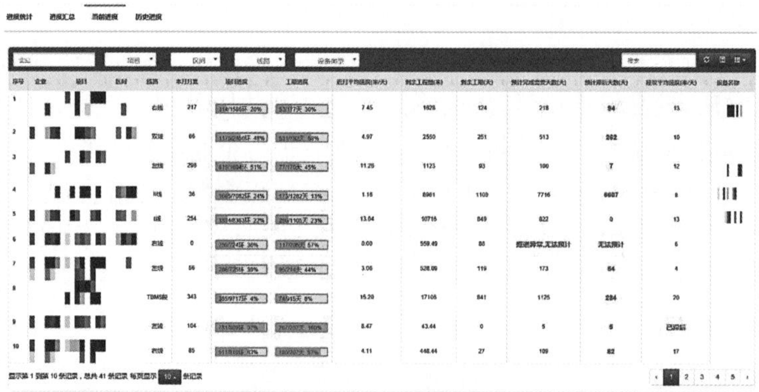

图 6-14　施工进度统计分析

(2)施工工效分析

施工工效分析可实现每环时间段内时间分布分析，如掘进时间累计、拼装时间累计、停机时间累计及各停机环节占时累计，如图 6-15 所示。

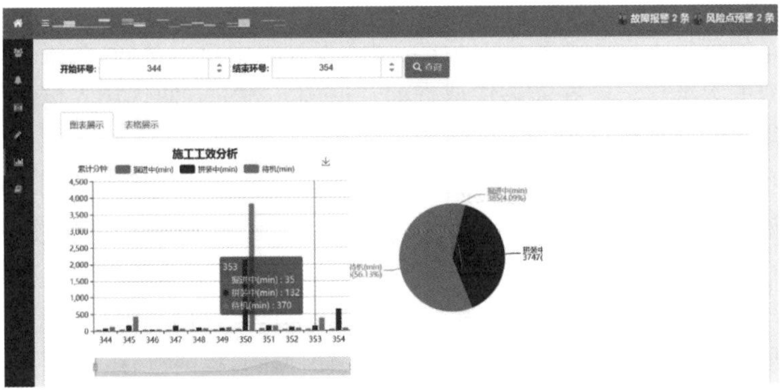


图 6-15　施工工效分析

(3)注浆监测分析

通过对比理论注浆量、自动实际注浆量(数据采集)和实际注浆量(人工填报)来对比分析注浆情况对沉降的影响。注浆监测分析如图 6-16 所示。

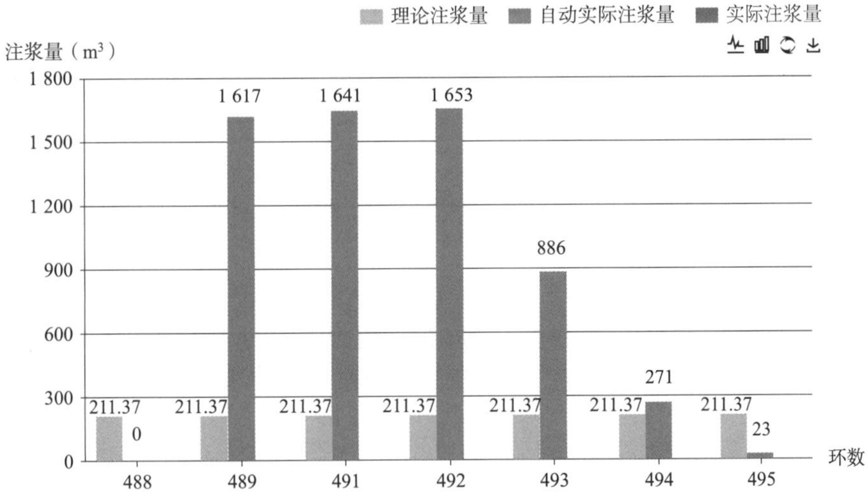


图 6-16　注浆监测分析

5. 主司机智能助手

通过掘进指令表和技术交底的流程管理，实现作业文件、作业程序的审批下发精准执行；实现施工过程中技术交底、交接班记录、施工日志和接收文档的无纸化记录并能够快速查询及追溯。

(1)动态“三图一表”

可查看整个隧道的走向，结合盾构施工的实时数据，系统自动定位地面建筑物平面图中的位置，并且实时动态更新数据。

微观上可以查看每一环的埋深、所处地质信息；宏观上可查看整个隧道所处的地质信息和埋深变化趋势，结合盾构施工的实时数据，系统自动定位盾构机当前在剖面图中的位置，并且实时动态更新数据。当盾构机接近风险源时，系统自动触发报警机制，提醒施工单位规避风险。

(2)施工报表

作业程序的审批下发能够精准执行;实现施工过程中技术交底、交接班记录、施工日志和接收文档的无纸化记录并能够快速查询及追溯。为了方便现场人员使用,针对每种类型的盾构机定制差异化报表。

(3)智能维保

传统的报表填报方式为手工填报纸质报表,时效性差,数据的准确性难以保证。为了积累盾构施工经验,更好地进行盾构施工总结,以及留下必要的施工过程依据,在盾构施工过程中,将盾构司机填写的各类掘进报表进行电子化存储显得格外重要。

利用大数据分析技术对设备的趋势性风险做出预测,提醒维保人员对设备进行有针对性的预防性保养,降低设备出现问题的风险。

(4)辅助巡航

通过大数据分析采集盾构机运行数据,构建相关算法提供建议施工参数范围,辅助机器巡航。

6. CIM

CIM(Construction Information Modeling)即"施工信息模型",融合 BIM、IOT 和 GIS 的技术特点。基于施工地区地表三维建筑、地层三维模型、三维管线、隧道施工机械的数字孪生体等模型数据,从三维视角,以动态形式展示盾构机掘进的计划和实际进度,实时展示刀盘信息以及设备偏移度和姿态信息。一方面便于管理者全面掌握盾构管理的各项具体信息、实现远程监控、降低管理难度、优化现有资源,另一方面便于现场施工人员监控具体盾构机和施工现场,查看盾构施工进度,最大限度地保证掘进正常进行。

(1)三维纵断面图

使用先进的虚拟现实技术,将施工现场的地面建筑物、地质环境、地下管网、钻探孔信息、盾构模型和盾构施工轨迹展现在三维界面中,并支持 VR 设备,从多角度真实还原施工场景。

(2)盾构模型数字化驱动

使用真实的现场数据驱动盾构机模型动作,模拟现场施工情景,并提供施工复盘功能,可回顾历史时间段盾构施工状态及各相关参数。

(3)预掘进

将实时监测掘进质量参数对接到三维模型中,可直观地看到盾构机在隧道内工作的场景以及设计轴线和施工轴线的偏差、地面沉降变化、盾构姿态等。通过预警信息提示调整参数,保证拼装质量及轴线偏差在合理范围内。对施工质量的统计分析,为下一步施工质量管理工作重点提供参考依据。

### 6.1.2 盾构大数据平台应用特色

1. 基于 BIM 的隧道智慧化建造平台,支撑隧道施工安全质量风险管控技术路线

平台架构是一个基于 BIM 的标准化工业物联网架构,由 SAAS 层、PASS 层、IAAS 层和边缘层构成。应用层可以实现施工质量管理、施工进度管理、施工安全管理、智能掘

进和数字孪生等功能。

综合运用 BIM、GIS、物联网、移动通信、云计算、大数据、微服务、容器等新技术，实现隧道施工全过程的数据自动采集、智能分析、智能预警和智能管控。

采用工业物联网“端-边-网-云”的总体架构，支持百万级设备统一接入，百万级数据并行计算，向下实现终端接入和标准化，赋能智慧终端，加速全面感知，向上支撑平台共享，实现数据和业务贯通，驱动创新能力，如图 6-17 所示。

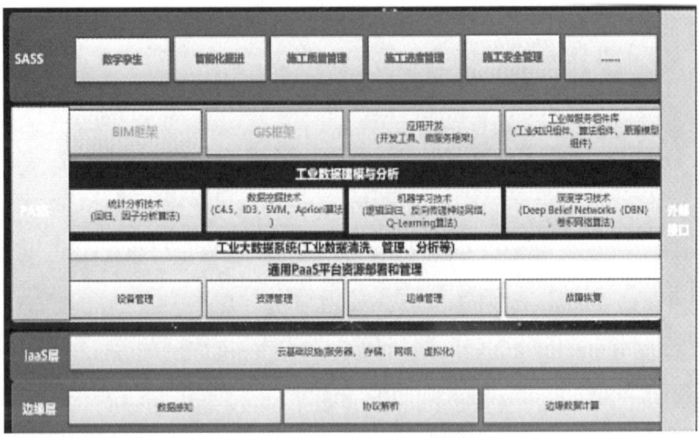


图 6-17　工业物联网界面

2. 基于 BIM+GIS+IOT 的隧道数字孪生技术路线

研究基于 BIM+GIS+IOT 的隧道数字孪生技术，对 BIM 模型进行轻量化处理后，导入基于 BIM 的隧道智慧化建造平台，结合 IOT 技术，把施工进度、安全、风险和智能掘进信息分解到隧道 BIM 构件化模型中，进行精细化施工仿真，检查施工方案可行性，选择最优施工方案，同时管控隧道施工的进度、安全和质量，如图 6-18 和图 6-19 所示。

图 6-18　模型信息查询

3. 基于大数据的盾构掘进参数预设、智能辅助纠偏、预警阈值动态设置技术路线

(1)盾构掘进参数预设。

(2)运用工业大数据技术，提供关键参数推荐阈值范围，并对实时参数进行预警，对后续施工具有指导作用，如图 6-20 所示。

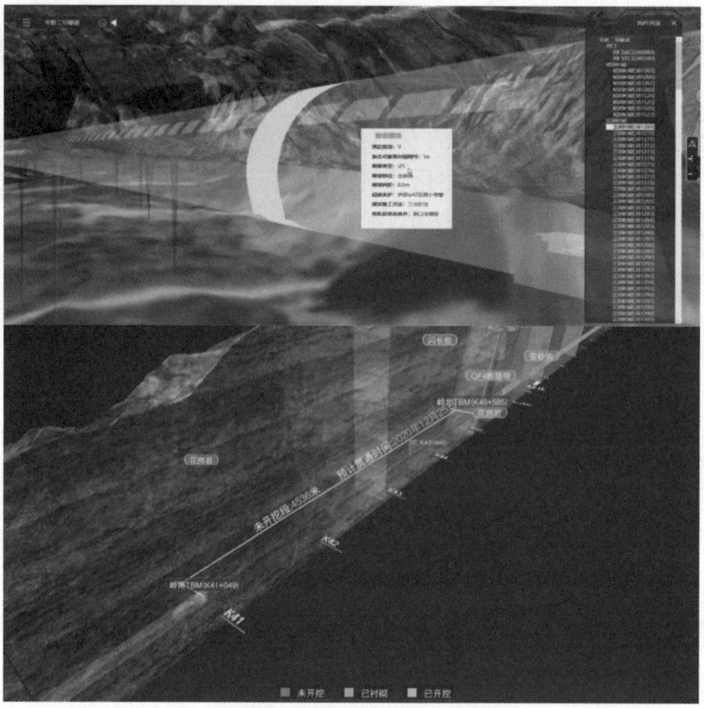


图 6-19　进度、安全和质量管控

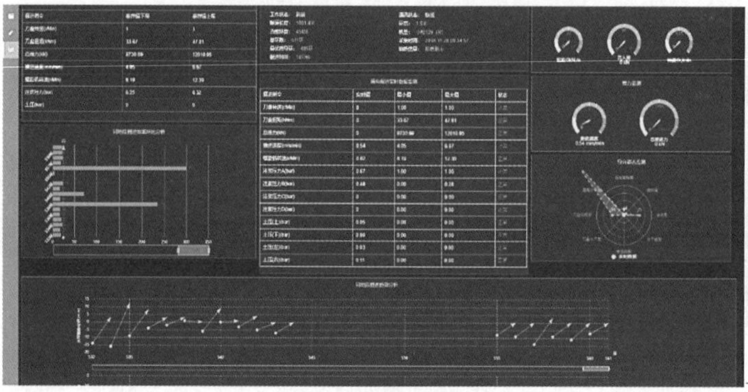

图 6-20　关键参数界面

(3)智能辅助纠偏。

(4)通过分析施工过程中盾构机姿态参数,结合施工经验和大数据分析方法,判断盾构机姿态控制是否正常,并研究出一套模型算法,对盾构机姿态控制和纠偏进行辅助指导,如图 6-21 所示。

(5)预警阈值动态设置。

(6)对掘进关键参数历史数据进行清洗,利用现代统计学算法求出其信赖区间,从而确定参数的波动范围及未来趋势,作为参数预警阈值的动态设置模型。

4. 基于云端支持的盾构智能维保和施工报表技术路线

从云端自动匹配相应的维保计划到移动端,在移动端完成维保任务,上传至云端生成维保报表。

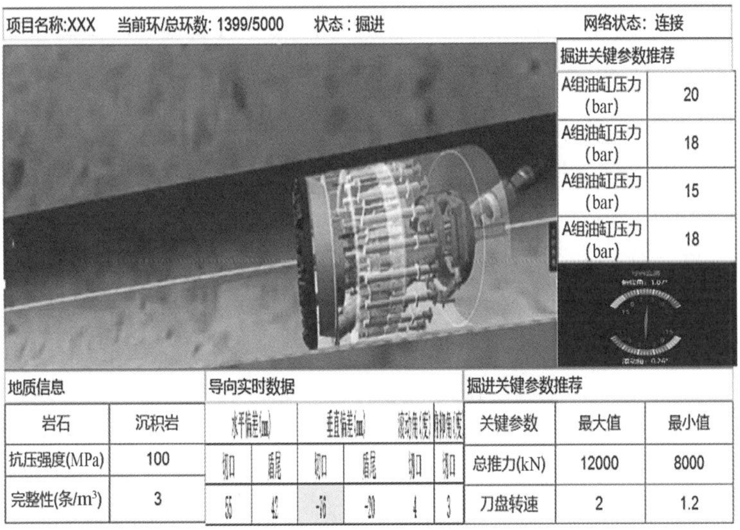


图 6-21　盾构机姿态参数界面

云端数据自动生成相应的掘进报表，实现无纸化报表填报应用，如图 6-22 所示。

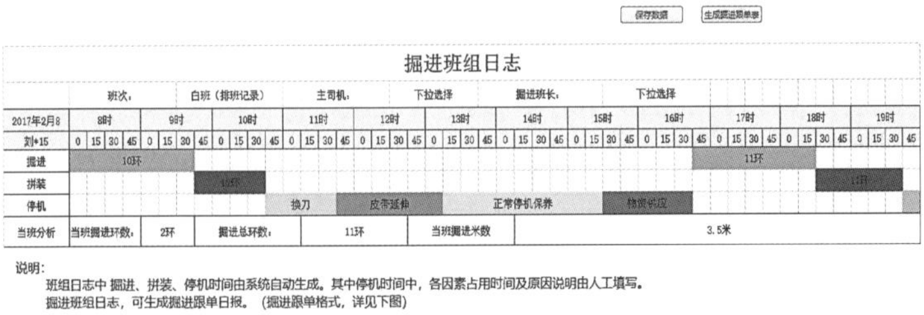


图 6-22　掘进报表界面

5. 基于 CBIM 智能管片选型技术路线

运用 CBIM 等技术，根据设计线路及 TBM 施工的各项参数指标进行计算，在三维环境下对管片进行自动模拟拼装，如图 6-23 所示，提高管片选型工作效率。

图 6-23　管片模拟拼装

### 6.1.3 成果分析

1. 安全有效管理

青岛地铁4号线土建11工区工程盾构穿越复杂环境风险源。

(1)静沙区间及九静区间盾构下穿多处老旧建筑物,控制难度大,施工过程中极易对建筑物造成破坏。

(2)九静区间全线沿九水东路敷设,下穿多条市政管线,若控制不当存在管线断裂破损风险。

(3)静沙区间及九静区间下穿浅埋砂层段、上软下硬地层,地质条件复杂多变,施工过程中沉降控制不当易造成地面塌陷或隆起。

(4)静沙区间及九静区间下穿多处10 kV及30 kV的电力杆及铁塔,基础埋深较深,距离隧道拱顶距离较近,盾构掘进过程中控制不当易造成铁塔下沉倾覆倒塌风险。

应用盾构大数据平台进行综合管理后,从现场施工安全管理到风险源把控,特别是穿越重大风险源的过程中,平台的优势得到很好认证。通过大数据平台对管线监测点数据的监控,盾构穿越风险源时加强监测频率,同时对隧道内成型管片的拱顶拱底沉降、收敛变形等进行有效的监测。合理设定推进参数,严格控制出土量,保证同步注浆量,确保不超挖。在上软下硬地层中易出现盾构机“抬头”,施工时通过大数据平台监控,管理人员和专家可远程指导合理控制上下千斤顶的推进油缸。

盾构大数据平台的刀具管理功能,根据推进参数、地质情况等综合分析,对盾构刀具的磨损以及位置情况进行有效监控,系统生成的换刀建议,提高了换刀效率,降低了开舱换刀的风险。

2. 施工质量控制

在盾构施工过程中,合理使用超挖刀和铰接油缸控制盾构机的轴线,从而实现对隧道轴线的线形控制。采取信息反馈的施工方法对盾构推进进行质量控制。盾构穿越区域地面纵向轴线位置布设沉降观测点,在盾构推进过程中进行跟踪沉降观测,并将沉降数据及时反馈,为调整下一阶段的施工参数提供依据,通过对实测数据与施工参数的收集和整理,形成一套较为完善的土压平衡施工智能数据库来指导施工。

在盾构掘进施工过程中,盾构姿态变幅越大,盾构机越难控制,对地面沉降的影响也越大。通过大数据平台的实时监控,能够指导盾构机“勤监测、勤纠偏、小纠偏”,实现盾构的平缓推进,保证盾构施工质量要求。根据隧道线路要求及盾尾间隙、油缸行程要求,合理进行管片选型,确保管片错缝拼装质量。

3. 施工进度显著提升

盾构大数据平台中基于云端的智能维保功能,根据盾构机状态及维保信息能够生成盾构机维保建议报表,根据刀具使用时间能够生成换刀建议报表,根据掘进土层等工况能够生成掘进建议参数报表等。

智能化报表可以提高工程进度及质量,对设备及工况有一定的预见性和前瞻性。

在平台中可以实时快速获取需要的各类报表,包括盾构掘进报表、维保报表、刀具报表、掘进进度报表、基坑监测报表、材料成本报表,以及一些人员考勤报表等。各类报表可多层级接入、获取,从而大大提高施工效率。

# 6.2　BIM技术应用

## 6.2.1　BIM概述

BIM是Building Information Modeling的缩写,该概念的产生是基于利用充足信息构成以支持新产品开发管理,利用计算机应用程序直接展示建筑或建筑工程信息模型,建筑环境的数字化反映。通常,BIM概念的提出会直接联想到3D模型,即在传统2D图纸的基础上利用绘图软件转化成三维模型,也有人把BIM等同于常用三维软件REVIT的操作使用,其实以上两种认识都是不完整、片面的。BIM是建立与维护建筑设施产品过程中信息数字化及工具应用的技术,也就是说利用计算机仿真将建筑及施工对象数据化,运用信息化管理的手段协助规划、设计、施工、运营、维护等各阶段之各项管理及工程作业的新技术、新概念与新方法。

BIM的参数化与数字化是其基础概念的两大亮点,使得参与建筑项目的工程人员,可以轻易从模型中提取各部分组件的数量或属性,也可以针对各项工作给予不同的定义,例如建筑物外观、空间关系、地理信息、建筑物组件数量与属性、相关厂商资料以及工程图纸、采购细节、环境条件、提送程序与建筑物质量规范等。

传统的建筑工程采用2D图纸来进行沟通,倘若纸本文件出现错误或是遗漏,往往会提高成本、工期展延,甚至产生争议诉讼等。BIM是于整个建筑项目生命周期之规划、设计、施工、营运、维护中管理各项工程作业以及沟通的新技术、新概念,利用3D可视化工具来达到信息的交流与整合,弥补传统2D图面的不足,减少工程上各专业间的沟通接口。

由此可见,BIM的概念不仅仅是一个技术或者软件,更是一个产品,用一个3D数字化模型来描述建筑项目全生命周期各个阶段的特征。可以说,BIM既是3D模型,又是一个数据集合,还可以视为一项建筑行为,甚至是一套系统,若建筑产业导入BIM就像在执行一套新的商务系统模式,可称之建筑信息管理。

## 6.2.2　BIM常用软件

BIM工程涉及软件众多,从前期的建模到最终BIM管理体系的建立可能涉及几十种主流软件,依据BIM所涉及软件的主要功能可将其分为建模软件、可持续分析软件、机电分析软件、结构分析软件、深化设计软件、碰撞检查软件、造价管理软件、动画制作软件。

1. 建模软件

(1)Autodesk Revit软件

Autodesk Revit软件专为建筑信息模型(BIM)而构建。通过采用BIM,建筑公司可以在整个流程中使用一致的信息来设计和绘制创新项目,并且还可以通过精确实现建筑外观的可视化来支持更好地沟通,模拟真实性能以便让项目各方了解成本、工期与环境影响。Revit作为BIM工程的一款核心使用软件其涉及的专业广泛、功能强大、建模方式灵活、插件多样,成为BIM工程的主流软件。但根据BIM项目实践,Revit不同版本的建模成果现阶段无法互相兼容，在较大规模的团队建模作业中，必须依靠统一的软件版本进行数据共享。

(2)ArichiCAD

ArchiCAD作为一款最早的、具有一定市场影响力的BIM建模软件，主要用于建筑学专业，提供基于BIM的施工文档解决方案，简化了建筑的建模和文档过程，即使模型达到前所未有的详细程度。ArchiCAD自始至终的BIM工作流程使得模型可以一直使用到项目结束。

(3)3D Max

3D Max是广为人知的动画渲染、制作软件，功能强大，集3D建模、效果图和动画展示于一体，用于方案展示。作为一款传统的三维建模软件，其在不规则的自然流线建模中有着突出的表现，常用于装饰装修三维模型建立。

(4)Vectorworks

Vectorworks产品系列由Nemetschek Vectorworks公司出品，是建筑设计领域里一款实用软件。Vectorworks提供了许多精简但强大的建筑及产品工业设计所需的工具模组，在建筑设计、景观设计、舞台及灯光设计、机械设计及渲染等方面拥有专业化性能。

(5)Rhino3D

Rhino是由美国Robert McNeel公司于1998年推出的一款基于NURBS的三维建模软件，对于复杂曲面的造型优势突出。

2. 可持续分析软件

可持续(或绿色)分析软件可使用BIM模型信息对项目进行日照、风环境、热工、景观可视度、噪声等方面的分析和模拟，主要软件有国外的Echotect、IES、Green Building Studio以及国内的PKPM等。

3. 机电分析软件

机电分析软件用于水暖电或电气建模、分析软件，国内产品有鸿业、博超等，国外产品有Designmaster、IES Virtual Environment、Trane Trace等。

4. 结构分析软件

结构分析软件是目前与BIM核心建模软件配合度较高的产品，用于结构建模、结构分析、深化设计等，基本可实现双向信息交换，即结构分析软件可使用BIM核心建模软件的信息进行结构分析，分析结果对于结构的调整又可反馈到BIM核心建模软件中去，自动更新BIM模型。常用的软件有ETABS、STAAD、Robot等以及国内的PKPM。

5. 深化设计软件

Xsteel是一款基于BIM技术的钢结构深化设计软件，可使用BIM核心建模软件提交的数据对钢结构进行面向加工、安装的详细设计，生成钢结构施工图(加工图、深化图、详图)、材料表等。

6. 碰撞检查软件

碰撞检查软件基本功能包括集成各种三维软件(包括BIM软件、三维工厂设计软件、三维机械设计软件等)创建的模型，并进行3D协调、4D计划、可视化、动态模拟等，也属于一种项目评估、审核软件。常见模型综合碰撞检查软件有 Autodesk Navisworks、Bentley、Projectwise Navigator 和 SolibriModel Checker 等。

7. 造价管理软件

造价管理软件利用 BIM 模型提供的信息进行工程量统计和造价分析。它可根据工程施工计划动态提供造价管理需要的数据，即所谓的 5D 应用。国外 BIM 造价管理软件有 Innovaya 和 Solibri，国内 BIM 造价管理软件有鲁班、广联达 BIM 算量软件等。

8. 动画制作软件

目前，BIM 的动画制作主要用于可视化管理、设计成果展示等方面。在地铁施工中，动画制作常用于场地布置漫游效果、方案展示、可视化技术交底，目前多采用 Lumion 软件结合 Revit 软件及其插件制作漫游动画，国内 BIMFILM 虚拟施工系统能够通过插件导入 Revit 模型，并拥有大量自带的云端模型，给模拟施工动画制作带来了极大的便利。

## 6.2.3 地铁工程 BIM 应用实例

1. BIM 在项目承揽中的应用

BIM 可视化模拟技术越来越多地被各大施工企业应用于投标阶段。在施工总承包模式下，施工单位在招投标阶段取得了比较完整的施工设计图，但由于地铁施工结构复杂、设计工期紧张等客观因素，招投标阶段的施工设计图还有着较多可优化的内容，但仅仅通过文字描述，施工方不能够很好地展现本企业在该施工任务中的创新点，而且文字的描述不能够准确无误地表达出对方案的理解，即便编制方阐述的比较清晰，但信息的接收各方也无法完全清晰地了解。在投标阶段采用 BIM 相关技术，能够将项目以更加清晰、直观的 3D 模型展现，在此基础上还可以制作出耳目一新的施工过程模拟动画或图片，更容易被评标委员会接受。

例如，在济南轨道交通 4 号线一期工程的投标技术文件中推广采用了一种全封闭组合式多功能移动工棚。全封闭组合式多功能移动工棚系统主要采用轻量化轨道梁预制装配技术、工棚主体移动控制技术、全自动水帘降温与喷淋除尘技术、红外线测距自动报警控制技术、太阳能供电技术、现场信息 5G 高速传输技术、屋面作业安全保障技术等。全封闭组合式多功能移动工棚系统功能丰富齐全，不仅能够适用于各种尺寸深基坑工程施工，达到大气污染防治的目的，同时可为工棚内部提供良好的施工环境，在大气环境重污染区具有良好的使用价值和推广应用前景。编标人员只采用了简单的文字描述配上移动工棚的 BIM 三维效果图片，就将原本复杂的技术直观地呈现给评标人员，如图 6-24 所示。

(1)轻量化轨道梁预制装配技术

轨道梁集中预制生产，节段长 6 m，断面尺寸为 500 mm×500 mm，预留纵向连接孔、吊装孔、定位槽；轨道梁轻量化便于吊装、便捷式安装、重复利用、减少资源浪费、加快工期、节约造价

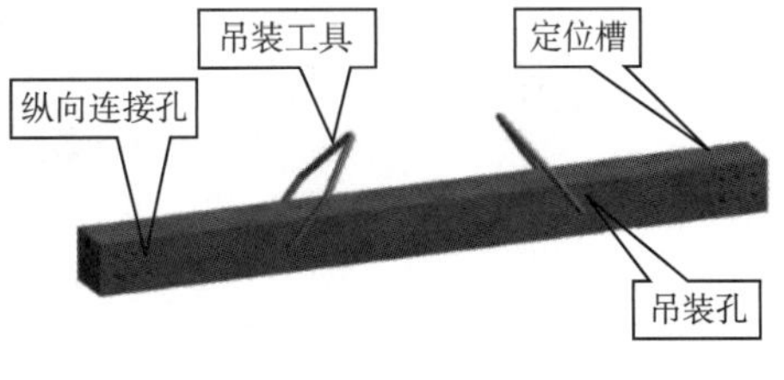

| | |
|---|---|
| (2)工棚主体移动控制技术<br>工棚主体结构采用标准尺寸模块拼装，大小可随基坑尺寸调节，设计工棚沿基坑纵向可移动；移动工棚满足各尺寸基坑施工、适用性强、施工环境全覆盖，最大限度降低环境污染 |  |
| (3)红外线测距自动报警控制技术<br>安装红外线测距仪与报警装置，工棚及龙门吊近接报警与降速，保证工棚与龙门吊移动安全 |  |
| (4)太阳能供电技术<br>移动工棚设计屋面太阳能发电板，喷淋系统与内部照明利用太阳能供电，最大限度节约能源，降低工程建设措施费用投资 |  |
| (5)现场信息5G高速传输技术<br>利用5G技术传输现场数据信息，对现场情况做到实时监控；现场数据实时高效传输，便于管理部门加强现场管理，最大限度保障工程建设安全 | 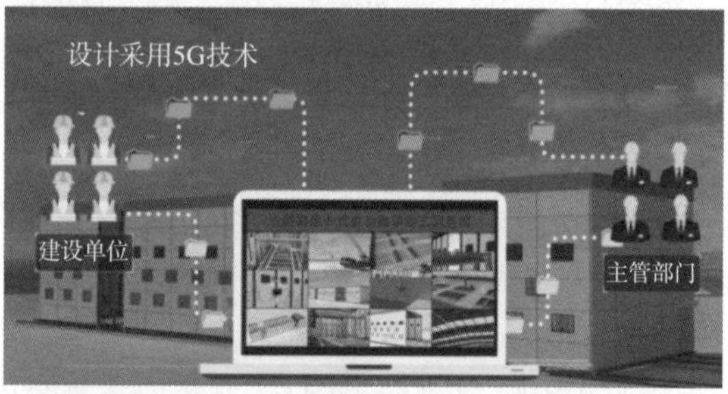 |
| (6)屋面作业安全保障技术<br>屋面设计安全保障钢丝绳，能保障安装、检修人员安全，确保物资、设备安全 |  |

图6-24　全封闭组合式多功能移动工棚三维效果图

2. BIM 技术在项目场地布置中的应用

场地布置是施工组织的重要组成部分，地铁施工中往往面临着场地狭小、交改困难的问题，传统 CAD 绘制的场地布置只能显示平面的位置关系，最终成形的场地空间位置如何，场地布置是否均衡难以直观反映。使用 BIM 技术进行场地布置，不仅从空间上直观反映出任意建筑的空间位置，还可以模拟建造完成后的效果，展示更完美的设计成果。GCB 施工场地布置软件是施工现场数字呈现和展示的工具，在不同阶段的场地策划以及不同类型的项目中都可以使用。

在施工准备阶段，GCB 施工场地布置软件可以协助进行可视化的施工策划设计，“所见即所得”，可以有效避免不合理的现场布置带来的损失。在实时算量基础上，通过编辑单价，可以得到临时设施总价，便于施工准备阶段从技术和经济两个维度进行合理分析。

在施工阶段，GCB 施工场地布置软件通过虚拟施工、视频录制、试点保存及增加备注的方式，可以形象地向甲方汇报当前的施工情况，也可通过这种方式将施工的关键点讲解给对应的负责人。

GCB 施工场地布置软件界面及构件库主要由快速访问栏、构件栏、属性栏、视图调整组成，若常见构件库中没有需要的模型，可在云构件库中查找模型。

外部模型导入能够支持模型设计软件 GMD 模型以及市面上常见的模型，在工程项目中导入模型命令，支持 skp、obj、广联达钢筋算量、土建算量、Revit、fbx 等常见模型，选择需要导入的模型加载导入。

依据建模工作步骤，基本可以完成地铁施工建设中所涉及的 BIM 建模工作，能够生成相应的效果图和漫游视频。中铁二十局集团有限公司济南地铁项目在前期场地布置工作中应用 BIM 技术完成了围挡及场地临建的布置造型，并针对盾构穿越的重要风险源进行了建模，在方案讨论中能够快速的展示建筑物地下结构，起到了积极的作用。